Erleuchtung trifft Auferstehung

U RSULA B AATZ

Erleuchtung trifft Auferstehung

Z EN -B UDDHISMUS UND C HRISTENTUM

E INE O RIENTIERUNG

T HESEUS V ERLAG

Theseus im Internet: www.theseus-verlag.de.

Bibliografische Information der Deutschen Bibliothek
Die Deutsche Bibliothek verzeichnet diese Publikation
in der deutschen Nationalbibliografie;
detaillierte bibliografische Daten sind im Internet über
http://dnb.ddb.de abrufbar.

ISBN 978-3-7831-9528-6

Originalausgabe

Copyright © 2009 Theseus Verlag,
in der Verlag Kreuz GmbH
Postfach 80 06 69, 70506 Stuttgart

Umschlaggestaltung: Morian & Bayer-Eynck, Coesfeld,
www.mbedesign.de unter Verwendung der Fotos:
Golden Buddha, Taiwan: © Avenue Images GmbH,
Christus, Hagia Sophia, Istanbul: © Schapowalow/SIME
Lektorat: Susanne Klein
Gestaltung und Satz: Ingeburg Zoschke, Berlin
Druck: CPI – Clausen & Bosse, Leck
Printed in Germany

Gedruckt auf alterungsbeständigem Papier mit
chlorfrei gebleichtem Zellstoff

INHALT

———— ◄O► ————

VORWORT

———◄○►———

Ein Mönch kam auf eine Insel und traf dort einen Einsiedler. Er fragte ihn, was er bete. Der sagte: »Das Vaterunser« – doch da der Einsiedler weder lesen noch schreiben konnte, betete er es verkehrt herum. Der Mönch bemühte sich, dem Mann das Vaterunser in der richtigen Reihenfolge beizubringen, und nach einer Weile hatte dieser es endlich erlernt. Zufrieden mit seinem Erfolg verabschiedete der Mönch sich vom Einsiedler und wünschte ihm noch alles Gute. Dann stieg er ins Boot, um aufs Festland hinüberzufahren. Er war noch nicht allzu weit gekommen, da hörte er den Einsiedler laut beten – das Vaterunser in der verkehrten Reihenfolge. Der Mönch sah sich erstaunt um. Der Einsiedler kam betend übers Wasser geeilt und sagte ganz demütig: »Väterchen, nun hab' ichs schon wieder vergessen. Bitte belehre mich nochmals, wie das Gebet richtig geht.«

Diese Geschichte wird in verschiedensten Varianten erzählt – einmal geht es um eine alte Frau, die tantrische Übungen macht, dann wieder um einen christlichen Eremiten oder einen Sufi oder auch um einem buddhistischen Mönch. Die Geschichte wird als ein wunderbares Beispiel dafür gebracht, dass nicht die buchstäbliche Befolgung von Vorschriften und Regeln, sondern die Hingabe an die Übung zählt. Für alle, die in solcher Demut, Herzensgüte und Einfalt leben und den spirituellen Weg gehen, ist ein Buch wie dieses, das Sie gerade zu lesen begonnen haben, unnötig. Denn sie haben ihren Weg gefunden und werden mit den Schwierigkeiten dieses Weges auf ihre Weise umgehen.

Das Buch ist für andere bestimmt, für Suchende, für solche, die Fragen haben, sich gerne einem Weg anvertrauen würden, aber unsicher sind, wohin sie sich wenden sollen, und dann auf den Buddhismus oder den Zen-Buddhismus stoßen.

Die meisten, die hier und heute nach Spiritualität suchen, haben einen christlichen Hintergrund. Selbst wenn niemand in der Familie sonntags in die Kirche geht – was heutzutage in den Großstädten eher die Regel als die Ausnahme ist –, bleiben die überlieferten christlichen Lebens- und Denkformen im Hintergrund wirksam. Daher liegt es dann auch nahe, sich an Zen-Lehrer zu wenden, die selbst aus dem christlichen Kontext kommen und/oder sich als Christen verstehen. Solche Zen-Lehrer gibt es seit mittlerweile fast dreißig Jahren, lange genug also, dass sich Traditionen entwickeln, Unterschiede herauskristallisieren und neue Institutionen entstehen konnten. Diese Zen-Lehrer, die christliche Herkunft und buddhistische Praxis verbinden, haben ihre eigenen Formen der Darlegung und Interpretation der Zen-Tradition gefunden, eigene Rituale und liturgische Formen entwickelt und neue Hierarchien geschaffen, denn es gibt bereits eine ganze Reihe Lehrer einer nachfolgenden Generation. Mit anderen Worten, die Verbindung von Zen-Übung und Christentum hat sich institutionell gut etabliert.

Ich gehöre selbst zu jener Gruppe von Christen, die sich auf den Zen-Weg begeben haben. Nach dem Tod des Jesuiten H. M. Enomiya-Lassalle, des »Großvaters« dieser Gruppe, wurde ich gebeten, seine Biographie zu schreiben. Dadurch setzte ich mich noch einmal ausführlich mit dem Buddhismus, dem Christentum und dem Zen-Weg für Christen auseinander. Vieles, was mir zuvor – als »Schülerin« von H. M. Enomiya-Lassalle – sonnenklar schien, wurde fragwürdig. So begann ich, mich ein weiteres Mal mit der Verbindung von Christentum und Zen-Buddhismus zu befassen. Ich ging noch einmal den Wegen nach, die den japanischen Zen-Meister Yamada Koun Roshi und den Jesuiten Hugo Enomiya-Lassalle zueinander geführt hatten. Dann wandte ich mich jenen Zen-Lehrern zu, die sich heute auf diese beiden berufen – also jene, die Ende der 1970er, Anfang der 1980er Jahre als Christen nach Japan gingen, Yamada Roshis Schüler wurden und heute als Zen-Lehrer unterrichten. Manche von ihnen haben sich aus dem Sanbokyodan* (der Zen-Gemeinschaft um Yamada Koun) gelöst, andere sind immer noch dabei.[1] Erstaunt stellte ich fest, wie eigenwillig die Darstellungen und wie groß die Unterschiede in der Auffassung der verschiedenen Zen-Lehrer waren. Das Ergebnis dieser Verwunderung war eine Zwischenbilanz[2], die ich auf Anregung von Ursula Richard zu dem vorliegenden Buch erweitert habe.

Im Wesentlichen kommen dabei Zen-Lehrer der ersten Generation des Sanbokyodan zu Wort, also jene, die diese Bewegung mitgestaltet und mitbestimmt haben – und zwar nicht nur die aus dem deutschen Sprachraum, sondern auch jene aus Spanien, Indien, den Philippinen oder den USA. Natürlich gibt es eine ganze Reihe von Zen-Lehrern mit christlichem Hintergrund, die nicht dem Sanbokyodan angehören und davon unabhängig sind – etwa der Soto-Zen-Meister Karl Obermayer (Wien)[3] oder Ralf Drosten (Düsseldorf) aus dem Diamond Sangha um Robert Aitken Roshi. Doch die Sanbokyodan-Lehrer haben maßgeblich bestimmt, *wie* über Zen im christlichen Kontext gesprochen wird, und daher konzentriert sich dieses Buch auf die Wortführer der Debatte.

Zwei Auswahlkriterien waren dabei ausschlaggebend: erstens, ob die Lehrerin oder der Lehrer ein eigenes Zentrum geschaffen hat und kontinuierlich mit einer größeren Gruppe von Schülern und Schülerinnen arbeitet; und zweitens, ob die Auffassungen dieser Lehrer in Buchform nachlesbar sind.[4] Das erste Kriterium setzt auf die gesellschaftliche Verankerung, das zweite Kriterium dient der selbstständigen kritischen Nachfrage der Leser und Leserinnen.

Fragen zu stellen gilt in spirituellen Kreisen allerdings oft als Tabu-Bruch, vor allem, wenn es kritische Fragen sind. Dabei gäbe es ohne die unermüdlichen kritischen Frager der Vergangenheit all die Einsichten nicht, die uns überliefert wurden und gelegentlich auch weiterhelfen. Sowohl der Buddha als auch Jesus stellten Fragen, ließen sich selbst in Frage stellen und gaben Antworten. Ohne eine profunde Frage-Haltung beginnt niemand, sich auf den Weg zu machen. Auf der anderen Seite lenken Fragen auch vom Weg ab. Antworten können hilfreich sein oder auch zerstörerisch wirken. Durch Frage-Verbote lässt sich dieser Mehrdeutigkeit nicht ausweichen, auch wenn manchmal Zen-Lehrer dazu neigen. Vieldeutigkeit zeichnet alle menschlichen Aktivitäten aus.

Für spirituelle Suchende sind ganz einfache Fragen entscheidend, wie etwa »Wem vertraue ich?« oder »Wen akzeptiere ich als Lehrer?« In der buddhistischen Tradition des Palikanon wird von einem »spirituellen Freund« gesprochen, der einem auf dem Weg weiterhelfen kann. An einer Stelle sagt der Buddha sogar, dass Freundschaft die Essenz des spirituellen Weges sei. Doch es ist nicht einfach, gute Freunde zu finden, und das gilt noch mehr für spirituelle Freunde. Jack Kornfield, einer der profundesten buddhistischen Lehrer im Westen, hat in seinem Buch »Frag den Buddha und geh den Weg des Herzens« eine ganze Reihe von Fragen aufgelistet, die bei der Suche nach einem spirituellen Lehrer hilfreich sind. Eine dieser Fragen ist: »Was erwarten wir selbst?« Weitere Fragen lauten: »Welche Einstellung zum Pfad der Praxis hat ein Lehrer, und was ist das Ziel? Welcher Linie schließt man sich damit an?« Kornfield schreibt: »Wenn wir uns für einen Lehrer entscheiden, werden wir in die starke Strömung der Linie hineingezogen und haben teil an ihrer Weltsicht, ihren Möglichkeiten und auch an ihrer Begrenztheit«.

Genau um diese Fragen geht es in dem vorliegenden Buch: um die Weltsicht, die Möglichkeiten und Begrenztheiten einer Verbindung von Zen-Übung und Christentum. Zwar ist das Herz des Erwachens jenseits von Worten und Begriffen, doch es braucht auch Worte und Begriffe, um den Weg dahin zu beschreiben. Die Zen-Meisterin Gundula Meyer sagte in einem Interview, Zen heiße einfach: »Setz dich, dreh dich zur Wand, halt die

Klappe.« Doch selbst für so eine forsche Aufforderung braucht man Worte – und zudem dreht man sich nicht in allen Zen-Schulen beim Sitzen zur Wand. Dies ist eine Eigenheit der Soto*-Schule und des Sanbokyodan, in der Rinzai*-Schule sitzt man zur Mitte des Raumes hin gewandt; und manche Lehrer kombinieren beides. Selbst bei so einfachen Anweisungen gibt es Unterschiede und daher Fragen. Insofern ist dieses Buch nicht nur eine Art Bestandsaufnahme und kritische Zwischenbilanz, sondern auch eine Anregung, achtsame Fragen zu stellen.

Die Positionen der Zen-Lehrer, die als Christen Yamada Koun Roshis Schüler wurden, unterscheiden sich zum Teil drastisch. Auch deswegen sind kritische Fragen angebracht. Wenn etwa Willigis Jäger, Pia Gyger und Niklas Brantschen oder Ama Samy neue Wege des Zen begründen wollen, ist es wichtig nachzufragen, worin das Neue besteht und ob und wie sie an die alten Traditionen anknüpfen und wohin der Weg führen soll. Nachfragen ist wichtig. Denn Orientierung ist nötig, um nicht in die Irre zu gehen.

Einführung

———◆◇◆———

Gerade in Zeiten rascher kultureller und wirtschaftlicher Veränderungen – wie in der Gegenwart – wandeln sich Kulturen und Religionen rasch. Die Begegnung von Zen-Buddhismus und Christentum, um die es in diesem Buch geht, ist ein Spezialfall, aber kein Einzelfall. Den wechselseitigen Austausch zwischen Asien und Europa hat es immer gegeben, doch seit dem Ende des Zweiten Weltkriegs und der beschleunigten Globalisierung hat sich dieser Austausch intensiviert. Insofern geht es nicht nur um Religion oder Spiritualität, sondern um einen vielschichtigen kulturellen Wandlungsprozess, dessen Ende oder Ergebnis auch noch gar nicht feststeht.

In Einwandererfamilien bleibt die Sprache des Herkunftslandes in der zweiten Generation noch lebendig, in der dritten verschwindet sie, und spätestens ab der vierten Generation werden nur noch die Kochrezepte überliefert, sagt die Migrationsforschung. Danach wird die Suche nach Herkunft und Ursprung schwieriger, denn vieles ist vergessen oder verändert sich durch die Arbeit der Erinnerung. Wenn man die Ergebnisse der Alltagsarchäologie studiert, wird man entdecken, dass etwa in der heutigen italienischen Küche vor allem die Grundzutaten der antiken römischen Küche – Käse, Wein, Oliven, Brot, Gemüse, Obst – noch immer verwendet werden, doch dass die Rezepte sich im Laufe der Jahrhunderte durch die Arbeit kreativer Köchinnen oder Köche gewandelt haben. Vielleicht darf man sich die Überlieferung der großen religiösen Traditionen ähnlich vorstellen.

Buddhismus und Christentum werden seit rund hundert bzw. achtzig Generationen überliefert, wenn man eine Generation mit

25 Jahren rechnet. Religionen sind natürlich keine Kochrezepte, sondern komplexe soziale Gebilde, in denen Stimmungen, Werte, Haltungen, Weltsichten, Motivationen und Menschenbilder in starken Symbolen und Ritualen, durch Institutionen, Erzählungen und Kunstwerke über Generationen hinweg transportiert werden. Religionen sind vieldimensional[5], und Christentum und Buddhismus sind Mega-Symbolsysteme, vielschichtig und vielfältig. Sie sind – wie alle anderen Schriftreligionen – keine in sich schlüssigen Systeme oder eindeutige Strukturen, sondern eher einem Banyan-Baum vergleichbar, dessen Stämme einerseits selbstständig wachsen, andererseits untereinander in Verbindung stehen und zusammen ein labyrinthisches Dickicht bilden.

Religionen sind immer in irgendeiner Form mit Politik und Macht verknüpft. In Europa wehrte sich die intellektuelle Avantgarde der Aufklärer gegen die Bevormundung des Denkens durch die Religion und begann daher, die christliche Überlieferung in Frage zu stellen. Es war für sie ein Leichtes, in der Bibel Widersprüche und Ungereimtheiten zu entdecken. Für die Theologen hingegen, die sich auf diese Kritik einließen, war es nicht einfach, Gegenargumente zu finden. Daraus entwickelte sich eine intensive Erforschung der Bibel – u. a. mit archäologischen, historischen und literaturgeschichtlichen Methoden. Die historisch-kritische Exegese hat im Verlauf der letzten 200 Jahre viele neue Einsichten über Jesus und seine Verkündigung ans Licht gebracht. Diesem europäischen Vorbild folgend, hat man vor allem in Japan begonnen, nach dem historischen Buddha zu forschen.

Beide Religionen sind im Laufe der Zeit zu in sich sehr differenzierten Traditionen geworden, die sich zwar auf den Anfang, auf die Stifter, berufen, aber je nach den Umständen immer neue Interpretationen hervorgebracht haben, die oft vom Anfang der Tradition weit entfernt sind. Die historisch-kritische Exegese sucht herauszufinden, wie die Lehre »damals«, am Anfang, verstanden wurde, sie sucht nach dem »Sitz im Leben«, danach, was den Menschen von damals wichtig war. Das verhilft auch den Menschen von heute zu einem besseren Verständnis.

Dass zwei Religionen miteinander in Austausch treten oder sogar eine Art von Hybrid bilden, wie dies heute im Fall von Christentum und Zen-Buddhismus geschieht, ist historisch in diesem Ausmaß neu und irritierend. Das Eigene mit dem Fremden in Verbindung zu bringen relativiert zunächst das, was bisher Sicherheit gab. Dann aber ist Kreativität gefordert, um das Neue, aber auch das Alte wertschätzend wahrzunehmen. Dieser Prozess wird zwar von einzelnen Personen initiiert, jedoch von Gruppen getragen. Die Veränderung von Mega-Symbolsystemen geschieht nur im Lauf von Generationen. Dieser Prozess hat für die Begegnung von Christentum und Zen-Buddhismus eben erst begonnen, denn vierzig oder fünfzig Jahre sind im Vergleich zu mehr als zwei Jahrtausenden eine sehr kurze Zeitspanne.

Es ist nicht möglich, die Vielfalt der beiden religiösen Traditionen hier umfangreich zu würdigen. Doch ein kurzer Blick auf das, was sich historisch-kritisch über die beiden Stifterpersönlichkeiten von Buddhismus und Christentum, ihre Lehre und die Begegnung der beiden Traditionen bis zur Gegenwart sagen lässt, kann einen ersten Einstieg geben.

Der Erwachte

Bis vor rund 200 Jahren gab es keine »Buddhisten«, sondern Menschen, die den Buddha-Weg in einer der vielen buddhistischen Schulen gingen – im Theravada* oder einer der vielen Mahayana*-Schulen. Die Vielfalt und die Unterschiede der verschiedenen Richtungen und Traditionen waren so groß, dass die europäischen Kolonisatoren und Missionare lange Zeit nicht begriffen, dass Chinesen, Thais oder Nepali sich auf dieselbe Person, nämlich den Buddha, beziehen. Das Wort »Buddhismus« wurde – so wie übrigens auch das Wort »Hinduismus« – zu Beginn des 19. Jahrhunderts durch englische Kolonialbeamte geprägt.

Über die historische Existenz des Siddhartha Gautama aus dem Stamme der Shakya gibt es so gut wie kein gesichertes Wissen. Der einzige greifbare Hinweis auf ihn ist eine Urne aus Speckstein, die 1898 von dem Archäologen Peppé in der Nähe von Kapilavastu an der Grenze zum heutigen Nepal in einem Stupa – einem buddhistischen Reliquienschrein – entdeckt wurde. In der Urne befanden sich Knochenresten, wie sie nach einer Einäscherung übrig bleiben. Die Inschrift wies die Urne mit den Knochenresten als Reliquien des Buddha aus, gestiftet von den Shakyas, einem Sukirti, seinen Brüdern, den Schwestern, Söhnen und Frauen. Die Inschrift ist in einem mittelindischen Dialekt und in Brahmi-Schrift verfasst, die man auf das 3. oder 4. Jahrhundert v. Chr. datieren kann. Heute ist ein Teil dieser Reliquien im National Museum in Delhi zu besichtigen, weitere Teile wurden nach Anuradhapura in Sri Lanka und nach Tokyo in den Asakusa-Schrein gebracht.

Gelebt hat Siddhartha Gautama zwischen ca. 500 und 350 v. Chr., auf jeden Fall aber vor dem Indienfeldzug Alexanders des Großen (327–325 v. Chr.). Nach traditioneller Datierung des Theravada-Buddhismus wird der Tod des Buddha – das Parinirvana – für 544/543 v. Chr. angesetzt. Nach einer anderen Datierung wäre er um die Mitte des 4. Jahrhunderts gestorben. Gelebt hat er in der nördlichen Gangesebene, in dem Gebiet zwischen den heutigen Städten Varanasi, Lucknow und Patna und der nepalesischen Grenze, also in den heutigen indischen Bundesstaaten Uttar Pradesh und Bihar. Alles andere ist bisher historisch nicht belegbar.

Die berühmten »vier Ausfahrten«, bei denen der wohlbehütete Sohn aus gutem Hause einem Armen, einem Kranken, einem Toten und einem Mönch begegnet und daraufhin beschließt, von zu Hause fortzugehen und selbst Mönch zu werden, ist eine Legende. Die moderne Forschung hat festgestellt, dass auch die erste Predigt von Benares kein historisch belegbares Ereignis ist, sondern eine spätere Kompilation der Kernsätze der Lehre des Buddha.

Noch viel weniger ist das Erwachen des Buddha eine historisch belegte Tatsache. Der Palikanon schildert die Erfahrungen des Suchers Siddhartha Gautama jedoch in einer Form, die gut nachvollziehbar ist und bis heute den Bezugsrahmen bildet, in dem die Erfahrungen buddhistischer Meditationspraxis interpretiert werden.

Der Palikanon enthält Lehrreden, normative Texte und Geschichten, die zunächst mündlich innerhalb des Mönchsordens überliefert und schließlich im 1. Jahrhundert v. Chr. schriftlich festgehalten wurden. Um diese Geschichten herum organisierten sich Mönchsorden und Laienanhänger und dann, im Laufe der Jahrhunderte, auch verschiedene Institutionen. Erst die schriftlichen und architektonischen Manifestationen dieser Institutionen machen die Überlieferung des Buddha zu einer historisch greifbaren Gegebenheit. Die früheste historische Spur sind die Felsedikte des Königs Ashoka im 3. Jahrhundert v. Chr. sowie die Säule, die Ashoka in Lumbini, dem Geburtsort des Buddha, errichten ließ.

Genaue Angaben zu Geburt, Kindheit und Jugend fehlen in den ältesten Schriften des Palikanon. Den Mönchen, die mündlich weitergaben, was sie vom Buddha gehört hatten, mag das nicht so wichtig erschienen sein.

Manche Schilderungen klingen so, als ob sie von Siddhartha Gautama selbst so erzählt worden seien. Beispielsweise beschreibt er sich als verwöhnten jungen Mann aus sehr gutem Hause, der eines Tages den Entschluss fasst, Asket zu werden. Die Eltern sind bestürzt, als er sich zum Zeichen seines Aufbruchs das Haupthaar scheren lässt. Er schließt sich verschiedenen Asketenschulen an, meistert deren Meditationsmethoden rasch und verlässt die Gruppen dann wieder, da er das, was er sucht, nicht gefunden hat. Unter den Waldasketen gibt es sehr extreme Gestalten, wie man aus dem Palikanon erfährt. Siddhartha versucht schließlich das Extrem: Er lebt nur von Wildgewachsenem, wäscht sich nicht, verbietet sich das Sitzen, schläft auf Dornen, kampiert auf Leichenfeldern, isst den Mist der Kälber und gelegentlich auch seinen eigenen Kot. Diese Gewaltaskese bringt ihn zwar an den

Rand des Todes, aber nicht zu dem, was er sucht. Er entschließt sich zu einem »Mittleren Weg«, nimmt täglich eine Schale Reis und etwas Milch zu sich – worauf ihn seine Anhänger wegen dieser »Üppigkeit« verlassen.

Er erinnert sich dann an eine Kindheitserfahrung: Unter einem Rosenapfelbaum sitzend, sah er dem Vater beim Pflügen des Feldes zu und war plötzlich in einen Zustand, in dem er »ganz abgeschieden von unheilsamen Geisteszuständen« war und voll »Verzückung und Glückseligkeit, die aus der Abgeschiedenheit entstanden sind.« (M 36,31[6]) Dieser Spur folgend, setzt er sich unter einen Baum. Schließlich, als er seinen Herz-Geist *(citta)* auf diese Weise »geläutert, klar, makellos, der Unvollkommenheit ledig, gefügig, nutzbar, stetig und unerschütterlich« gemacht hatte (M 36,38), fand er die Erinnerung an seine früheren Daseinsformen wieder; er entdeckte, dass es vom Gebrauch von Körper, von Rede und Geist abhängt, ob jemand nach seinem Tod eine gute oder schlechte Wiedergeburt erlangt, und erkannte schließlich die Quelle aller Wiedergeburten – die drei »Gifte« Gier *(lobha)*, Hass *(dosa)* und Unwissenheit *(avidya)*. »Das Wissen und die Schauung erwuchs in mir: ›Meine Befreiung ist unerschütterlich; dies ist meine letzte Geburt; jetzt gibt es kein erneutes Werden mehr.‹« (M 26,18)

Nach einigem Zögern entschließt sich der zum Erwachten, zum Buddha, gewordene Siddhartha, anderen von seinem Weg zu berichten. Die erste Predigt findet in Benares statt, dem heutigen Varanasi, einer bewaldeten Gegend nahe einer Furt über den Ganges. Allmählich sammeln sich Anhänger um den Wanderprediger. Seine Anhänger – Mönche wie Nicht-Mönche – kommen vorwiegend aus den höheren Kasten, aus dem Krieger- und Brahmanenstand, aber auch aus dem der Kaufleute. Aus dem Arbeiter- und Dienerstand und der Kaste der Unberührbaren sind nur wenige darunter. Zölibat, Besitzlosigkeit, Hauslosigkeit und Ernährung durch Betteln sind die Eckpfeiler der Lebensweise der Wandermönche. Ihr Status ist, wie der Buddha einmal selbst sagt, sehr vorteilhaft: Erstens ist der Lebensunterhalt gesichert, da es verdienstvoll ist, bettelnden Mönchen etwas zu geben; und zweitens besitzen die Mönche ein hohes Sozialprestige. Vermögende Personen und auch zwei Könige aus der Gangesebene unterstützen die Sangha*, die Gemeinde des Buddha. Die Könige respektieren die Sangha als Gruppe mit eigenem Recht, verlangen jedoch die Respektierung staatspolitischer Interessen. Der Buddha und die Mönche ihrerseits ermahnen den König und die Bevölkerung zu Friedfertigkeit und Disziplin. Nach einigem Zögern gründet der Buddha auch einen Nonnenorden, der Frauen erstmalig die Möglichkeit einer Existenz außerhalb familiärer Bindungen bietet. Bis zum Ende seines Lebens hält er an dem Leben als Wandermönch fest, auch in Zeiten von Gebrechlichkeit und Altersschwäche. Schließlich stirbt er an einer Nahrungsmittelvergiftung – Genaues lässt sich dazu nicht rekonstruieren. Er wird verbrannt, wie es der Brauch der vedisch-brahmanischen Kultur der Zeit ist. Um seine Asche und die Knochenreste entsteht Streit, und am Ende erhalten acht Königreiche Buddha-Reliquien.

In den buddhistischen Ländern hat man erst durch westlichen Einfluss nach dem historischen Buddha zu fragen begonnen. Für die buddhistische Tradition ist diese Frage letztlich irrelevant, denn Buddha Shakyamuni ist nur einer in einer ganzen Reihe von Buddhas. Sechs Buddhas gab es vor ihm in anderen Weltzeitaltern, und einer, Maitreya, wird für das nächste Weltzeitalter erwartet. Der Buddha selbst sagt, er sei wie jemand, der im Dschungel einen zugewachsenen Pfad findet, weitergeht und schließlich eine verfallene Stadt im Dschungel entdeckt und sie wiederaufbaut.

Die Metapher des Pfades *(magga)* ist grundlegend für den Dharma*, die buddhistische Lehre. Wie ein guter Arzt nennt der Buddha zunächst die Gründe für das Leiden im Leben *(dukkha*)* und dann den Weg zur Heilung, den Achtfachen Pfad.

Doch ist nicht eindeutig, was der Ursprung des leidhaften Ungenügens ist. Nach einer Überlieferung ist *dukkha* durch den »Durst« *(trishna)* und »unheilvolle Einströmungen« *(asrava)* be-

dingt, also durch die Tätigkeit der Sinne. »Durst« entsteht im
Sehen, Hören, Riechen, Schmecken, Fühlen und – als sechstem
Sinn – im Denken. »Durst« ist ein »Ergreifen« des Wahrgenom-
menen, ein »mehr vom selben haben wollen«. Eine zweite Tradi-
tionslinie betont das »Nichtwissen« *(avidya)* als Ursache des Leidens – die Verblendung gegenüber dem Umstand, dass erstens
alles, auch die eigene Person, vergänglich ist und zweitens alles,
auch die eigene Person, abhängig von anderen Faktoren (zum Beispiel den Eltern, der Umwelt etc.) entsteht.

Der Achtfache Pfad, der zur Befreiung von *dukkha* führt,
umfasst alle Lebensbereiche – von der Weltsicht über den Erwerb
des Lebensunterhalts und den Gebrauch von Worten bis zur
Meditationspraxis und den Erfahrungsdimensionen, die man dadurch erreicht. Zusammengefasst heißt das: Der Pfad entsteht aus
dem Zusammenspiel von ethisch angemessenem Verhalten *(sila)*,
meditativer Versenkung *(dhyana)* und weiser Unterscheidungs-
fähigkeit *(prajna)*.

Das Ziel ist Nirvana*, ein Zustand, der sowohl negativ – als
das Ende von *dukkha* – als auch positiv – als Glückseligkeit –
beschrieben wird. Nirvana bedeutet: Gier, Hass und Verblendung
sind verloschen. Wer Nirvana zu Lebzeiten erlangt, den beschreibt das Dhammapada so:

> »Wer in der Weisheit erlöst verweilt,
> Beruhigt ist und gestillt,
> Voller Frieden ist dieses Menschen Geist,
> Voller Frieden sind seine Worte,
> Voller Frieden ist sein Handeln.«
> (Dh 96)

Die drei Gifte wirken auf diese Person nicht mehr, sie lebt
erwacht und befreit weiter bis zum Parinirvana, dem endgültigen
Verlöschen.

Buddha ist einer, der todlos – also dem Geburtenkreislauf entronnen – ist. Er ist weder ein Höllenbewohner noch ein Geist, noch ein Tier oder Gott (Götter haben im buddhistischen Weltbild eine lange, aber beschränkte Lebensdauer). Es wird erzählt, dass ein Brahmane die Fußspuren des Buddha entdeckt und ihnen nachgeht, weil er meint, sie seien nicht von einem menschlichen Wesen. Schließlich trifft er den Buddha und fragt, ob dieser ein Gott, ein Geist, ein Dämon oder ein Mensch sei. Er erhält zur Antwort, dass jene Triebe, die dazu führen, dass jemand ein Gott, Geist, Dämon oder Mensch wird, von Buddha überwunden sind, »gleich einer Fächerpalme dem Boden entrissen, vernichtet und keinem Neuentstehen mehr unterworfen … für einen Erwachten (Buddha) halte mich.« (Anguttara-Nikaya* IV, 36)

In der buddhistischen Tradition finden sich weitere Titel – »der Erhabene« oder »Tathagatha«, der »Vollendete« (wörtlich: der so Gekommene): »ein Heiliger (Arahat), ein vollkommen Erleuchteter, mit Wissen und gutem Benehmen versehen, einer, der auf gutem Wege geht, ein Weltenkenner, der allerhöchste (Wagen-)Lenker von dem, was im Menschen bezähmt werden muss, der Lehrer der Götter und Menschen, der Erleuchtete, der Erhabene.« (Anguttara-Nikaya V, 14)[7]

Ein Buddha hat zudem zehn Fähigkeiten: Er kann das Mögliche und das Unmögliche und das Resultat vergangener, gegenwärtiger und zukünftiger Taten erkennen; ebenso kann er seine früheren Daseinsformen, den Weg und die Welt mit ihren Elementen erkennen; er weiß um die Neigungen und die Vorgänge in den Sinnen der Wesen, um die verschiedenen Meditationsformen und um das Werden und Vergehen der Wesen entsprechend ihren Taten; außerdem verfügt er über das Wissen um die von ihm erreichte Triebversiegung, in der er verweilt.

Eine weitere wichtige Eigenschaft eines Buddha ist *maha-karuna* – großes Mitgefühl. Dies bezieht sich auf die Übung der *brahma-vihara* – der »göttlichen Verweilungen« –, einer Meditationspraxis, in der Mitgefühl, Güte, Mitfreude und Gleichmut entwickelt werden.

Siddhartha Gautama war einer von vielen Suchenden um die
Mitte des ersten Jahrtausends v. Chr. im Norden Indiens. Es war
eine Zeit großer wirtschaftlicher und mentaler Veränderungen.
Fernhandel und Metallverarbeitung begannen damals zunehmend
eine Rolle zu spielen. Das Leben der Nomaden und Viehzüchter,
die im Verlauf von Jahrhunderten aus Zentralasien eingewandert
waren, veränderte sich. Sie wurden sesshaft, und es entstanden in
der nördlichen Gangesebene kleine Stadtfürstentümer, die einander bekriegten.

Auch standen die Gewissheiten der vedischen Religion auf
dem Prüfstand. Religionskritiker begannen das heilige Wissen der
Veden zu hinterfragen, und Denker meldeten sich zu Wort, die
jede Vorstellung eines Jenseits ablehnten und vielmehr die Lust
am Leben hier und jetzt betonten. Vor allem ging es um die Frage
nach dem, was nach dem Tod kommt.

Für die vedische Religion ist die religiös relevante Tat das
rituell korrekte Opfer, um das Wohlwollen der Götter zu sichern.
Karma* ist das Ergebnis dieses Opfers. Seine wichtigste Funktion
ist die Stärkung der Ahnen auf dem Weg in den Himmel der
Väter. Karma als Ergebnis des Opfers bestimmt also die Existenz
des Menschen – genauer, der männlichen Linie – nach dem Tod.
Die Weisen der Upanishaden stellen hier ab ungefähr 800 v. Chr.
neue Fragen. Für sie kann Karma zusätzlich auch das sein, was
aus den ethisch relevanten Handlungen eines Menschen folgt.
Das Karma bindet die Menschen an die vergängliche Welt und
schließt sie in einen Kreislauf von Wiedergeburten ein. Nur dem,
dem es gelingt, die wahre Wirklichkeit seiner selbst und der Welt
zu erkennen, gelingt es, sich aus diesem Kreislauf der Wiedergeburten zu befreien. Das Ritual der Feueropfer, dem die vedischen
Priester vorstehen, hilft hier nicht mehr. An die Stelle des äußeren
Feuers tritt die Kultivierung des inneren Feuers, des Atems. An
die Stelle des Altars tritt das Herz. Dies ist der Ort, an dem sich
das wirksame Opfer vollziehen kann. Das Herz muss leer werden,
um offen für die Wirklichkeit des Absoluten zu sein. Das ist –
vereinfacht gesagt – der Weg zur Erlösung für die Waldasketen

der upanishadischen Zeit. Um diesen Zustand zu erreichen, versuchen sie alles nur Erdenkliche. Aus ihren manchmal recht brutalen Übungen entstehen Traditionen der Kultivierung des Atems, der Sinne und des Denkens – der Yoga. Jahrhunderte später kommen auch körperliche Übungen als Vorbereitung dazu.

Siddhartha Gautama ist ein Teil dieser Reformbewegung. Seine Kritik gilt nicht den Göttern der vedisch-brahmanischen Tradition. Ganz im Gegenteil: Als er sich nach seinem Erwachen überlegt, ob er überhaupt jemandem davon erzählen soll, kommt der Gott Brahma aus den Höhen des Himalaya und fordert ihn auf, zum Wohle der Wesen zu lehren. Die Götter sind ein Teil des indischen Weltbildes, das buddhistische und Hindu-Traditionen teilen. Nur spielen die Götter im Buddhismus keine besondere Rolle. Auch sind für den Buddha Rituale irrelevant. Das unterscheidet seine Lehre von den Hindu-Traditionen, aber auch von späteren Entwicklungen des Buddhismus.

Dem Buddha geht es um die Befreiung aus der Verstrickung in Geburt-und-Tod-und-Geburt-und-Tod usw. Das, was den Menschen in diese Welt verstrickt, sind seine Absichten. Daher ist auch die vedische Varna*-Hierarchie, nach der nur die Kriegerkaste, die Brahmanenkaste und die Kaste der Kaufleute das Recht haben, die heiligen Schriften zu hören, für ihn irrelevant. Ein Edler ist man nicht durch Geburt oder Herkunft, sondern durch das, was man tut. *Arya*, edel, sind die Mönche, egal aus welcher Kaste sie stammen.

Die Suche des Siddhartha Gautama gilt weder der Wiedergeburt noch der »Erleuchtung«. Siddhartha Gautama sucht Todlosigkeit, *amrita*. Darum geht es im Erwachen. Todlosigkeit ist eine persönliche, existenzielle Erfahrung. In seinen Predigten entfaltet der Buddha diese Erfahrung in vielfältiger Weise, so wie es seine Zuhörer gerade brauchen. Charakteristisch für seine Lehre ist, dass er erstens die Unbeständigkeit aller Ereignisse betont; zweitens das Ungenügen und Leiden *(dukkha)*, das daraus resultiert, und drittens die wechselseitige Abhängigkeit aller Ereignisse.

In den Predigten des Buddha wird das »Entstehen in Abhängigkeit« als eine Art der Verkettung von Bedingungen beschrieben, die zu immer neuem Geborenwerden und Sterben führt: Der »Durst« bedingt das Anhaften, das Anhaften ist die Bedingung für eine neue Geburt; Geborenwerden aber bedingt auch Sterben; die Impulse des Anhaftens, die überdauern, bedingen wieder neues Leben. Sie bedingen neue Gedanken, Wahrnehmungen, Empfindungen, mit anderen Worten: eine neue Gestaltung. Systematisiert wird daraus eine zwölfgliedrige Kette des »bedingten Entstehens«. Später entwickelt sich daraus die Beschreibung einer Welt von sich einander wechselseitig bedingenden, voneinander abhängigen Ereignissen. Im chinesischen Buddhismus fand man dafür rund tausend Jahre nach dem Buddha ein Bild: Indras Netz. Für den vedischen Gott Indra ist die Welt ein Netz aus funkelnden Diamanten, die sich ineinander spiegeln – und nur dadurch existieren, dass sie sich ineinander spiegeln.

Der Messias

Ob Jesus gelebt hat, lässt sich genauso wenig mit Sicherheit beantworten, wie die Frage, ob Gautama Siddhartha, der Buddha, gelebt hat. Auf Jesus Christus weisen keine archäologischen Funde hin, jedoch erwähnen Zeitgenossen Jesus in ihren Schriften; die einen positiv, die anderen ablehnend, aber alle setzen ihn als geschichtliche Persönlichkeit voraus. Dazu kommen die Evangelien, die eine Reihe von Umständen erwähnen, die durch antike schriftliche und archäologische Zeugnisse bestätigt werden.

Sicher ist jedoch, dass Jesus nicht zu Weihnachten und auch nicht im Jahr null geboren wurde. Das Weihnachtsfest wurde erst im 4. Jahrhundert unter Kaiser Konstantin eingeführt, davor war es ein Sonnenfest, das die Verehrer des Gottes Mithras feierten.

Die christliche Zeitrechnung hat mit der Biographie Jesu nichts zu tun. Die ersten Christen zählten wie alle Bewohner des Römischen Reiches die Jahre *ab urbe condita*, seit der Gründung

Roms. Erst fünfhundert Jahre nach Christus wurde erstmals die Zeit in »vor« und »nach der Geburt Christi« eingeteilt. Dies war eine theologische Aussage, keine historische: Spätantike Christen wollten damit ausdrücken, dass sich durch Jesus die Geschichte gewandelt hat.

Jesu Geburtsjahr lässt sich überhaupt nicht ermitteln. Man vermutet, dass es in die Regierungszeit des Königs Herodes fällt. Eine Rückrechnung ergibt, dass es vielleicht 4 oder 6 vor Christus gewesen sein mag. Das erste öffentliche Auftreten fand wahrscheinlich zwischen 26 und 29 n. Chr. statt; und Jesu Tod fällt in die Amtszeit des Pilatus zwischen 26 und 36 n. Chr. Doch dies sind Schlussfolgerungen und keine gesicherten Daten.

Das meiste, was man über Jesus weiß, findet sich in den Evangelien, doch diese sind Zeugnisse über den Glauben der ersten Jesusbewegung und keine historischen Dokumente.

Das älteste Evangelium nach Markus beginnt mit der Taufe Jesu durch Johannes im Jordan, bei der Gottes Geistkraft wie eine Taube über ihm schwebt und eine Stimme zu hören ist, die ihn als Sohn Gottes ausweist. Danach geht Jesus in die Wüste, wird vom Teufel versucht und beginnt danach zu predigen. Zwei Evangelien (Matthäus und Lukas) sprechen von einem Kind, das von einem Engel als Retter der Menschen angekündigt wird – und dann in einem Stall auf die Welt kommt, bemerkt nur von Hirten und mesopotamischen Sterndeutern. Das vierte und jüngste Evangelium nach Johannes beginnt mit einer kosmischen Vision vom göttlichen Logos, der in Jesus Fleisch angenommen hat und Mensch geworden ist. Darauf folgt die Geschichte von der Taufe im Jordan. In Einzelheiten unterscheiden sich die Evangelien und sind zum Teil sogar widersprüchlich, doch zeichnen sie recht ähnliche Bilder von Jesus. Er ist ein Wanderer, der predigt, eine Gruppe von Jüngern um sich sammelt und dessen Impuls überraschend Situationen von Grund auf ändert – »Blinde sehen, Lahme gehen, Aussätzige werden rein, Taube hören, Tote erheben sich – Arme bringen Frohe Botschaft. Und glücklich, wer sich an mir nicht aufreibt!« (Lk 7,22)[8] Die Menschen strömen ihm zu, doch dann bekommt er Schwierigkeiten mit jüdischen Autoritäten. Diese nehmen ihn gefangen, verurteilen ihn wegen Gotteslästerung und lassen das Urteil durch den römischen Prokurator Pontius Pilatus bestätigen, den sie unter Druck setzen. Jesus wird hingerichtet und begraben; am dritten Tag steht er von den Toten auf und erscheint seinen Jüngern, oft sehr überraschend und zunächst unerkannt. Vierzig Tage danach versammelt er die Jünger auf einem Berg in der Nähe Jerusalems um sich, erklärt, dass er sie nun verlassen werde, und wird ihren Blicken durch eine Wolke entzogen. Die Jünger und Maria schließen sich danach betend in einem Haus ein. Zehn Tage später, zum Laubhüttenfest, ereignet sich Unerhörtes. Vor dem Haus hören die Menschen einen heftigen Sturm, obwohl sich kein Blatt bewegt; und über den Köpfen der Jüngerinnen und Jünger erscheinen Zungen wie von Feuer. Petrus spricht zu der Menge, die sich vor dem Haus versammelt hat und ihn für betrunken hält. Er spricht Aramäisch, doch ihn verstehen auch jene, die nicht Aramäisch können, in ihrer Muttersprache. Die Jünger Jesu gehen danach wieder unter die Leute und fallen in Jerusalem durch Wunderheilungen und Predigten auf. Das führt zu Konflikten mit dem jüdischen politischen Establishment, und es kommt zu Verfolgungen der Abweichler. Saulus, der spätere Paulus, gehört zunächst zu den Gegnern, wird aber dann durch eine Vision des auferstandenen Christus selbst ein Anhänger Jesu. Durch seine Missionsreisen und Briefe gewinnt der neue Glaube jene Form, die heute als Christentum bezeichnet wird.

Was Jesus wirklich sagte, versuchen europäische Gelehrte seit rund zweihundert Jahren herauszufinden. Kritische Geister stießen sich seit der Antike an den Widersprüchen des Neuen Testaments. Zu Beginn des 19. Jahrhunderts begannen zuerst Religionskritiker und dann auch Theologen das Neue Testament mit wissenschaftlichen Methoden zu untersuchen. Die historisch-kritische Bibelexegese hat mit Hilfe von Textkritik und Archäologie zeigen können, dass vieles, was Christen glauben, so weder im Ersten noch im Zweiten Testament steht.

Zum Beispiel ist die scharfe Trennung zwischen dem Ersten oder »Alten« Testament, also der jüdischen Bibel, und dem »Neuen« Testament, die so oft gemacht wird, sachlich nicht zutreffend. Jesus war Jude und in der jüdischen Tradition verwurzelt. Was Jesus lehrte, findet sich auch in der Thora, also den fünf Büchern Mose, bei den Propheten und den Weisheitslehrern der jüdischen Bibel. Er interpretierte diese Tradition frei. Dies entsprach dem Geist der jüdischen Erneuerungsbewegungen der damaligen Zeit.

Seit ungefähr 800 v. Chr. standen Palästina und das jüdische Volk teilweise unter fremder Herrschaft. Zunächst waren es die Assyrer und Babylonier und dann hellenistische Herrscher. Diese verboten die Ausübung des jüdischen Glaubens, was zum Makkabäeraufstand führte. Seit dem 1. Jahrhundert v. Chr. herrschte Rom über das jüdische Volk. Um die Zeitenwende (nach christlicher Berechnung) kam es zu weiteren Aufständen in Palästina, motiviert von der Sehnsucht nach einem charismatischen, einheimischen politischen Befreier, einem Messiaskönig. Messianische Erwartungen und eine latente Bereitschaft großer Teile der jüdischen Bevölkerung zum Widerstand gegen die Römer, die von ihnen eingesetzten jüdischen Könige und deren hellenistische Kultur prägten die politische Situation zur Zeit Jesu. Es entstanden Erneuerungsbewegungen, deren Anhänger auf den Messias hofften: Mit seinem Auftreten sollte das Gottesgericht und damit endgültige Gerechtigkeit kommen, die Welt sollte sich zum Guten wandeln und die Herrschaft Gottes anbrechen.

Die meisten Erneuerungsbewegungen erwarteten den endgültigen Sieg des Volkes Israel über die Heiden und eine Durchsetzung jüdischer Normen und Gebote. Die Jesusbewegung unterscheidet sich in diesem Punkt von den Erneuerungsbewegungen. Jesus und seine Jünger gingen, so die Evangelien, einer direkten Konfrontation mit der Besatzungsmacht aus dem Weg. Die Hoffnung auf einen eschatologischen Wandel, auf das Ende der Zeit und den Anbruch eines neuen Äons, verband sich in der

Jesusbewegung mit der Vorstellung, dass Juden und Heiden sich *gemeinsam* unter die Herrschaft Gottes stellen. Auch der Purismus vieler Erneuerungsbewegungen war Jesus fremd. Er wandte sich mit seinen Reden nicht an die gebildete, reiche Oberschicht. Die großen Städte Jaffa und Sepphoris werden im Neuen Testament nie erwähnt, obwohl sie wichtige kulturelle und ökonomische Zentren waren und sich in dem Gebiet befanden, in dem Jesus unterwegs war. Jesus sprach zu den einfachen Leuten auf dem Land, zu Bauern, Hirten und Fischern. Er und auch seine Zuhörer waren Randexistenzen im Judentum seiner Zeit – Angehörige der breiten Unterschicht. Wie Jesus selbst sagt: »Die Füchse haben Höhlen und die Vögel der Lüfte haben Nester. Der Mensch hat keinen Platz, wo er seinen Kopf hinlegen kann.« (Mt 8,20)

Als »Sohn des Menschen« bezeichnet sich Jesus in den Evangelien selbst. Die genaue Bedeutung dieses Namens ist allerdings unklar. »Menschensohn« kann einerseits einfach ein anderes Wort für »Mensch« im Allgemeinen sein; dann steht es auch für das Wort »ich«; andererseits aber ist der »Menschensohn« eine Bezeichnung für den Weltenrichter am »Ende der Tage«. In einer der ältesten apokalyptischen Schriften des Judentums, in der Daniel-Apokalypse, heißt es, der Menschensohn werde am Ende der Zeit auf den Wolken des Himmels kommen und für Gerechtigkeit sorgen.

In den ältesten Überlieferungsschichten der Evangelien spricht Jesus von sich als »Menschensohn«, wenn er zum Beispiel seine Jünger ermutigt, die ritualistische Einhaltung des Sabbat-Gebots zu durchbrechen, um tun zu können, was lebensdienlich ist; wenn er Sünden vergibt oder seine Außenseiter-Rolle betont. An anderen Stellen spricht er vom bevorstehenden Leiden des »Menschensohns«; und schließlich auch vom »Menschensohn«, der nach dem Anbruch der Herrschaft Gottes die Gerechten um sich sammelt. Die Bibelexegeten haben in den letzten zweihundert Jahren mehr oder minder jedes Wort im Neuen Testament immer wieder untersucht, um herauszufinden, ob es authentisch ist und von Jesus selbst gesagt worden sein könnte oder nicht. Bei dem Wort »Menschensohn« sind sich die Bibel-Fachleute zwar einig, dass Jesus diesen Ausdruck für sich selbst gebraucht hat. Doch was damit gemeint ist, darüber besteht keine Einigkeit.

Erstaunlich ist, dass der Ausdruck »Menschensohn« in der christlichen Überlieferung kaum je gebraucht wird. Dafür ist umso öfter von »Christus« und vom »Sohn Gottes« die Rede – wobei beide Begriffe immer wieder umstritten waren und neu bestimmt werden mussten. Die Titel »Christus« und »Sohn Gottes« erhält Jesus erst nach Ostern, also nach seiner Auferstehung, von seinen Jüngern. Christus – »Gesalbter« – ist eine Übersetzung des hebräischen Wortes »Messias«; daran ist die Hoffnung, nicht zuletzt der Jünger, geknüpft, dass Jesus der neue, endzeitliche König Israels sein werde. Diese Hoffnung wurde durch das Leiden und den Tod Jesu durchkreuzt und durch die Auferstehung auf paradoxe Weise erfüllt. Der Messias-Titel wird in der Folge zu einer Art Eigennamen. Jesus Christus wird zum »Sohn Gottes«, der den Dämonen und Naturgewalten gebietet und die Offenbarung Gottes bringt.

Anhand der Geschichte dieser Begriffe »Christus« und »Sohn Gottes« kann man nachzeichnen, wie das Christentum in den ersten Jahrhunderten zunächst eine jüdische Splittergruppe ist, allmählich in die römisch-hellenistische Kultur integriert wird und dann nach 313 als Staatsreligion viele Vorstellungen aus den antiken hellenistischen Ideen über den Kosmos und die Welt im Ganzen übernimmt. Aus dem jüdischen Messiaskönig wird Christus, der Weltenherrscher, als dessen Stellvertreter sich in der Folge Kaiser, Könige, Päpste und andere Kirchenführer verstanden und ihren Herrschaftsanspruch ableiteten.

Von der Ethik des »Menschensohnes« entfernt sich die Institution Christentum nicht nur ein paar Jahrhunderte, sondern sozusagen Lichtjahre. Und nicht nur das institutionalisierte Christentum, sondern auch der »christliche Staat«. Schon Martin Luther hatte angemerkt, dass die Ethik der Bergpredigt, als Gesetz betrachtet, unerfüllbar sei.[9]

Dabei geht es der Bergpredigt nicht um Ethik im modernen Sinn. Die Bergpredigt verspricht Glückseligkeit; und sie setzt Bedingungen dafür – Glückseligkeit erlangen jene, die am weitesten davon entfernt scheinen. Das macht die Bergpredigt radikal und paradox zugleich: »Selig die Armen, denn ihnen gehört die Gottesherrschaft; selig die Hungernden, denn sie werden gesättigt werden, selig sind die Weinenden, denn sie werden getröstet werden.« (Lk 6,20f; Mt 5,3f) Das ist die älteste Form der ersten drei Zusagen der Seligpreisungen. Armen und Unterdrückten wird eine grundlegende Veränderung der Verhältnisse durch die Herrschaft Gottes angekündigt.

Die Fortsetzung ist ähnlich paradox: »Selig sind die Sanftmütigen, denn sie werden das Land erben. Selig sind die, die nach Gerechtigkeit hungern und dürsten, denn sie werden satt werden. Selig sind die Barmherzigen, denn sie werden Barmherzigkeit erfahren. Selig sind die, die reinen Herzens sind, denn sie werden Gott sehen. Selig sind die, die für den Frieden arbeiten, denn sie werden Gott sehen. Selig sind die, die verfolgt werden, weil sie die Gerechtigkeit lieben, denn ihnen gehört Gottes Welt.«

Das Reich Gottes, das Jesus verkündet, ist nicht zu lokalisieren – es ist »mitten unter euch«, es ist »in euch«, es ist ein Reich der Gerechtigkeit und der Liebe und vor allem ein Reich, in dem es ein »Leben in Fülle« gibt. Die Gleichnisse, die Jesus erzählt – vom Senfkorn, vom Schatz im Acker, dem Kaufmann und der Perle, dem verlorenen Schaf, vom Licht auf dem Berg usw. –, kontrastieren gegenwärtige Verhältnisse mit dem Reich Gottes. Es sind vielschichtige Gleichniserzählungen, wie zum Beispiel die Geschichte vom königlichen Hochzeitsmahl. Im Matthäus-Evangelium (22, 1–14) wird von einem Fest berichtet, zu dem alle, auch die Strolche und Bettler, eingeladen sind. Doch dann ist plötzlich die Rede von jenen, die kein angemessenes Kleid für das Fest angelegt haben und die deswegen ins finstere Loch gesteckt werden. Man hat den König in der Geschichte meistens als Metapher für Gott interpretiert, doch das trifft nicht zu. Die Geschichte ist aus dem damaligen Leben genommen, schreibt die

Exegetin Luise Schottroff.[10] Die Pointe der Geschichte ist nicht, dass die Bösen bestraft werden, sondern dass sich Gott *nicht* wie ein König der damaligen Zeit benimmt, der die Leute bei Nicht-Konformität ins Verlies wirft.

Gott ist Vater, *abba*, ein fürsorglicher, gerechter und liebender Gott. Zwar spricht Jesus wie viele Juden von damals vom Gericht Gottes, das am Ende der Zeiten Gute und Böse trennen wird, aber das Gottesreich ist durch die bedingungslose Güte Gottes geprägt; wer allerdings selbst nicht vergibt, dem wird nicht vergeben werden.

Der Mittelpunkt der Verkündigung Jesu ist die Liebe: Auch wenn dieses »neue Gebot« (Jo 13,34) als typisch christlich gilt, kommt es doch aus der jüdischen Tradition. Auf die Frage, was denn das größte Gebot sei, antwortet Jesus mit einem Zitat aus der Thora: »Du sollst die Lebendige, deinen Gott, lieben aus deinem ganzen Herzen und mit deiner ganzen Seele und mit deiner ganzen Kraft und mit deinem ganzen Denken, und deine Nächste wie dich selbst.« (Lk 10, 27; vgl. Dtn 6,5 und Lev 19,18)[11]

Auf die Nachfrage, wer denn der Nächste sei, erzählt er das Gleichnis vom barmherzigen Samariter. Dem Juden, den die Räuber überfallen und ausgeraubt haben, helfen nicht die jüdischen »religiösen Virtuosen«, die zum Tempeldienst eilen, sondern ein Mann aus Samaria, der gar kein »richtiger« Jude ist. Der oder die »Nächste« ist also nicht durch Gruppenzugehörigkeit bestimmt, sondern durch eine Relation: »Nächste« für einander sind die, die Hilfe brauchen, und jene, die sie geben.

Das Liebesgebot gilt universal, nicht nur für die »Eigenen«, sondern auch für die »anderen«, die Feinde. Damit überschreitet Jesus den Rahmen der jüdisch-hellenistischen Tradition. Denn er spricht hier nicht nur zu den Mächtigen, sondern vor allem zu den Machtlosen und Gedemütigten. Feindesliebe heißt nicht, sich alles gefallen zu lassen, sondern aktiv und gewaltfrei dem Unrecht zu widerstehen und es zu überwinden. Auch und gerade Machtlose sollen handeln wie Könige, mit großem Selbstvertrauen und einem hohen Maß an Autonomie.

Das Vaterunser, das Gebet, das Jesus seine Jünger lehrt, ist einerseits ein Dokument jüdischer Gebetspraxis. Es enthält Teile aus dem Kaddisch, dem jüdischen Totengedenken, und aus dem Achtzehn-Bitten-Gebet; beide Gebete werden bis heute im jüdischen Gottesdienst gebetet. Die Menschen bitten im Vaterunser darum, dass die Herrschaft Gottes kommt – »Dein Reich komme« –, und zugleich bitten sie um »das Brot von morgen«, also um Essen für den kommenden Tag. Beides gehört zum Reich Gottes: das alltägliche gute Leben genauso wie das zukünftige »Königtum Gottes«.

In jüdischen Gebeten ist es nicht ungewöhnlich, dass Bitten für das Gegenwärtige und das Zukünftige ineinander übergehen. Die Zukunft ist in der Gegenwart schon angebrochen, und entsprechend lehrt Jesus, dass das Reich Gottes schon da ist, aber noch verwirklicht werden muss. Diese »präsentische Eschatologie« fordert die Menschen auf, aus einem tiefen Vertrauen in die Gegenwart des Heils so zu handeln, dass sich dieses Heil in Zukunft umfassend verwirklichen kann. Diese Anforderung setzt – wie die Feindesliebe – ein hohes Maß an Vertrauen und zugleich ein hohes Maß an Autonomie voraus; dazu eine Perspektive und ein Engagement, die über die Grenzen des eigenen Wohlbefindens hinausgehen. Es geht um ein Leben in Fülle – und zugleich um eine Umkehrung der gesellschaftlichen Hierarchie. Denn im Gottesreich werden die Ersten die Letzten sein und die Letzten die Ersten – ein Bild, das einige Dynamik in sich birgt, wenn man es weiterdenkt.

Es gehört zum Kern des jüdischen Glaubens, dass Gott treu ist und sein Versprechen hält: dass die Mächtigen vom Thron gestürzt und die Armen erhoben werden (1. Sam 2,1 ff.; Lk 1,46 ff.). So kann man auch die Auferstehung Jesu verstehen: Der, der ungerecht verfolgt und ermordet worden ist, stirbt nicht vergeblich, sondern wird erhöht. Das ist der Impuls für eine neue, andere Geschichte, die sich allen Widerständen zum Trotz entfaltet, an der alle eingeladen sind mitzuarbeiten. »Wer Ohren hat, zu hören, höre« (Mt 4,9), heißt es im Evangelium.

Frühe Begegnungen

Der Buddha und seine Mönche gingen bettelnd von Haus zu Haus, ebenso waren Jesus und seine Apostel Wanderprediger und auf Einladungen und Zuwendungen angewiesen. Den buddhistischen Mönchen war vorgegeben, was sie besitzen durften – acht Gegenstände, darunter einen Sonnenschirm und eine Nadel zum Flicken schadhafter Gewänder. Bei den Anhängern Jesu war der Lebensstil zwar nicht so genau festgelegt, doch wenn Jesus seine Jünger aussandte, um zu heilen und zu predigen, hatten sie nur einen Stab mit, Schuhe an den Füßen und auch einen Mantel gegen die nächtliche Kälte.

Manche meinen, dass diese und andere Ähnlichkeiten zwischen dem Mönchsorden des Buddha und der Jesus-Bewegung darauf zurückzuführen seien, dass die buddhistische Lehre Jesus und seine Anhänger beeinflusst habe. Das ist jedoch nur eine vage Vermutung, da bisher keine Quellen dafür gefunden wurden, die dem kritischen Urteil der Historiker standhielten.

Spätere Kontakte zwischen den beiden großen Religionen lassen sich dagegen gut belegen. Dass es Beziehungen zwischen dem Mittelmeerraum und dem indischen Subkontinent gab, lässt sich aus archäologischen Funden rekonstruieren, etwa aus römischen Münzen aus dem 1. Jahrhundert und römischen Ziegelsteinen, die man an der Südküste Indiens gefunden hat. Sie wurden offenbar von Frachtschiffen auf dem Hinweg als Ladung mitgenommen und dann zurückgelassen, da die Schiffe mit Gütern aus Indien gefüllt wurden. Handelsbeziehungen lassen sich seit 4000 v. Chr. punktuell nachweisen. Die großen Handelsstraßen zwischen West und Ost waren wichtige Kommunikationswege, zum Beispiel die Weihrauch-, Seiden- und Gewürzstraße, deren Umschlagplätze im südöstlichen Mittelmeer lagen. Vermutlich hatte auch Alexander der Große durch Kaufleute von dem »Wunderland« Indien erfahren. Sein Eroberungszug 327–325 v. Chr. blieb erfolglos, und er selbst starb bald darauf. Doch seine Nachfolger, die hellenistischen Diadochen-Herrscher, errichteten

Reiche vom Mittleren Osten bis nach Nordindien. Das Gebiet des heutigen Afghanistan und Pakistan gehörte spätestens seit Ende des 2. Jahrhundert v. Chr. zum hellenistischen Kulturraum. So kam es zu einem jahrhundertelangen Austausch zwischen der griechischen und der indischen Kultur. Viele der heute im Westen beliebtesten Buddha-Darstellungen stammen aus dieser Zeit, der Gandhara-Epoche. Sie zeigen den Erwachten in sorgsam gefälteltem Gewand, als eine ebenmäßige Gestalt – so wie es der Kanon der griechischen Bildhauerkunst vorgab. Auch fanden philosophische Debatten statt: Anhand des berühmten Gesprächs zwischen König Menandros[12] und dem buddhistischen Mönch Nagasena, das im »Milindapanha« (entstanden zwischen 1. Jahrhundert v. und 1. Jahrhundert n. Chr.) nachzulesen ist, lässt sich die vermutlich erste Begegnung zwischen antik-hellenistischer und indisch-buddhistischer Philosophie nachzeichnen.

In der Spätantike war die Hafenstadt Alexandria im östlichen Mittelmeer, im heutigen Ägypten, die Drehscheibe für den lebhaften antiken Seidenhandel, für Gewürz- und Weihrauchhandel. Darüber hinaus scheint auch kulturelles Wissen gewandert zu sein. Im 2. Jahrhundert n. Chr. lebte hier der christliche Theologe und Kirchenvater Clemens, der bis heute als Weisheitslehrer geschätzt wird. Er hatte von Gymnosophisten, »nackten Weisen«, in Indien Kenntnis, doch es ist unklar, ob er Yogis oder Jain*-Asketen meinte, und auch die Quelle seines Wissens ist unbekannt. Clemens hatte zudem auch von einem anderen Asketen, von Buddha, gehört. Er nennt den Buddha ein Vorbild für Christen in Sachen Heiligkeit. Der Kirchenvater Clemens von Alexandrien hatte offensichtlich weder Berührungsängste noch Konkurrenzgefühle gegenüber dem Buddhismus, wohl auch, weil er nichts Genaues darüber wusste und die Christen um diese Zeit nur eine kleine Gruppe in der multireligiösen Kultur des Römischen Reiches darstellten. Die Christen galten um diese Zeit als Anhänger eines jüdischen Kultes und mussten ihre Identität gegenüber dem Judentum, den antiken Philosophenschulen und den anderen antiken Kulten erst konstruieren. Aus dem wenigen,

was über den Buddha bekannt war, ließ sich leicht das Gemeinsame erkennen und betonen; ja vielleicht sogar die eigene Identität vorteilhaft damit unterstreichen.

Alexandria war nicht nur ein bedeutender Hafen und Umschlagplatz für Güter aller Art. Mit seiner Bibliothek war Alexandria auch ein Brennpunkt antiker Gelehrtenkultur. Hier entstand
die erste griechische Übersetzung der hebräischen Bibel, und hier
wirkten durch Jahrhunderte unterschiedliche Philosophen: der
Jude Philo etwa, später der Christ Origenes und der Neuplato-
niker Ammonios Saccas, in dem man manchmal einen buddhistischen Mönch vermutet hat – wegen seines Namens »Saccas«,
der an »Shakyamuni«, den Clan-Namen des Buddha, erinnert.
Doch auch das bleibt mangels Quellen Spekulation.

Was diese unterschiedlichen Gelehrten miteinander verband,
war die Suche nach Weisheit – nach »Gnosis«, einer Erkenntnis
des Absoluten, die erlösend wirkt. Die Gnosis gehört zu den großen und einflussreichen geistesgeschichtlichen Strömungen der
Antike. Die genauen Ursprünge der gnostischen Schulen sind
jedoch unbekannt. Das Streben nach einer Erkenntnis, die den
Einzelnen der Agonie der Welt enthebt, ist eine mächtige Sehnsucht der Menschen der Spätantike, die von Ängsten aller Art
geplagt wurden. Der Philosoph Plotin, Schüler des Ammonios
Saccas, hat diese Dimension des Absoluten in seinen Schriften
ausführlich dargestellt. Nach der Erkenntnis des Absoluten zu
streben entsprang existenziellen Fragen und nicht nur der theoretischen Neugier. Auch bei Plotin vermutet man immer wieder
buddhistische Einflüsse. Doch es gibt dafür keinerlei Belege. Sehr
gut belegt dagegen ist der enorme Einfluss, den das Denken Plo-
tins und seiner Schule auf die Entwicklung der christlichen Theologie hatte, bei allen Unterschieden, die vonseiten der Christen
betont wurden. Bis ins 13. Jahrhundert war die Philosophie des
Neuplatonismus die philosophische Basis christlicher Theologie.

Rege und nachweisbare Beziehungen zwischen Buddhisten und
Christen gab es auch viele tausend Kilometer weiter östlich von

Alexandria, in China. Vermittelt durch Handelsreisende, kam das Christentum Anfang des 7. Jahrhunderts aus dem Mittleren Osten nach China. In den heutigen Gebieten Syriens, des Irak und des Iran gab es früh zahlreiche christliche Gemeinden, die die westliche, lateinische Kirche nach dem Konzil von Ephesus 431 aus den Augen verlor. Die Christen im Osten, die sich außerhalb des Einflussbereichs des Römischen Reiches befanden, hatten sich nach dem Konzil von Ephesus von der westlichen, lateinischen Kirche getrennt und eigene orientalische, christliche Kirchen gegründet.

Christliche Mönche aus Mossul in der Nähe von Bagdad waren um 600 zusammen mit persischen Kaufleuten nach China gereist. Vielleicht wanderten auch vor ihnen schon syrische Christen aus Südindien, wo seit dem 4. Jahrhundert syrisch-orthodoxe Gemeinden nachgewiesen sind, über die Pässe des Himalaya nach China – so wie vor ihnen buddhistische Mönche. Bald hatte der Kaiser – der zweite der Tang-Dynastie, in deren Zeit auch das Entstehen des Zen-Buddhismus fällt – von den Ankömmlingen gehört und hieß sie willkommen. Als die Mönche erklärten, sie seien keine Kaufleute, sondern würden einen neuen Glauben predigen, verlangte der Kaiser, dass ihre heiligen Schriften ins Chinesische übersetzt würden, damit er sie prüfen könne. 638 gestattete er in einem Edikt, dass das Christentum in seinem Reich gelehrt werden dürfe. Wie es auf einer Stele aus dem Jahr 781 heißt, war der Kaiser sehr zufrieden mit dieser Lehre. Auch finanzierte er die Errichtung eines christlichen Klosters. Die Mönche in diesem Kloster sprachen Ostsyrisch, eine Sprache, die dem Aramäischen, der Sprache Jesu, sehr nahe steht. Die Texte, die man in den Höhlen von Dun Huang gefunden hat, geben Zeugnis von einer christlichen Kultur in buddhistischer Färbung.[13] Auch diese Christen hatten – ähnlich wie Clemens von Alexandria – keine Ängste vor einer Berührung mit Buddhisten, ganz im Gegenteil, sie verwendeten buddhistische Formeln in Christus-Hymnen, und ihr Symbol, das Kreuz in der Lotosblüte, findet sich auf zahlreichen Grabsteinen zwischen der Mongolei und dem

Chinesischen Meer. Als im 9. Jahrhundert der Kaiser Wu Tsung die Buddhisten in China verfolgte, scheinen jedoch nicht nur die buddhistischen Mönche und Nonnen, sondern auch die Christen dieser Verfolgung zum Opfer gefallen zu sein.

Von den Entwicklungen in Asien nahm man im mittelalterlichen Europa nur wenig wahr. Die Kreuzzüge und die damit verbundenen Konflikte mit den Muslimen standen so sehr im Vordergrund, dass in Europa der Aufstieg der Mongolen als asiatische Großmacht kaum registriert wurde. Deren bestens organisierte, hocheffiziente Reiterarmee hatte zu Beginn des 13. Jahrhunderts in wenigen Jahrzehnten ein Großreich erobert, das sich zwischen dem Chinesischen Meer, dem Persischen Golf, der Türkei und Russland erstreckte; dann drangen sie nach Westen vor. Die Europäer, beschäftigt mit den Kreuzzügen, nahmen die Bedrohung nicht ausreichend wahr. 1241 standen die Mongolen vor der schlesischen Stadt Liegnitz und besiegten ein deutsch-polnisches Heer. Im Jahr darauf standen sie knapp vor Wien, und nur der Tod des Großkhans Ögödei stoppte die Offensive, da sich die Truppen aufgrund der Nachricht von seinem Tod nach Zentralasien zurückzogen.

Fünf Jahre später, 1246, schickte Papst Innozenz IV. den Franziskanermönch Johannes von Plano Carpini mit einer Bulle zu den Mongolen. Darin ermahnte der Papst den Khan zur Unterordnung. Der Khan seinerseits stellte in einem Antwortschreiben fest, es sei Gottes Befehl, dass die Christenheit und der Papst ihm untertan seien. Doch da die Mongolen um diese Zeit mehr an der Eroberung des Reichs der chinesischen Sung-Dynastie im Osten als an einem Feldzug in Richtung Westen interessiert waren, kam es zu keinen weiteren Auseinandersetzungen.

1252 zog ein anderer Franziskaner, Wilhelm von Rubruk, in Richtung Osten. Er war mit einem Schreiben des französischen Königs Ludwig IX. ausgerüstet, und sein Ziel war die Bekehrung der Mongolen zum Christentum. Am Hofe von Möngke Khan (1209–1259) herrschte ein tolerantes Klima. Menschen der verschiedensten Kulturen, die die Mongolen sich untertan gemacht hatten, lebten in Karakorum zusammen. Der Franziskaner zählte zwölf buddhistische Tempel, zwei Moscheen und eine christliche – nestorianische – Kirche in der Stadt. Die Buddhisten, vorwiegend aus Tibet, dominierten den Hof; für Wilhelm von Rubruk waren sie »Verehrer von Götzenbildern«. Der Khan selbst hatte sich auf keine dieser Religionen festgelegt. 1254 versammelte er die Vertreter der Religionen zu interreligiösen Debatten – den ersten überhaupt. Wilhelm von Rubruk brachte zwar durch seine scholastische Dialektik die Buddhisten zum Schweigen, doch der Khan verwies ihn am nächsten Tag des Hofes. Später nahm Möngke Khan Zuflucht zu den »Drei Kostbarkeiten« und wurde Buddhist. Wilhelm von Rubruk kehrte über Beirut und Akko in Palästina nach Europa zurück. In Akko verfasste er einen detaillierten Bericht über seine Reise.

Der italienische Weltreisende Marco Polo, der zwischen 1272 und 1295 Asien als Kaufmann bereiste, sah den Kontinent nicht als ein Objekt möglicher Missionierung, sondern als eine Wunderwelt, von der er seinen staunenden Landsleuten berichtete, weit farbiger und detaillierter als der Franziskanerpater. Unter anderem besuchte Marco Polo Ceylon. Hier erfuhr er von der Geschichte des Buddha und auch, dass es eine Verbindung zwischen dem Glauben der Buddhisten auf Ceylon und den »Götzen« gab, die er in China gesehen hatte. Die Gestalt des Buddha beeindruckte ihn: »Sicherlich wäre er, wenn er als Christ getauft worden wäre, ein großer Heiliger vor Gott geworden«, resümierte der Weltreisende Marco Polo in seinem Bericht über den Besuch der Insel. Als früher Kosmopolit sah er sich in seiner Identität durch den fremden Glauben nicht gefährdet und konnte die beispielhaften Parallelen zu den eigenen, christlichen Werten hervorheben.

Barlaam und Josaphat

Die Übereinstimmungen zwischen dem Leben des Buddha und christlichen Lebensentwürfen haben vermutlich dazu beigetragen, dass eine christliche Variante der Buddha-Legende entstand, die Legende von Barlaam und Josaphat. Man sagt, die Erzählung von Barlaam und Josaphat sei über die Mönchsklöster am Sinai zu den Athos-Klöstern gewandert und habe sich von dort aus im Abendland verbreitet.

»Damals, als es in Indien von Christen und Mönchen wimmelte« – so beginnt die Legende von Barlaam und Josaphat in der »Legenda Aurea« des Jacopone da Todi.[14] Josaphat ist ein Königssohn, bei dessen Geburt die Sterndeuter weissagten, dass er Christ werden werde. Um dies zu verhindern, lässt der König einen wunderbaren Palast für ihn erbauen. Doch der Königssohn wird melancholisch und möchte das Leben außerhalb des Palastes kennenlernen. Der König gestattet dem Sohn die Ausfahrt, versucht jedoch alles, damit er weder Krankheit noch Tod sieht. Jedoch vergeblich: Der Sohn begegnet einem Blinden und einem Leprakranken und fragt, ob alle Menschen so leiden müssten. Die Antwort, dass niemand die Zukunft eines Menschen vorhersagen könne, macht dem Jungen Angst. Und als er nach einer Begegnung mit einem Greis erfährt, dass jeder Mensch sterben muss, möchte er gerne mehr wissen. Barlaam, ein gottesfürchtiger Einsiedler, hat hellsichtig von den Fragen des Königssohns erfahren. Er verkleidet sich als Kaufmann, kommt an den Hof und schafft es mit List, den Königssohn zu besuchen. Durch vielerlei Geschichten und Argumente überzeugt er ihn vom Christentum, und Josaphat lässt sich schließlich taufen. Den Wunsch des Josaphat, zusammen mit Barlaam in die Wüste zu ziehen, schlägt dieser ihm jedoch ab.

Der Vater erfährt, dass sein Sohn Christ geworden ist. Er versucht alles, um ihn vom Glauben abzubringen, doch Josaphat ist standhaft, selbst bei den schwierigsten Versuchungen – er soll nämlich ein junges Mädchen retten, indem er Sex mit dem Mädchen hat, was er ablehnt, worauf sich herausstellt, dass das Ganze eine Finte war. Selbst seine Widersacher, darunter einige Magier, überzeugt Josaphat durch seine Beständigkeit vom Christentum. Da gibt der König seinen Vorsatz, den Sohn vom Christentum abzubringen, auf und überlässt ihm die Hälfte des Reichs. Zu guter Letzt überzeugt der Sohn mit Argumenten und Gesprächen auch seinen Vater. Der lässt sich taufen, übergibt seinem Sohn das ganze Reich und zieht sich als Büßer zurück. Josaphat ist erst 25 Jahre alt, als er König wird, und versucht diese Bürde des Königseins immer wieder abzulegen. Schließlich gelingt es ihm, als Bettler verkleidet, in die Wüste zu flüchten und nach seinem Freund Barlaam zu suchen. Nach jahrelangem Herumirren findet er ihn endlich und bleibt bei ihm, bis dieser stirbt. Josaphat lebt weitere 35 Jahre in der Wüste, und nach seinem Tod lässt sein Nachfolger als König die beiden Leichname von Barlaam und Josaphat mit großer Ehrfurcht in die Stadt bringen. Dort erhalten sie ein Grab, an dem späterhin viele Wunder geschehen.

Diese Geschichte wird seit dem 13. Jahrhundert in Europa immer wieder erzählt und verschiedentlich aufgezeichnet, etwa in der »Goldenen Legende«, einer Sammlung von Heiligengeschichten, aus der durch Jahrhunderte die fromme Bilderphantasie in Europa schöpfte – bis hin zu dem Spanier Lope de Vega, der die Erzählung zu einem Drama formte. Die beiden Gestalten waren so überzeugende Vorbilder eines christlichen Lebens, dass sie im 16. Jahrhundert in die Allerheiligenlitanei aufgenommen wurden und danach jahrhundertelang um Hilfe und Unterstützung angerufen wurden – als heiliger Barlaam und heiliger Josaphat.

Die Geschichte von Barlaam und Josaphat zeigt, wie religiöse Traditionen funktionieren: Sie nehmen auf, was zum eigenen Selbstverständnis passt, wandeln es um und integrieren es. Der auf »Loslassen« und auf das Ende von Gier, Hass und Verblendung ausgerichtete Impuls des Buddha entspricht dem Impuls der Bergpredigt Jesu, die üblichen Wert- und Besitzvorstellungen loszulassen. Auf dem Weg von Indien nach Europa kann aus der Buddha-Legende eine christliche Heiligenlegende werden. Religionen sind keine einheitlichen, endgültig fixierten Systeme, wie dies manche gerne hätten, sondern lebendige Vorstellungswelten, die sich entsprechend den Umständen und Notwendigkeiten der Menschen wandeln, Neues aufnehmen und Altes abstoßen. So wenig, wie es reine Kulturen gibt, so wenig sind Religionen »reine« Traditionen. Sie sind – theologisch gesprochen – synkretistisch, eine Mischung verschiedener Einflüsse, die sich zu einem großen Strom der Tradition zusammenfügen. Diese Mischungsprozesse hat es immer gegeben, doch unter den Vorzeichen der Globalisierung sind sie zahlreicher und schneller geworden. Kulturwissenschaftler sprechen von Hybrid-Bildungen oder von Kreolisierung – von einem »Tanz der Kulturen«, so der Titel eines Buches von Joana Breidenbach und Ina Zukrigl –, der heute deutlicher wahrnehmbar wird als früher und zum Mittanzen, zum Mitgestalten, einlädt. Auf der anderen Seite wird durch diese Vermischungen auch das Interesse an klar erkennbaren Identitäten gestärkt. So gibt es seit rund fünfzig Jahren diese beiden Hybrid-Heiligen nicht mehr. Denn nach dem Zweiten Vatikanischen Konzil (1962–65) hat die römisch-katholische Kirche die überlieferten Heiligengeschichten überprüft und alle jene Gestalten ausgeschieden, die ihr Dasein frommen Legenden verdanken und nicht historisch verifizierbar sind. Dieses Schicksal betraf etwa Georg, den Drachentöter – und auch Barlaam und Josaphat.

Westliche Interessen

Im Jahr 1494, zwei Jahre nachdem Kolumbus Neu-Indien für die spanische Krone in Besitz genommen hatte, teilte Papst Alexander VI. die Erde zwischen den europäischen Seemächten Spanien und Portugal auf. Ungefähr zu dieser Zeit wurden Barlaam und Josaphat in die Allerheiligenlitanei aufgenommen.

Dreiundzwanzig Jahre später, 1517, schlug der Augustinerpater Martin Luther zu Wittenberg seine Thesen an die Kirchentür. Aus dem Streit um die Reformation der christlichen, lateinischen

Kirche im Westen wurde eine Kirchenspaltung, gefolgt von zwei Jahrhunderten Religionskriegen mit vielen Millionen Toten. Bei den Friedensschlüssen in diesen Kriegen ging es nie nur um Europa, sondern immer auch um außereuropäische Gebiete, die von europäischen Staaten in Besitz genommen worden waren. Weltliche und kirchliche Machtinteressen überschnitten einander dabei und überlagerten spirituelle Anliegen.

Auch religionspolitische Kontroversen wurden nicht nur innerhalb Europas, sondern auch in Asien oder Lateinamerika ausgetragen. Die Jesuiten, gegründet 1534, waren der erste Orden, der von Anfang an global agierte – sowohl in Lateinamerika als auch in Asien. 1549 landete Francisco de Xavier[15] an der Südküste Japans. Der spanische Edelmann und engste Vertraute des Ordensgründers Ignatius von Loyola war der erste von vielen weiteren Jesuitenmissionaren in Japan, China und Indien.

Im Unterschied zu anderen christlichen Missionaren waren die Jesuiten keine kulturellen Eurozentristen. Die christliche Botschaft war universal und konnte daher in unterschiedlichen Kulturen entsprechend unterschiedlich ausgedrückt werden. Dieser Gedanke der »Akkommodation« prägte die Jesuitenmission von Anfang an. In all ihren asiatischen Missionsunternehmungen versuchten sie, sich an die Gepflogenheiten des jeweiligen Landes anzupassen, und bemühten sich um passende Übersetzungen für Schlüsselbegriffe der christlichen Theologie. In den Dialogen mit japanischen Zen-Buddhisten ging es um die Existenz des Schöpfergottes und um die Unsterblichkeit der Seele – beides Positionen, die von den Zen-Mönchen abgelehnt wurden. In den Gesprächen erscheinen beide Seiten überzeugt von der Richtigkeit ihrer Sicht, zugleich aber respektvoll im Umgang miteinander.[16]

Mit dem Versuch, das christliche Wort »Gott« japanisch als »*kami*« zu übersetzen, griffen die Jesuiten jedoch deutlich daneben – denn *kami* sind die lokalen Shinto-Götter. Die japanischen Buddhisten ihrerseits hielten das Christentum zunächst für eine buddhistische Sekte, bis die Unterschiede durch Debatten zwischen Jesuiten und buddhistischen Mönchen deutlich wurden. Die Begegnungen zwischen dem Zen-Abt Ninshitsu und dem Jesuiten Franz Xaver, in dem sich die beiden über die Seele und das Leben nach dem Tod unterhalten, zeigen nur eine geringe Basis für eine Verständigung. Dass der Zen-Meister weder Position noch nicht Position bezog, irritierte den Jesuiten sehr. Für manche Samurai vor allem im Süden Japans schien das Christentum aus verschiedenen, auch politischen Gründen attraktiv, und sie konvertierten samt ihren Gefolgsleuten. Darunter befand sich auch der Teemeister Sen no Rikkyu. Man nimmt an, dass die Entwicklung des Chanoyu oder Chado, des Tee-Wegs, durch die Kenntnis der Eucharistiefeier beeinflusst wurde.[17]

1592 kamen spanische Franziskaner von den Philippinen nach Japan. Im Namen der spanischen Krone erhoben sie Anspruch auf das japanische Territorium – in Konkurrenz zu den portugiesischen Jesuiten. Der Shogun Hideyoshi Toyotomi reagierte auf diese kolonialen Ansprüche rasch: 1597 kam es zu ersten Christenverfolgungen. Als dann auch andere katholische Orden, dazu protestantische Kaufleute aus Holland und anglikanische Händler aus England kamen, wurden die Kolonialinteressen, die sich mit der Mission verbanden, für den Shogun offensichtlich. Das Christentum wurde verboten, und Japan schloss sich 1637 für die nächsten zwei Jahrhunderte von der Außenwelt ab.

1591 reiste der Jesuit Matteo Ricci nach China. Ähnlich wie in Japan gestaltete sich auch in China das Verhältnis zwischen Buddhisten und Christen zunächst freundlich. Anfangs herrschte ein gewisses Einverständnis zwischen den Vertretern beider Religionen über Gemeinsamkeiten – vor allem darüber, dass das Ziel des Menschseins jenseits der »konventionellen« Welt liege. Zunächst gaben sich die Jesuiten auch als Ch'an-Mönche. Doch als sie merkten, dass die Ch'an-Mönche als ungebildet galten und Konfuzianer bei Hofe weit angesehener waren, wechselten sie die Garderobe. Vor allem ihre naturwissenschaftlichen Kenntnisse verschafften ihnen Zutritt zum Kaiser und sicherten ihnen einen guten Status in der chinesischen Gesellschaft. Auch bot der Konfuzianismus weniger offensichtliche Reibungsflächen für eine Akkommodation.

Mit den Buddhisten dagegen gab es schon sehr bald eine Kontroverse wegen des Glaubens an einen Schöpfergott und eine unsterbliche Seele. Später übten die Buddhisten massive Kritik am Fleischkonsum der Christen, da dies nach buddhistischer Sichtweise gegen das Gebot des Nicht-Tötens verstößt und den Zusammenhang des Lebens, der sich im Glauben an Wiedergeburt ausdrückt, nicht achtet. In diese Auseinandersetzungen, in denen Christen gelegentlich auch gewalttätig gegen ihre Kontrahenten vorgingen und Buddhastatuen oder Sutrentexte* verbrannten, spielten die Interessen europäischer Kolonialmächte hinein, ebenso innerkatholische Machtinteressen. Die Franziskaner wetteiferten mit den Jesuiten um Einfluss in den chinesischen Missionsgebieten. Ihnen ging die Akkommodation der Jesuiten zu weit, und sie erhoben in Rom dagegen Einspruch. Der innerkatholische Machtkampf wurde schließlich 1742 vom Papst zugunsten der Franziskanermissionare entschieden. Das katholische Christentum sollte als Projekt europäischer Provenienz auftreten, als Exponent der Macht Europas.

Das konfuzianische China erschien den Jesuitenmissionaren wirtschaftlich als fortgeschrittener und kulturell wie politisch weit zivilisierter als Europa. Nur der Glaube an den einen Gott und seine Gnade fehle den Chinesen noch, meinte Matteo Ricci, der erste Jesuitenmissionar in China. Die Berichte der Jesuiten über China lösten in Europa bei den Aufklärern großes Interesse aus. Der Philosoph Voltaire etwa zog aus den Berichten den Schluss, dass man keine Offenbarungsreligion brauche, um ein Staatswesen auf der Basis der »natürlichen Vernunft« gut ordnen zu können. China wurde – ähnlich wie Indien – unter den europäischen Gebildeten vor der Französischen Revolution von 1789 zum Ideal, und man sammelte Porzellan und andere Schätze aus dem »Reich der Mitte«. Damals kamen auch die ersten Buddha-Statuen aus Porzellan nach Europa. In diesen Asiendiskursen spielte der Buddhismus eine sehr marginale Rolle. Lediglich der deutsche Philosoph Leibniz befasste sich ausführlich mit dem Thema Buddhismus. Aufgrund der Briefe seiner jesuitischen Gewährsleute kam er zum Schluss, dass der Buddha, »der Götze Fo«, das Nichts als letztes Prinzip annehme. Die Religion des Fo – so der chinesische Name des Buddha – sei also nihilistisch.

Aus kolonialpolitischen Interessen hatten englische Beamte Ende des 18. Jahrhunderts in Indien begonnen, Sanskrit zu studieren, Übersetzungen anzufertigen und Wörterbücher zusammenzustellen. 1822 wurde dann an der Universität Bonn der erste Lehrstuhl für Sanskrit gegründet, und die Denker jener Zeit – unter anderem schon Kant, Hegel, Humboldt und später Schopenhauer – setzten sich auch mit indischen Lehren auseinander, soweit diese bekannt waren. Ihre weitgehend uninformierten Urteile beeinflussen bis heute die westliche Wahrnehmung asiatischer Traditionen. Hegel etwa sieht den Buddhismus als eine Form der Regression des Bewusstseins, eine kindliche Vorstufe jenes Bewusstseins, das sich in Europa zu seiner Zeit, also zu Beginn des 19. Jahrhunderts, entwickelt hatte. Schopenhauer, der den Buddhismus in Europa populär gemacht hat, verfügte über etwas mehr Kenntnisse. Denn in der Zwischenzeit gab es nicht nur Übersetzungen von Hindu-Texten wie der Bhagavadgita und den Upanishaden, sondern auch Übersetzungen von buddhistischen Manuskripten.

In Indien gab es seit dem 13. Jahrhundert so gut wie keine buddhistische Kultur mehr, wohl aber in Nepal. Der englische Kolonialbeamte Brian Hodgson, der in Kathmandu stationiert war, sammelte in seiner Freizeit buddhistische Manuskripte und schickte sie nach Europa. In Paris editierten und übersetzten Gelehrte wie Etienne Lamotte oder Louis de la Vallée Poussin die Texte. Auf diesen Arbeiten basierte Eugène Burnoufs »Einführung in die Geschichte des indischen Buddhismus« (1844).

Auf dieses Werk bezog sich Schopenhauer in der zweiten Auflage seines philosophischen Hauptwerks »Die Welt als Wille und Vorstellung«. Seine pessimistische Sicht der Welt als Debakel und

einer Erlösung daraus durch die Verneinung des Willens zum
Dasein in dieser Welt meinte er im Buddhismus wiederzufinden.
Das »buddhistische Lebensgefühl«, das Schopenhauer in seiner
Philosophie verbreitete, ebnete der Buddhismusrezeption unter
der gebildeten Avantgarde Europas den Weg. Er stilisierte den
Buddhismus ohne Rücksicht auf historische Fakten zur idealen
Religion. Das entsprach seiner antijüdischen, antichristlichen
und antiislamischen Einstellung. Er meinte, dass durch die Religionen Indiens »der Geist reingewaschen würde von allem ihm
früh eingeimpftem jüdischen Aberglauben«[18]. Leider allerdings
habe in Indien »der abscheuliche Islam mit Feuer und Schwert die
alten tiefsinnigen Religionen der Menschheit verdrängt«.[19] Eine
antisemitische Haltung verband sich häufig mit dem Interesse am
Buddhismus.

Einer der begeisterten Schopenhauer-Leser war im Übrigen
auch Richard Wagner. Nach der Lektüre Schopenhauers plante
Wagner eine Oper »Der Sieger« über das Leben des Buddha, die
aber über eine Entwurfsphase nie hinauskam. Vieles aus dieser
Phase scheint in den »Parsifal« eingeflossen zu sein. Wagner ist
einer der Ersten, die meinen, dass das Christentum zu seiner
Wurzel zurückfinden könne, wenn es durch den Buddhismus
geläutert werde, da »das reine, ungemischte Christentum nichts
anderes als ein Zweig des ehrwürdigen Buddhaismus ist, der nach
Alexanders indischem Zug auch seinen Weg bis an die Küste des
Mittelmeeres fand. Wir sehen noch deutlich im ersten Christentum die Züge der vollkommenen Verneinung des Willens zum
Leben und die Sehnsucht nach dem Untergang der Welt, d. h.
nach dem Aufhören des Daseins«, schreibt Wagner am 7. Juni
1844 an Franz Liszt.[20]

Den von der ersten Industrialisierungswelle geplagten Europäern erschienen die indischen Religionen als die edleren und
ursprünglicheren. Kapitalismus und Industrialisierung seien ein
Ergebnis der jüdisch-christlichen Religion, meinte etwa der bedeutende Indologe Friedrich Max Müller (1823–1900), ein Deutscher, der in Cambridge lehrte. Er selbst reiste allerdings nie nach

Indien, um sich sein Ideal nicht zu verderben, wie er meinte. Zudem lasen europäische Gelehrte die klassischen Texte der indischen Traditionen wie lateinische Texte – als Zeugnisse einer toten Kultur. Dass für Hindus, aber auch für Buddhisten diese Texte die Grundlage ihrer religiösen Praxis sind und dass dazu jahrtausendealte philosophische Auslegungen existieren, wurde einfach nicht wahrgenommen. Es widersprach dem kolonialen Selbstbewusstsein der Europäer, dass Asiaten, »koloniale Subjekte«, Experten für die Interpretation dieser Texte sein könnten. Die europäischen Gelehrten ignorierten diesen Umstand schlicht und einfach bis weit ins 20. Jahrhundert hinein, und selbst heute sind diese Vorurteile gelegentlich noch zu finden. Man beurteilt den Buddhismus (und auch die Hindu-Traditionen) aus der Perspektive westlicher Philosophen oder christlicher Theologen, statt zunächst nach dem Selbstverständnis dieser Traditionen zu fragen. Entsprechend drastisch waren und sind die Missverständnisse und Fehleinschätzungen so wichtiger Begriffe wie zum Beispiel »Nirvana«, das lange Zeit als »Nichts« verstanden und damit falsch interpretiert wurde; eine Interpretation, die der deutsche Philosoph Leibniz im 18. Jahrhundert aufgebracht hatte.

Unter westlichen Buddhismus-Interessierten am Ende des 19. und zu Anfang des 20. Jahrhunderts galt der Buddhismus als aufgeklärte, humanistische und wissenschaftsfreundliche Religion. Das zog die intellektuelle Avantgarde an, doch auch die las die übersetzten Texte des Palikanons wie klassische antike Literatur.

Eine wichtige Ausnahme bildeten Helena Petrowna Blavatsky und Henry Steel Olcott, die Begründer der Theosophischen Gesellschaft. Der Einfluss dieser beiden auf die Wahrnehmung des Buddhismus kann gar nicht überschätzt werden. Die Theosophische Gesellschaft, gegründet 1875 in New York, war ein Sammelbecken für alle, die sich einerseits für Naturwissenschaft, andererseits für asiatische Spiritualität interessierten. 1880 reisten Helena Blavatsky und Henry Steel Olcott nach Sri Lanka (dem damaligen Ceylon) und suchten Kontakt mit der dortigen antikolonialistischen Befreiungsbewegung, die den Buddhismus mit singhalesischem Nationalismus verband. Die beiden waren von den buddhistischen Mönchen so beeindruckt, dass sie sich zum Buddhismus bekannten. Dass die »Weißnasen« sich auf diese Weise auf die Seite der Singhalesen stellten, war eine enorme Unterstützung für die Befreiungsbewegung. Die Theosophische Gesellschaft, die ihr Hauptquartier in Adyar errichtete, damals ein Dorf in der Nähe von Madras in Südindien, unterstützte später auch die indische Unabhängigkeitsbewegung. Olcott verfasste nach seinem Aufenthalt in Sri Lanka einen »Buddhistischen Katechismus«, der in den USA, aber auch in Sri Lanka Verbreitung fand. Durch diese Perspektive von außen veränderte sich aber auch die buddhistische Selbstwahrnehmung. Die Kritik der westlichen intellektuellen, aufgeklärten Avantgarde am Christentum wurde von den Buddhisten aufgegriffen und der Buddhismus als Alternative dazu stilisiert. Die bis heute immer wiederkehrende Behauptung, der Buddhismus sei eine Religion der Selbsterlösung, stammt aus dieser Übernahme westlicher Religionskritik. Doch die Behauptung trifft nicht zu, denn der Buddhismus ist eine Religion, in der die Lehre vom Nicht-Ich nahezu dogmatischen Charakter hat. Eine Selbsterlösung kann es aber nur da geben, wo ein Selbst erlöst werden kann.

Auch die wenigen europäischen Männer, die sich zu Beginn des 20. Jahrhunderts vor allem in Sri Lanka als Mönche ordinieren ließen, sahen den Buddhismus als Religion der Aufklärung. Sie standen der jüdisch-christlichen Tradition, aus der sie selbst kamen, äußerst reserviert gegenüber. Die christentumskritische Wahrnehmung des Buddhismus wurde vor allem durch die Übersetzungen aus dem Palikanon der beiden deutschen Mönche Nyanatiloka und Nyanaponika nach 1945 im Westen sehr einflussreich. Die europäische Kolonialherrschaft ging damals zu Ende. Als erste Kolonien wurden Indien 1947 und Sri Lanka 1948 unabhängig; andere asiatische und afrikanische Staaten folgten, und bis Mitte der 1960er Jahre war dieser Prozess im Wesentlichen abgeschlossen.

Durch die Kriegs- und Migrationsgeschichte des 20. Jahrhunderts wurden die Beziehungen und damit der religiöse und kulturelle Austausch zwischen Asien und dem Westen intensiviert. Die Geschichte des Buddhismus im Westen steht in direktem Zusammenhang mit der globalen politischen Geschichte. In Japan kamen nach 1945 Soldaten der US-Besatzungstruppen in Kontakt mit dem Zen-Buddhismus. Philip Kapleau, Journalist und Berichterstatter bei den Kriegsverbrecherprozessen in Nürnberg und Tokyo, fand die gelassene Reaktion japanischer Kriegsverbrecher erstaunlich und begann sich deswegen für Buddhismus zu interessieren. 1947 lud er zusammen mit Richard de Martino den 77-jährigen japanischen Philosophen und Zen-Gelehrten D. T. Suzuki zu einer Vortragsreise in die USA ein. Die Reise wurde ein enormer Erfolg, und D. T. Suzuki unterrichtete von 1952 bis 1957 an der Columbia University. Die intellektuelle und künstlerische Avantgarde in den USA und dann auch in Europa sah durch den Einfluss D. T. Suzukis im Zen-Buddhismus eine kulturelle und spirituelle Alternative zu der Konsumkultur der 1950er und 1960er Jahre. Künstler wie John Cage, Jasper Jones, Gary Snyder, Alan Ginsberg und viele andere verarbeiteten diese Einflüsse in ihren Werken. Anfang der 1960er Jahre kam der japanische Zen-Mönch Shunryu Suzuki in die USA und gründete das San Francisco Zen Center, das heute eines der größten Zen-Klöster ist. Der westliche »Lese-Buddhismus« wurde um diese Zeit, Anfang der 1960er Jahre, vom »Meditations-Buddhismus« abgelöst. Buddhistische Meditationslehrer kamen in den Westen, junge Menschen aus den USA und auch aus Europa reisten nach Asien und nahmen dort am buddhistischen Klosterleben teil. Allmählich entstand in Avantgarde-Zirkeln eine westliche buddhistische Kultur.

1950 besetzten die Chinesen Tibet. 1959 übernahmen sie die Macht im Land, und ganze Familien, viele der hohen weltlichen und geistlichen Würdenträger und Gelehrten flüchteten über die Himalaya-Pässe aus Tibet nach Indien, unter ihnen der Dalai

Lama. Diese politischen Flüchtlinge brachten den vielfältigen Buddhismus Tibets mit sowie eine komplexe und vielfältige buddhistische Kultur, die sie seither im Westen, aber auch in Indien, neu zu verankern und zu erhalten suchen. Tibetische Gelehrte begannen Anfang der 1960er Jahre an westlichen Universitäten zu unterrichten. Chögyam Trungpa, eine der schillerndsten Gestalten des Buddhismus im Westen, gründete 1974 das Naropa Institute, die spätere Naropa University in Boulder/Colorado. Hier wird bis heute eine kreative Verknüpfung buddhistischer Tradition, westlicher Psychologie und Psychotherapie und Avantgardekunst gelehrt.

Ein Flüchtling ist auch der vietnamesische Zen-Meister Thich Nhat Hanh. In dem vom Bürgerkrieg zerrissenen Vietnam hatte er versucht, mit seinen Mönchen allen Opfern des Krieges, sowohl den Angehörigen der kommunistischen Vietkong als auch den Verbündeten der USA, Hilfe zu leisten und so einen gewaltfreien, unparteiischen Weg zu gehen. 1966 musste er nach Frankreich emigrieren. Thich Nhat Hanh initiierte den »sozial engagierten Buddhismus«. Der fand in seinem 1964 gegründeten Orden »InterBeing« (»Intersein«), seinem Kloster »Plum Village« in Frankreich und in Klöstern in den USA institutionellen Ausdruck; ebenso im Netzwerk Engagierter Buddhisten, das er zusammen mit dem Thailänder Sulak Sivaraksa gründete. Er hat damit auch dem Zen-Buddhismus neue Akzente gegeben und sieht das Christentum nicht als Gegner.

Doch auch starre Fronten zwischen Buddhismus und Christentum wie zu Zeiten des Kolonialismus gibt es noch immer. Die alten Vorurteile, der Buddhismus sei nihilistisch, pessimistisch oder atheistisch, haben sich bis heute erhalten. Auch ist die Kritik am Konzept des Schöpfergottes und am Seelenglauben, wie sie zunächst von westlichen Buddhismus-Interessierten und dann auch von asiatischen Buddhisten formuliert wurde, immer noch ein Thema, ebenso wie die Debatte über Selbsterlösung.

Dabei hat das Zweite Vatikanische Konzil der katholischen Kirche mit der Erklärung »Nostra Aetate« die Weichen für das

Gespräch mit dem Buddhismus und anderen Religionen gestellt. Erstmals werden hier die anderen, die nicht-christlichen Religionen als Wege zum Heil akzeptiert und das Recht auf Religionsfreiheit verankert. Der Impuls des Konzils ging weit über die Grenzen der römisch-katholischen Großinstitution hinaus. Auch die protestantischen Kirchen suchten vermehrt den Dialog mit anderen Religionen, und für eine Weile schien es, als ob sich eine Dialog-Gemeinschaft der Weltreligionen etablieren könnte.

Seit dem Ende des Kalten Krieges 1989 aber haben sich neue Fronten gebildet. Es wurde ein »Kampf der Kulturen« propagiert, ausgerufen von einem »robusten« US-amerikanischen Christentum. Diese US-amerikanische Identitätspolitik macht Religionen zum scheinbar entscheidenden Kriterium von Kulturen. Dass dies sachlich falsch ist, mindert die Suggestivkraft der Formel vom »Kampf der Kulturen« nicht. Zwar steht der Islam im Brennpunkt des Interesses, doch die anderen nicht-christlichen Religionen sind davon auch betroffen. Evangelikale und christliche Fundamentalisten sehen die Buddhisten als heillose Heiden, die bekehrt werden müssen. Die Aussagen des verstorbenen Papstes Johannes Paul II., aber auch von Benedikt XVI. zum Buddhismus passen zu diesem allgemeinen Klima der Abgrenzung und Polemik. Papst Benedikt XVI. etwa sieht den Buddhismus als einen Weg aus der Welt heraus »in das, was uns als Nichtsein erscheint, ins Nirwana. Das bedeutet: in der Welt selbst ist keine Wahrheit .... Die Welt als solche ist Leiden – und damit auch Wahrheitslosigkeit –, und nur die Entweltlichung kann letztlich Heil sein.«[21] In den vatikanischen Verlautbarungen ist, seitdem Josef Ratzinger sein Pontifikat angetreten hat, nicht mehr viel vom Dialog der Religionen, sondern nur noch von einem »Dialog der Kulturen« die Rede. Den Ansprachen und Schriften Benedikts XVI. kann man außerdem entnehmen, dass für ihn in der Begegnung mit den verschiedenen anderen Religionen nicht das Gemeinsame, sondern das Unterschiedliche und Trennende im Vordergrund steht.[22] Eine prinzipielle Gleichheit der Religionen schließt er explizit aus.[23]

Was man fürchtet, ist – unter anderem – die Vermischung, das Hybride, die Kreolisierung, also genau das, was unvermeidlich ist, weil sich immer Menschen finden, die sich gerne miteinander austauschen, voneinander lernen und miteinander, manchmal auch gegeneinander, agieren. Kulturelle Veränderungen und Vermischungen sind so unvermeidlich wie der Umstand, dass Wasser dem Lauf der Schwerkraft folgt. Sie geschehen einfach.

Die Begegnung von Christentum und Zen-Buddhismus, die in den folgenden Kapiteln in manchem nachgezeichnet wird, nimmt einen besonderen Platz in der Geschichte der interkulturellen Beziehungen ein – und sie tut dies aus mehreren Gründen: Erstens ist sie das Ergebnis der Begegnung zweier konkreter Personen; zweitens agierten diese Personen als Vertreter ihrer jeweiligen Institutionen und nicht als Privatpersonen; und drittens unterstützte die globale politische Situation den Aufbau dieser Beziehung. Mitten im Kalten Krieg und angesichts der Atomwaffen, die die beiden Lager, das kapitalistische und das kommunistische, aufeinander richteten, lag es sehr nahe, einen Weg aus dieser dualistischen Bedrohung und hin zur Einheit auf allen Ebenen zu suchen. Vor diesem Hintergrund gewinnt die Verbindung von Zen und christlicher Mystik auch eine politische Dimension.

CHRISTENTUM TRIFFT ZEN-BUDDHISMUS

―――◀○▶―――

Ein Jesuit in Japan

Hugo M. Enomiya-Lassalle war ein typischer Jesuit der alten Schule. Das begann bei der Kleidung: schwarzer Anzug, schwarzer Pullover, schwarze Baskenmütze. Dass er als zweites von vier Kindern einer katholischen Millionärsfamilie in Deutschland 1898 zur Welt gekommen war, sah man ihm nicht an. Wie sehr viele seiner Altersgenossen hatte ihn die Erfahrung des Ersten Weltkriegs desillusioniert. Die alten Werte waren ungültig, es ging um eine Neuorientierung. Hugo Lassalle fand sie durch die Lektüre der Lebensgeschichte des Ignatius von Loyola, der selbst zunächst Soldat gewesen war. Der 20-jährige Kriegsabiturient trat im Herbst 1918 bei den Jesuiten ein und durchlief die klassische Ausbildung eines Jesuiten: zuerst Noviziat und dreißigtägige Exerzitien, zeitliche Gelübde, Philosophie-Studium, dann Theologiestudium, danach Priesterweihe; und dann noch einmal eine intensive spirituelle Vorbereitung auf die ewigen Gelübde als Jesuit. 1929 schiffte er sich nach Japan ein – nicht seine erste Wahl, die wäre Afrika gewesen; aber bereits am Beginn seines Studiums war ihm von Pater General mitgeteilt worden, dass er für die Japan-Mission bestimmt sei, und so hatte sich der junge Jesuit darauf vorbereitet. Seine japanischen Sprachkenntnisse kamen ihm bald zustatten, da er neben seiner Arbeit als Verwalter der Jesuitenuniversität seinem Engagement für die Armen nachging und in den Slums von Tokyo eine Sozialhilfestation errichtete – mit Schule, Arzt, Rechtsberatung usw. Durch »Werke christlicher Liebe«, nicht durch Predigten sollten die Herzen der Leute gewonnen werden, schrieb der ca. 30-Jährige in der Missionszeitschrift der Jesuiten.[24]

Das japanische Kaiserreich der 1930er Jahre war ein nationalistischer und militaristischer Staat mit einem geopolitisch begründeten Anspruch auf die Führungsrolle in Asien. 1937 griff Japan China an und marschierte in die Mandschurei ein. Damit hatte im Fernen Osten der Zweite Weltkrieg schon begonnen.

Als der 37-Jährige 1935 zum Missionssuperior ernannt wurde, verlegte er wenige Jahre später, 1939, seinen Wohnsitz in den Süden Japans, nach Hiroshima, wo es seit den Tagen des Franz Xaver Christen gab. Auch das Noviziat der Jesuiten verlegte Lassalle in die Nähe von Hiroshima. Der von ihm in Auftrag gegebene Neubau kombinierte, ganz im Sinne der Akkommodation des Christentums an die Kultur Japans, westliche und japanische Architektur; und die Kapelle des Noviziats in Nagatsuka ist der erste in japanischem Stil errichtete christliche Sakralraum in Japan. Seine Bekannten an der Universität Hiroshima rieten ihm, das Herz der japanischen Kultur, als das der Zen-Buddhismus galt, kennenzulernen. Daher entschloss sich Lassalle, im Februar 1943 in der Nähe von Hiroshima an einem Zen-Sesshin* teilzunehmen.

Das erste Sesshin

Ein kalter Februarmorgen im Süden von Japan, in Tsuwano, einem kleinen Ort in der Nähe von Hiroshima. Schon lange vor Sonnenaufgang läutet im Zen-Kloster »Tempel des Ewigen Lichts«, dem Eimyoji, eine klare, unerbittliche Glocke. Dann geht alles sehr rasch: Die Mönche erheben sich von ihrem Lager, rollen Futon und Decken ein, richten ihr Sitzkissen auf der TatamiMatte her – kurze Toilette, ein dumpfer Trommelton, der die Zeit angibt, die Mönche verbeugen sich vor ihrem Sitz, schwingen sich auf die Tatami-Matte, lassen sich auf ihren schwarzen Kissen nieder, richten die Robe, die große Glocke gibt das Zeichen zum Beginn der Übung, und danach bewegt sich niemand mehr, auch der hochgewachsene Ausländer nicht, der mit den Mönchen in einer Reihe sitzt. Nur der Aufseher der Zen-Halle macht zere-

moniell langsam die Runde und schlägt mit seinem langen, am
Ende abgeflachten Stock gelegentlich auf müde Schultern, um die
Sitzenden aufzumuntern und anzuspornen. Denn die langen
Stunden des stillen Sitzens erfordern große Ausdauer und großen
Mut. Ausdauer, um nicht aufzugeben, und Mut, um sich auf
immer neue Schichten von Erschöpfung, Zweifeln und Ängsten
einzulassen, die aufbrechen können. Augenblick für Augenblick
mühen sich die Mönche um Achtsamkeit in jedem dieser vergänglichen Momente des Wintermorgens. Die Kälte wird nur
schwach gemindert durch die Architektur aus solidem Holz und
die papierbespannten Schiebetüren. Heizung gibt es hier keine.
Das Buddhabild am Altar leuchtet matt golden im Licht der Ker-
zen. Man schreibt das Jahr 1943. Japan befindet sich seit mehr als
sechs Jahren im Krieg mit China und ist mit dem nationalsoziali-
stischen Deutschland alliiert. Doch davon merkt man hier nichts
in dem Soto-Zen-Kloster in der Nähe von Hiroshima. Dass ein
paar Jahre später auf die Küstenstadt Hiroshima die erste Atombombe abgeworfen wird, ist noch außerhalb jeder Vorstellung.

Täglich von vor Sonnenaufgang bis spät in die Nacht hinein:
Sitzen, bewegungslos; Gehen, langsam. Zwischendurch Arbeit,
Sutrenrezitation, Essen, Vortrag, Sutrenrezitation, Sitzen, Essen –
jeder Tag in einem Sesshin ist gleich und doch wieder nicht.
Denn jeder Moment hat seinen eigenen Geschmack, ein Umstand, den man im Alltag nur selten wahrnimmt. Auch tun selten
die Knie und der Rücken so weh wie während der vielen Stunden
im Sesshin, vor allem, wenn man die Übung nicht gewohnt ist –
wie der große schlanke Ausländer, der hier das erste Mal Zen übt.
Nicht aus Neugier, und auch nicht aus persönlicher Suche. Im
Kloster hat der Abt den Gast vor Beginn des Sesshin mit einem
Festmahl begrüßt. Hugo M. Enomiya-Lassalle ist deutscher Jesuit
und als Missionar nach Japan gekommen. Er versteht sich nicht
als Emissär des christlichen Abendlandes. Als Missionar muss
man Teil der Kultur werden, in der man lebt, sagt Lassalle. Deswegen hat er Japanisch gelernt, sich mit japanischer Kultur beschäftigt, und deswegen ist er ins Zen-Kloster gekommen. Der

Zen-Buddhismus gilt als Herz der japanischen Kultur, und er
möchte diesen Herzschlag hören, fühlen.

Das ist zunächst mit Schmerzen im Knie und auch in anderen
Körperteilen verbunden. »Jetzt weiß ich, was das Fegefeuer ist«,
bemerkt er zu seinem Kaplan P. Cieslik, als er nach dem Sesshin
ins katholische Pfarrhaus in Hiroshima zurückkehrt. Der Ernst
und die Disziplin der Zen-Mönche haben ihn tief beeindruckt –
ist deren spartanischer Lebensstil doch seinem eigenen sehr ähnlich. Also zieht der Jesuitenpater daraus den Schluss, dass auch
das Lebensziel der Zen-Mönche seinem eigenen Lebensziel irgendwie ähnlich und nahe sein muss. Denn der Lebensstil eines
Menschen resultiert aus der Motivation eines Menschen, altmo-
disch gesagt, aus dem Sinn, den ein Mensch seinem Leben gibt.

Für den Jesuiten Lassalle ist der Sinn des Lebens klar: Das Ziel
des menschlichen Lebens ist es, glücklich zu sein. Doch bleiben-
des Glück findet man nicht in der vergänglichen Welt, sondern
nur in Gott. Also müssen die Menschen danach streben, mit Gott
vereint zu werden. Dass Zen-Mönche ganz andere Worte benutzen, irritiert den Jesuiten Lassalle nicht sehr. Die Evidenz des
Lebensstils im Zen-Kloster ist klar, und die Ruhe, die er aus den
wenigen Tagen der Zen-Übung mitnimmt, wirkt nach – mehr als
eineinhalb Jahrzehnte.

Zen für Christen

Hiroshima wird am 6. August 1945 durch die erste Atombombe
der Menschheit zerstört. Das Pfarrhaus liegt in der Kernzone der
Bombe, doch die starken Steinmauern halten zunächst die Hitze-
strahlung ab. Aus dem Chaos der brennenden Stadt wird der
verletzte Hugo Lassalle gerade rechtzeitig noch nach Nagatsuka
gebracht. Wer sich von den Bewohnern des Pfarrhauses dem
kleinen Trupp nicht angeschlossen hat, bleibt verschwunden.
Drei Tage später fällt eine zweite Atombombe auf Nagasaki. Am
15. August 1945 kapituliert Japan. Der Kaiser – bis dahin als
Gott verehrt – verliest im Radio eine Erklärung, die ihn offiziell

zum gewöhnlichen Menschen macht; und die Demokratisierung Japans bringt Individualisierung und Konsum-Orientierung und damit einen tiefgreifenden gesellschaftlichen Wandel mit sich.

Im Spätherbst 1945, Lassalle hatte sich von seinen Verletzungen erholt, beschloss er, zur Finanzierung einer Friedenskirche in Hiroshima eine Reise in die USA, nach Europa und Lateinamerika zu unternehmen, um Spenden zu sammeln. Auch wollte er für die Mission in Japan werben: Durch die Identitätskrise nach dem verlorenen Krieg herrschte unter den Japanern großes Interesse am Christentum. Dazu kam, dass Lassalle den nach Lateinamerika ausgewanderten Japanern als Augenzeuge die Niederlage Japans bestätigen sollte – da viele dies für Propaganda hielten. Die Friedenskirche, in der sich die Architektur der Nachkriegszeit und traditionelle japanische Architektur verbinden und die heute ein nationales Monument ist, wurde nach vielen baulichen und finanziellen Schwierigkeiten schließlich am 6. August 1954 feierlich eingeweiht. Hier wollte Lassalle als Pfarrer sein Projekt eines japanischen Christentums, das er über die Jahre trotz aller Hindernisse verfolgt hatte, fortsetzen. Doch am Abend, nach dem Ende der Feiern, teilten ihm seine Vorgesetzten mit, dass ein anderer Pfarrer der neuen Kirche werden und er auf einen anderen, noch zu schaffenden Posten versetzt werden würde.

Der 56-Jährige brauchte mehr als ein Jahr, um die daraus resultierende Krise zu meistern und sich neu zu orientieren. Er beschloss, seine guten Kontakte zu Zen-Mönchen zu nutzen – er hatte bereits 1947 auf die Anregung von Soto-Zen-Mönchen eine »Gesellschaft zur Hebung des religiösen Bewusstseins« gegründet und gemeinsam mit Zen-Mönchen immer wieder Vorträge gehalten, um die japanische kulturelle und religiöse Identität angesichts der Modernisierung zu stärken.

»Mir schien, ich sollte mich an das Unendliche in Gott halten, dahinter immer zurückgehen; anstatt zu versuchen (dort) Arbeit zu finden, wo ich meine, wirklich etwas zu leisten«, schrieb Lassalle im Mai 1955 in sein Tagebuch. Die Erinnerung an das Schweigen der Zen-Mönche hatte ihn schon früher immer wieder

inspiriert und ihm weitergeholfen. Im Frühjahr 1956, eineinhalb
Jahre nach dem Schock bei der Einweihung der Gedächtnis-
kirche, suchte er in der Hafenstadt Yokohama das große Soto-
Zen-Kloster Sojiji auf; und im Juli 1956 nahm Lassalle in Obama
an der Westküste Japans bei Harada Sogaku Roshi, einem der
profiliertesten Zen-Meister der Zeit, am Sesshin teil.

1959 schrieb er in sein Tagebuch, sein Ziel sei, »in diese Welt
des Buddhismus oder Zen hineinzukommen. ... Ich meine wirklich buchstäblich hinein, wie man in ein Haus hineingeht. ...
Hineingehen und mitmachen.«[25]

Das Motiv dazu war ein mehrfaches: Lassalle suchte nach einer
für japanische Christen geeigneten Form des Gebetes, da das
westliche »Wortemachen« für sie vielfach nicht passte; er suchte
die Begegnung und Auseinandersetzung mit der Zen-Tradition,
weil sie die Kultur Japans so weitgehend geformt hatte – ähnlich
wie die griechische Philosophie die antike Welt, in die das Christentum kam; und er sah darin auch einen Weg für sich selbst als
Christ.

Sein erstes Buch, »Zen-Weg zur Erleuchtung«, das 1960 mit
einem Imprimatur des damaligen Erzbischofs von Wien, Franz
König, erschien, wurde ein großer Erfolg. Doch einige Monate
nach dem Erscheinen kam Nachricht aus Rom, dass das Buch
nicht wieder aufgelegt werden und Lassalle niemanden in Zen
unterweisen dürfe. Das Zweite Vatikanische Konzil, das im
Herbst 1962 begann, setzte jedoch neue Wegmarken. Nach einer
Überarbeitung durfte das Buch neu aufgelegt werden und erschien in der Folge in sieben Sprachen in Europa und Asien. 1964
gründete Lassalle mit Unterstützung seines Oberen Pedro Arrupe
ein Meditationshaus in der Nähe von Hiroshima. 1967 wurde er
erstmals nach Deutschland eingeladen, um über Zen zu berichten. 1969 gründete er das christliche Zen-Retreat-Haus Shinmeikutsu in der Nähe von Tokyo. Von 1968 an hielt er bis zu seinem
Tod 1990 regelmäßig Zen-Kurse in Europa ab, aber auch in
Asien, schrieb mehrere Bücher über das Verhältnis von Zen und
Christentum und hielt hunderte Vorträge.

Seine Vermittlertätigkeit trug Früchte: In Europa entstanden die ersten Zen-Gruppen im christlichen Kontext Anfang der 1970er Jahre; auf den Philippinen etablierte sich Ende der 1970er Jahre eine Gruppe um Sr. Elaine McInnes, die aus Japan dorthin versetzt worden war. 1978 wurde das erste christliche Zen-Haus in Europa in dem alten Franziskanerkloster in Dietfurt im Altmühltal gegründet. 1980 erhielt Lassalle von Yamada Koun Roshi in Kamakura die Lehrerlaubnis. Durch seine Vermittlung waren eine ganze Reihe von katholischen Ordensleuten und protestantischen Theologinnen und Theologen nach Kamakura gekommen – darunter Willigis Jäger, Gundula Meyer, Niklaus Brantschen, Ana Maria Schlüter Rodés, Ludwigis Fabian, Paul Shepherd und Ama Samy –, die im Verlauf der 1980er Jahre von Yamada Koun Roshi auch die Lehrerlaubnis erhielten. Nach deren Rückkehr entstanden um diese Menschen herum Gemeinschaften von Zen-Übenden. Als Hugo M. Enomiya-Lassalle 1990 im Alter von 92 Jahren starb, war die Zen-Übung im christlichen Kontext in Europa, in den USA, auf den Philippinen und in Japan angekommen und gut etabliert.

Weichenstellungen

Ein Wintertag, diesmal in Deutschland, mitten in Bayern; abseits der großen Straßen und Städte liegt das Städtchen Dietfurt im Altmühltal. 27. Dezember 1977, man feiert das Fest des heiligen Johannes. Der schlaksige große Jesuit, mittlerweile ein gesuchter Zen-Lehrer, steht in Chorrock und Stola gemeinsam mit dem Bischof von Eichstätt und dem Provinzial des Franziskaner-Ordens am Altar – nicht in einer Kirche, sondern in einem Raum, der auf der Basis eines alten Kreuzgangs eigens für die Zen-Übung gebaut wurde. Das Interesse ist groß: Bei den Zen-Kursen, die Hugo Lassalle seit 1968 in Deutschland leitet, gibt es fast immer mehr Anmeldungen als freie Plätze. Es ist Bedarf da – Bedarf wonach? Sehr viele, die zu den Zen-Kursen kommen, gehen am Sonntag nicht mehr regelmäßig zur Kirche. Doch in das alte Franziskanerkloster werden sie kommen, regelmäßig und in Scharen.

Rund dreihundert Jahre alt ist das Kloster, kein Riesenbau, doch mit wuchtigen Mauern und kleinen Fenstern. Durch die Pforte betritt man einen langen Gang, der zum ehemaligen Kreuzgang führt. Der ist im Laufe der Zeit verfallen, und auf der Basis des alten Gevierts ist der neue Bau entstanden, japanischer Architektur nachempfunden: aus Holz, die Außenwände bestehen aus gut isolierten Glasschiebetüren. Wenn man sie öffnet, ist man zwar noch innerhalb des Hauses, aber trotzdem schon fast im Garten. Das Zentrum des Gebäudes ist eine Zen-Halle, das Dach mit Ziegeln gedeckt, wie ein riesiges Zelt. Mehr als fünfzig Menschen können hier sitzen. Dort, wo das Dach aufsitzt, ziehen sich Fenster entlang, die Licht hereinlassen.

An der Stirnseite der halbdunklen Halle befindet sich ein großes barockes Kreuz aus dem alten Speisesaal des Franziskanerklosters – und kein Buddha. Ist das Zen-Buddhismus? Oder Christentum? Oder beides? Oder weder noch? Hugo M. Enomiya-Lassalle ist Christ; und katholischer Priester; und Jesuit. Er hat fast sein ganzes Leben in Japan verbracht, und ist zu diesem Zeitpunkt seit mehr als zwei Jahrzehnten Schüler von buddhistischen Zen-Meistern. Für ihn besteht kein Widerspruch zwischen Christ-sein und Zen-Praxis. Diese Sichtweise teilen nicht alle – weder unter den Christen noch unter den Buddhisten.

Das Ziel der Zen-Übung ist »die Erfahrung Gottes«, das wird Hugo Enomiya-Lassalle nicht müde zu betonen. »Das ist es, was die Buddhisten suchen, Erfahrung Gottes. Wenn sie auch nicht das Wort Gott gebrauchen, so suchen sie doch eine Erfahrung, die wir Gotteserfahrung nennen. Das, was man überhaupt nicht mit Namen bezeichnen kann, das Absolute, das Unendliche, Unbegreifliche, Allumfassende. Deswegen sprechen sie vom ›Weg zur Erleuchtung‹.« Wer irritiert ist, dass die Buddhisten keinen persönlichen Gott kennen wie die Christen, wird auf eine gut bekannte theologische Aussage verwiesen: »Wir können Gott nicht einschränken. Gott ist nicht dies und das, er ist alles.« Die

Zen-Meditation, so Lassalle in seiner Ansprache zur Eröffnung des Zen-Meditationshauses Dietfurt im Altmühltal, kommt zwar aus dem Buddhismus, doch »der Weg, wenn er richtig gegangen ist, hat mit keiner Philosophie oder Theologie direkt etwas zu tun. Jeder kann ihn gehen – wenn er ihn richtig geht –, um zum eigentlichen Ziel seiner Religion zu kommen.« Denn »die Wahrheit ist nur eine Wahrheit, wenn sie echt ist.«

Für Lassalle waren der Zen-Weg und der christliche Weg wie zwei Schienenstränge, die – aus unterschiedlichen Richtungen kommend – dann zu einem Schienenstrang wurden. Das mag für manche unverständlich sein, doch für ihn war es selbstverständlich geworden, wie er in seinem »Kensho-Report« für Yamada Roshi schreibt.

Die Metapher ist überzeugend, und sie hilft ein Stück weit zum besseren Verständnis. Technisch betrachtet, muss es an der Stelle, an der zwei Schienenstränge ineinander übergehen, eine Weiche geben, die den Übergang zwischen beiden Strängen ermöglicht. Für die Verbindung von Zen-Praxis und christlicher Praxis zu diesem historischen Zeitpunkt waren dafür verschiedene Aspekte weichenstellend: erstens die Modernisierung des japanischen Buddhismus, die bereits um die Wende vom 19. zum 20. Jahrhundert stattgefunden hatte und die Yamada Roshis Auffassung vom Zen bestimmte; zweitens Lassalles für damalige Zeiten ungewöhnliche Kenntnis der christlichen Mystik und drittens die Erfahrung beider, dass Krieg im Zeitalter der atomaren Bedrohung und Globalisierung keine Lösung für Konflikte sein kann, dass es also eine allen Menschen zugängliche Basis für Frieden geben muss.

Ein Religionsexperiment
für den Frieden

Hugo M. Enomiya-Lassalle erhielt von seinem Zen-Meister Yamada Koun Roshi 1979 als erster Christ die Erlaubnis, Zen zu
lehren. Das hat in der Geschichte der Religionen ein völlig neues
Kapitel eingeleitet. Denn hier verknüpften sich erstmals in der
Geschichte zwei Religionen auf *institutioneller* Ebene: Yamada
Koun Roshi, ein buddhistischer Amtsträger, übertrug die Befähi-
gung und das Amt, Zen zu lehren, auf den Jesuiten und katholischen Priester Hugo M. Enomiya-Lassalle, also einen christlichen
Amtsträger. Dass das Lehramt der einen Religion einem Vertreter
einer anderen Religion übertragen wird, ist genau besehen ein
unerhörter religionsgeschichtlicher Präzendenzfall. Später erhielten in der japanischen Sanbokyodan-Linie und ihrer amerika-
nischen Variante, der Diamond Sangha von Robert Aitken Roshi,
auch andere Christen – Ordensangehörige, evangelische Pasto-
ren – die Erlaubnis, Zen zu lehren. Selbst in einer traditionellen
Soto-Linie machte das Beispiel Schule: In den USA ernannte
Bernie Glassman Roshi unter anderem einen Sufi-Sheik, einen
Rabbi und einen Jesuiten – alle gebürtige US-Amerikaner – zu
Zen-Lehrern.

Dass ein Europäer oder Nordamerikaner, also jemand aus einem kulturell christlichen Kontext, einen buddhistischen Übungsweg geht und selbst Buddhist wird, war bis vor wenigen Jahrzehnten, bis etwa in die 1970er Jahre, eine Seltenheit. Erst seit Anfang
der 1980er Jahre bekamen buddhistische Übungspraktiken in
Europa und den USA allmählich eine gewisse Breitenwirkung in
den gebildeten Schichten, und Konversionen vom Christentum
zum Buddhismus nahmen zu. Zudem kamen immer mehr asiatische buddhistische Lehrer in den Westen, und so entstand langsam ein europäisches und nordamerikanisches buddhistisches
Milieu; solche Milieus entwickelten sich im Übrigen auch in Südamerika und Teilen von Afrika, vor allem in Südafrika.

Auch wenn es heute im »Westen« nicht mehr exotisch ist, sich als Buddhist zu bekennen, ist es doch noch immer ungewöhnlich. Durch Jahrhunderte hindurch waren Konversionen in Europa ein riskantes Unternehmen, hatte doch der Übertritt von einer Religion zur anderen oder auch zu einer offen atheistischen Position meist drastische Konsequenzen – bis hin zu Verfolgung, Gefängnis oder erzwungener Migration. Heute dagegen ist es weitgehend selbstverständlich, dass die Zugehörigkeit zu einer bestimmten Religion – oder auch zu gar keiner – nicht so sehr Sache der Herkunft, sondern eine Frage der persönlichen Wahl eines Menschen ist. Man hat sich an Konversionen gewöhnt, und das bedeutet eine sehr große Veränderung gegenüber den fast fünf Jahrhunderten, in denen in Europa die Freiheit religiöser Bekenntnisse von Staats wegen sehr eingeschränkt war.

Sich aus verschiedenen Versatzstücken selbst zusammenzubauen, wie man die Welt im Ganzen sieht, ist in einer Gesellschaft von Patchwork-Identitäten alltäglich. Trotzdem erweckt der Lebensweg von Pater Lassalle immer wieder Verwunderung. Denn dass sich jemand aus der eigenen religiösen Tradition – dem Christentum – in eine andere religiöse Tradition – den Zen-Buddhismus – hineinbegibt und dennoch aufrichtig das Christentum, die Tradition der eigenen Herkunft, lebt, bleibt ungewöhnlich, ebenso ungewöhnlich wie Yamada Roshis Entscheidung, einem Christen die Lehrbefugnis zu verleihen.

Als Hugo Lassalle Anfang der 1970er Jahre Yamada Roshis Schüler wurde, war die Welt in zwei Blöcke aufgespalten: in den westlichen kapitalistischen und in den kommunistischen Block. Dazwischen gab es einige neutrale Staaten, die aber mit jeweils einem der Blöcke sympathisierten. Die ideologischen Gegner standen einander unversöhnlich gegenüber, und jeder der beiden Blöcke verfügte über ein Atomwaffen-Arsenal, das ausreichte, die Welt mehrmals zu vernichten. Dieses Potenzial hat sich seither noch erhöht, doch ist es nicht mehr auf nur zwei Blöcke konzentriert.

Sowohl Hugo Lassalle als auch sein Zen-Meister Yamada Koun Roshi hatten am eigenen Leib erfahren, was Krieg bedeutet:

Lassalle als junger Soldat im Ersten Weltkrieg und dann im Zweiten Weltkrieg als Überlebender der Atombombe auf Hiroshima. Yamada Koun gehörte während des Zweiten Weltkriegs zu den in der Mandschurei stationierten japanischen Besatzungstruppen. In dieser Zeit hatte er begonnen, Zen zu üben.

Das Szenario des Kalten Krieges – das 1989 mit dem Zerfall des Ostblocks beendet schien – war ein wichtiges Motiv sowohl für Yamada Koun Roshi als auch für Lassalle, die Zen-Übung möglichst umfassend zu verbreiten. Beide sahen in der Zen-Praxis eine Möglichkeit, das Gewaltpotenzial in einzelnen Menschen und damit in der Gesellschaft zu verringern.

Wer Zen übt, der wird sich meist allmählich seiner Aggressionen und ich-bezogenen Verhaltensweisen bewusst, kann sie dadurch besser steuern, und unter Umständen lösen sie sich auch auf. Idealerweise könnte jemand, der Zen übt, in einem Konflikt besser in der Lage sein, die Eskalation des Konflikts zu vermeiden bzw. eine emotional zufriedenstellende Lösung für alle Konfliktparteien zu suchen. Selbsterkenntnis und die Fähigkeit, Widersprüche nicht nur zu ertragen, sondern als produktive Möglichkeiten für neue Lösungen zu sehen, gehört zu den möglichen Wirkungen der Zen-Übung. Zen konnte und sollte somit ein Beitrag zum Weltfrieden sein. Dies war für Yamada Koun Roshi ein wichtiges Motiv dafür, Lassalle und danach einer Reihe weiterer Christen zu erlauben, Zen zu lehren.

Dazu kam ein weiteres Motiv. Seit dem Ende des Zweiten Weltkriegs hatte in Japan ein Kulturwandel stattgefunden, den viele Japaner als Niedergang erlebten. 1947 baten daher Soto-Zen-Mönche Hugo Lassalle, mit ihnen zusammen etwas gegen den Verfall der Religion zu tun. Lassalle gründete zusammen mit anderen Jesuiten und Zen-Mönchen die bereits erwähnte »Gesellschaft zur Hebung des religiösen Bewusstseins«. Gemeinsam mit einem Zen-Mönch hielt Lassalle jahrelang selbst in abgelegenen Bergdörfern Vorträge zu diesem Thema. Yamada Roshi war der Meinung, dass die christlichen Institutionen stärker und gefestigter seien als die des japanischen Zen-Buddhismus und daher geeigneter, um die Tradition des Zen in Zeiten des Kulturwandels zu bewahren. Yamada Roshi traute den christlichen Institutionen in dieser Situation mehr Stabilität zu. Er erhoffte sich von einer Übertragung der buddhistischen Lehrbefugnis auf Christen, dass in den starken christlichen Institutionen die Zen-Tradition bewahrt werden würde. »Es ist keine Übertreibung, zu behaupten, dass Zen in Japan dabei ist, vollständig auszusterben.«[26] Es sei das Ziel des Buddhismus, alle Wesen zu retten. »Aber das ist dem heutigen Buddhismus unmöglich. Ich denke, dass wir zusammenarbeiten müssen mit der katholischen Kirche. Ohne Zusammenarbeit können wir dieses Ziel nicht erreichen.«[27]

Die offenkundigen Unterschiede zwischen Christentum und Buddhismus störten dabei keinen der beiden. Mit der Zen-Praxis sei es wie mit Tee, sagte Yamada Roshi 1975 in einem Teisho, einem Vortrag beim Sesshin. »Die Erfahrung der Erleuchtung ist wie eine Tasse Tee, sie schmeckt für alle Menschen gleich.«[28] Dieses Wort vom Tee, der für alle gleich schmeckt, wurde im Sanbokyodan, der Zen-Schule von Yamada Roshi und damit von Hugo Lassalle und den anderen Christen, die Zen-Lehrer wurden, zum geflügelten Wort. Dieser Vergleich dient als Begründung und Legitimierung dafür, dass Yamada Roshi zwei religiöse Traditionen – den Zen-Buddhismus und das Christentum – institutionell miteinander verknüpfte.

Im Sanbokyodan muss niemand Buddhist werden, um Zen zu üben, die Koan*-Schulung zu durchlaufen oder schließlich die Lehrerlaubnis als Zen-Lehrer zu bekommen. Dieser Schritt der Entkoppelung der Lehrbefugnis für Zen von den Zen-buddhistischen Institutionen und Strukturen war möglich, weil Yamada Roshi kein Mönch, sondern ein Laie war. Der Sanbokyodan ist seit seiner Gründung eine Laienorganisation. Die »Vereinigung der Drei Kostbarkeiten« ist vom Staat jedoch als religiöse Gruppierung anerkannt, und die Legitimität der Lehrer leitet sich aus der Soto-Tradition ab. Harada Roshi, der seinem Schüler Yasutani 1954 den Auftrag gab, den Sanbokyodan als eine eigenständige Vereinigung für Laien zu gründen, war Mönch und Abt des Klosters Hosshinji und gehörte daher in den Verband und die Jurisdiktion der japanischen Soto-Schule, auch wenn er die Koan-Schule des Rinzai-Zen für sich übernahm. Doch sowohl Yasutani Roshi als auch Yamada Koun Roshi waren Laien und daher nicht an klösterliche Hierarchien und Institutionen gebunden. Im Sanbokyodan wird – anders als im klösterlichen Zen – wenig Wert auf Rezitationen und Rituale oder auf das Studium der Zen-buddhistischen Tradition und ihrer Schriften gelegt. Wohl gibt es im San-un-Zendo in Kamakura, im Haus von Yamada Roshi, einen Altar im Meditationsraum, auf dem Buddha-Bilder und die Bilder von Verstorbenen stehen. Die buddhistischen Texte, die während des Sesshin früh, mittags und abends rezitiert werden, sind dieselben wie in Zen-Klöstern. Doch im Fokus des Sanbokyodan ist nicht das Training von Mönchen oder Nonnen, sondern von Laien. Die sollen durch das Erlangen von Kensho*, der »Erleuchtung« oder »Selbstwesensschau«, »erwachen« und dieses Erwachen vertiefen und im Alltag verwirklichen.

Dass Yamada Roshi und Hugo M. Enomiya-Lassalle miteinander die Gräben zwischen Buddhismus und Christentum überbrückten und damit erstmals in der überlieferten Geschichte der Religionen zwei sehr unterschiedliche Traditionen institutionell miteinander verknüpften, ist ihr persönliches Verdienst. Beide verzichteten darauf, den jeweils anderen zu missionieren und zur Konversion zu bewegen – obwohl beide ihre religiöse Herkunft sehr ernst nahmen. Diese Offenheit der beiden war ihre persönliche Entscheidung und Haltung. Zudem begünstigten auch mentalitätsgeschichtliche Faktoren diese Offenheit. Allerdings hätten dieselben Faktoren genauso gut zu wechselseitigen Machtansprüchen führen können. Yamada und Lassalle bezogen sich nämlich beide auf Diskurse, die deutlich inklusivistisch* waren. Inklusivismus ist eine Haltung, die zwar die anderen Religionen und Weltanschauungen gelten läßt, sie aber als Teilbereich der eigenen Weltanschauung auffasst, die als die absolute und daher auch überlegene Sichtweise gilt.

Lassalle bezog sich auf die »Theologie der natürlichen Mystik«, und Yamada Koun Roshi vertrat die Auffassung, dass Zen »das Herz aller Religionen« sei.

Zen, das Herz aller Religionen

Nach Yamada Koun Roshis Überzeugung, der die Sanbokyodan-Schule folgt, sind weder Zazen* als Weg zur Erleuchtung noch die Koan-Übung Buddhismus im üblichen Sinn. Zazen ist eine Übung, die zur Tiefenerfahrung der Wirklichkeit führt – zur Erfahrung des Subjekts, »das sich absolut nicht zum Objekt machen lässt« und das man auch »absoluter Geist« nennen könnte, schreibt Yamada Koun Roshi. »Er [der absolute Geist] ist das Subjekt selbst, das kein Gegenstand der Beobachtung oder des Denkens werden kann. Folglich lässt er sich nicht anders fassen, als dass man sich selbst in der Selbstgewahrnis auf ihn einlässt. Es gibt da keinen anderen Weg, als ihn ohne Vermittlung durch Begriffe und Vorstellungen in eigener innerer Erfahrung lebendig zu erfassen.«[29]

Diese Erfahrung der Wirklichkeit ist eine Tatsache für alle Menschen, so wie der Tee, den Christen und Buddhisten gleichermaßen trinken können, auch wenn die einen »Tee«, die anderen »tea« und die dritten »ochâ« und die vierten »chai« sagen. Zen, so eine im 20. Jahrhundert in Japan weit verbreitete Ansicht, führt zu dieser Erfahrung, die nicht nur das Herz des Zen, sondern auch das Herz des Buddhismus und sogar das »Herz aller Religionen« darstellt – eine inklusivistische Sichtweise, mit der japanische Buddhisten auf die Veränderungen durch die Modernisierung Japans seit der Meiji-Zeit reagierten.

Inklusivismus und Antikolonialismus

Derartige inklusivistische Sichtweisen finden sich mehrfach in den antikolonialistischen Bewegungen Asiens im 19. Jahrhundert. Hindus wie Buddhisten suchten die traditionelle Vielfalt

ihrer Lehren in eine »einzige Lehre« zu fokussieren. Diese Lehre
hielten sie den – miteinander konkurrierenden – christlichen
Missionaren und deren Wahrheitsanspruch entgegen. In Indien
stellten die neohinduistischen Bewegungen die Hindu-Tradi-
tionen als Sanathana Dharma, als ewige, allen Religionen zugrun-
de liegende Lehre dar. Sanathana Dharma schließt alle religiösen
Wahrheiten mit ein, auch die Wahrheit der monotheistischen
Religionen. Diese Auffassung hat sich heute die nationalistische
Hindu-Partei BJP angeeignet und gründet darauf ihre militante
Politik der Hindutva.

Die Theravada-Buddhisten in Sri Lanka formulierten ähnliche
Vorstellungen für den Buddhismus. Unterstützung fanden sie,
wie bereits erwähnt, in Colonel Olcott, der sich 1880 zusammen
mit Helena Blavatsky öffentlich zum Buddhismus bekannte.
Damit griff er direkt in den antikolonialistischen Kampf in Sri
Lanka ein – zugunsten der »kolonialen Subjekte«. Für die Singhalesen wurde der Buddhismus in diesem Kampf zur Grundlage
ihrer nationalen und ethnischen Identität. Dies führte nach 1948
zur Unterdrückung der Hindu-Minorität in Sri Lanka und zu
einem bis heute andauernden Bürgerkrieg.

Auch in Japan wurde der Buddhismus als allumfassende Wahrheit zum Merkmal nationaler Identität. Doch war die Situation
anders als in Sri Lanka. Japan lag im Schnittpunkt westlicher
Handelsinteressen. 1853 hatten die dampfbetriebenen Kanonen-
boote der US-Amerikaner die Öffnung Japans erzwungen. 1868
war das Shogunat der Tokugawa gestürzt worden, und die Meiji-
Kaiser traten an seine Stelle. In den folgenden Jahrzehnten bis
zum Ende des 19. Jahrhunderts wurde aus dem feudalen, vorin-
dustriellen Japan ein moderner, zentralistisch regierter Staat. Die
Samurai-Kaste wurde entmachtet, die besten westlichen Fachleu-
te für alle Gebiete von Schulwesen über das Verkehrs- bis zum
Militärwesen ins Land geholt und Industriebetriebe – vor allem
Schwerindustrie und Textilindustrie – aufgebaut. Die traditionelle japanische Kultur galt als überholt, man überlegte sogar, die
japanische Schrift abzuschaffen. Es ist dem US-amerikanischen

Bildungsberater Ernesto Fenollosa und seinem Schüler Kazuko Okakura zu verdanken, dass die japanische Regierung 1884 die Ausfuhr japanischer Kunstwerke verbot. Die Identitätskrise wurde 1890 durch den »Kaiserlichen Erlass über die Erziehung« beendet. Man griff die kulturelle Tradition wieder auf, und in allen Schulen wurde von nun an täglich vor dem Bild des Kaisers das Edikt rezitiert. Die Schüler wurden darin auf die Treue zum Kaiser und auf die Aufrechterhaltung der gesellschaftlichen Hierarchie verpflichtet. Der Shinto-Kult des Kaiserhauses – das dem Mythos nach von der Sonnengöttin Amaterasu abstammt – und die Gesellschaftslehre des Neokonfuzianismus verlangten vom Einzelnen Anpassung an die Normen der Gesellschaft. Diese wurden nun zum Rückgrat der japanischen Gesellschaft. Die Mischung aus Modernisierung, Nationalismus, Militarisierung und Industrialisierung war erfolgreich: Japan besiegte Russland 1905 und wurde die stärkste Militärmacht im Pazifik.

Der »neue« Buddhismus

Der Buddhismus erlebte in Japan in diesen Jahrzehnten einen rasanten Machtverlust. Buddhistische Klöster hatten während der vergangenen vier Jahrhunderte der Tokugawa-Herrschaft Privilegien genossen und Grundbesitz erworben. Unter den Meiji, die seit 1867 herrschten, galt der Buddhismus aber bald als korrupt, dekadent, antisozial, parasitär, abergläubisch und feindselig gegenüber der Modernisierung Japans. Auch hieß es, der Buddhismus sei eine ausländische, unjapanische Religion, da er ja aus Indien stammt.

Junge buddhistische Intellektuelle formulierten in dieser politischen, ökonomischen und sozialen Krise einen »Neuen Buddhismus« – also einen Buddhismus, der sich in ein modernes Japan einpasste. Dazu musste dieser »neue Buddhismus« westlichen Werten entsprechen, wie das der Zeitgeist des ausgehenden 19. Jahrhunderts in Japan forderte. Diese Werte basierten auf Aufklärung und Religionskritik, Antiklerikalismus und Antiritualismus, Rationalismus und Empirismus, Positivismus und Darwinismus.

Bis zu dieser Zeit war in Japan jede der buddhistischen Schulen für sich geblieben. Doch nun wurde erstmals der Buddhismus in Japan als eine einzige Religion begriffen. Die neuen Darstellungen betonten die lange Verbindung des Mahayana-Buddhismus mit dem »japanischen Geist«. Manche gingen so weit, den japanischen Buddhismus anhand darwinistischer Modelle als die höchstentwickelte Form des Buddhismus darzustellen. Japan galt als der wahre Erbe der spirituellen Traditionen Asiens. Dies entsprach dem geopolitischen Herrschaftsanspruch, den das Kaiserreich Japan erhob. Überdies betonten die »Neuen Buddhisten«, dass der Buddhismus gewisse Entdeckungen der Naturwissenschaft vorweggenommen habe. Ähnliche Argumente findet man übrigens auch im indischen Neohinduismus.

Eine wichtige Gestalt in dieser Modernisierung des japanischen Buddhismus war der Zen-Meister Soen Shaku, der neben Anagarika Dhammapala aus Sri Lanka als buddhistischer Sprecher beim Parlament der Weltreligionen 1893 in Chicago auftrat. In Chicago lernte er den deutschen Pastorensohn und Verleger Paul Carus kennen, der Preußen zwangsweise verlassen hatte, da er Atheist war. Carus stellte unter dem Einfluss von Soen Shaku *The Gospel of the Buddha* zusammen, eine Anthologie buddhistischer Texte, in denen Shakyamuni Buddha als erster Positivist, Humanist, radikaler Freidenker, Bilderstürmer und Prophet einer naturwissenschaftlichen Religion dargestellt wurde. Soen Shakus japanische Novizen studierten nach dieser Zusammenstellung, da diesem *The Gospel of the Buddha* zeitgemäßer als die klassischen buddhistischen Texte erschien.

Ab 1895 wurde Carus der Mentor von Daisetz T. Suzuki, einem Schüler von Soen Shaku, später ein einflussreicher japanischer Schriftsteller. Suzuki stellte in den 1920er und 1930er Jahren, als in Japan Nationalismus und Militarismus dominierten, den Zen-Buddhismus als die Essenz der japanischen Kultur dar. »Zen und die Kultur Japans« zum Beispiel ist ein bis heute viel gelesenes Werk aus dieser Zeit. Suzuki griff darin zeitgenössische Strömungen auf und konstruierte eine Verbindung von Zen und japanischer Kultur, die es in dieser Form historisch nie gegeben hatte. Seine Schriften werden bis heute immer wieder neu aufgelegt und haben das Bild vom Zen-Buddhismus auch außerhalb von Japan nachhaltig bestimmt.

Suzuki war nicht der Einzige, durch den der Zen-Buddhismus im Westen bekannt wurde. Doch mit seinen Schriften hat er bis heute Einfluss darauf, wie der Zen-Buddhismus – und der Buddhismus im Allgemeinen – wahrgenommen wird. Für Suzuki wie für viele seiner Zeitgenossen ist der Mahayana-Buddhismus in seiner höchsten und reinsten Form nur in Japan bewahrt worden. Dies meinte auch Yamada Koun Roshi: »Ich betrachte das Wissen um die Welt der Leere als einen Teil des Schatzes des japanischen Volkes. Die Welt von ›Null und Unendlich‹, die von Shakyamuni entdeckt wurde und über China nach Japan gelangte, ist in ihrer Reinheit nur in Japan bewahrt worden. Sie gehört zu den kostbarsten kulturellen Errungenschaften Japans und zu seinem Beitrag für die Menschheit«[30], sagte Yamada Roshi 1984 beim Begräbnis von Nakagawa Soen Roshi.

Für Suzuki ist der Mahayana-Buddhismus außerdem eine Religion, die eine transzendente Einheit von religiöser und wissenschaftlicher Wahrheit darstellt, und insofern ist sie kosmopolitisch und überzeitlich.[31] Suzuki betont seit 1927 darüber hinaus die Erfahrung der Erleuchtung als entscheidendes Moment.

Der Begriff »Erfahrung« steht in der europäischen Aufklärung und in der modernen Naturwissenschaft für eine Wendung zu den »Tatsachen«. In den wissenschaftstheoretischen Debatten im 19. und im 20. Jahrhundert spielt »Erfahrung« eine entscheidende Rolle als Motor der Modernisierung. Wer sich auf »Erfahrung« beruft, hat gegenüber der »Berufung auf Tradition« das bessere Argument. Diese Spannung zwischen Tradition und Moderne suchte der japanische Philosoph Kitaro Nishida (1870–1945) zu nutzen, indem er argumentierte, dass Zen – die Essenz japanischer Kultur – auf unmittelbare Erfahrung der Wirklichkeit ziele.

»Kensho«, die »Selbstwesensschau«, wird als »reine Erfahrung« aufgefasst, in der weder Subjekt noch Objekt zu finden ist. Damit lässt sich – oberflächlich betrachtet – der Anspruch des modernen Erfahrungsbegriffs mit japanischer buddhistischer Tradition verknüpfen. Dies ist eines der Anliegen der Kyoto-Schule, eine philosophische Richtung in Japan, deren Begründer Kitaro Nishida ist.

Die Schwierigkeit besteht jedoch darin, dass es in der »Erfahrung«, so wie sie die Kyoto-Schule konzipiert, gerade nicht um »die Dinge, wie sie sind«, geht. Denn der Begriff »Erfahrung« hat für die Japaner weder mit wissenschaftlicher Empirie noch mit Subjektivität oder Romantik zu tun. Für Japaner – und für die Kyoto-Schule – ist »Erfahrung« zwar unmittelbar, aber auch durch kulturelle Traditionen geprägt. »Von Haikus zum Beispiel sagt man oft, sie würden sich mit Naturerfahrung beschäftigen. Tatsächlich aber artikulieren sie die Welt der Natur auf poetische Weise mit allen reichen emotionalen und historischen Bezügen, ohne zwischen einem rein sachlichen Inhalt und dem, was von Kultur und Subjekt dazu beigetragen wird, zu unterscheiden.«[32] Nishida sieht in dieser Auffassung von »Erfahrung« als einer kulturell vermittelten Unmittelbarkeit eine typisch japanische Entwicklung. Er meint jedoch, dass – genauso wie die westliche Wissenschaft ihren Beitrag zur Moderne leistete – auch diese Idee von »Erfahrung« ein Beitrag zur Moderne und allgemein gültig sei. Zudem setzt er die »reine Erfahrung« mit dem »Nichts« des Zen-Buddhismus gleich. Wenn sich die Denker der Kyoto-Schule daher mit dem Christentum und christlicher Mystik beschäftigen, kommt »Erfahrung« in der Bedeutung von »Erfahrung des absoluten Nichts« ins Spiel. Erfahrung ist unmittelbar *und* zugleich persönlich und kulturell geformt und beansprucht Objektivität und gleichzeitig absolute Geltung. Dadurch kommt es zu einer Denkfigur, in der zum Beispiel ein Haiku als Wiedergabe einer unmittelbaren Erfahrung gilt. Dass man das Haiku erst in seiner Tiefe verstehen kann, wenn man die kulturellen Assoziationen, die damit verbunden sind, kennt – das wird einfach übergangen. Der Vergleich zwischen Zen-Buddhismus und christlicher Mystik endet meist damit, dass behauptet wird, dass nur die Zen-Tradition zur wahren Wirklichkeit Zutritt habe, die christliche Mystik dagegen irgendwie defizitär sei.

Vor diesem Hintergrund konnte D. T. Suzuki den Zen-Buddhismus, umgeformt im Sinne des »Neuen Buddhismus«, zu einer Religion stilisieren, die gegen Religionskritik immun ist. Denn Zen sei, so Suzuki, keine Religion im üblichen Sinn, sondern eine Erfahrung des Wesens der Wirklichkeit, die alles mit einbezieht. In seinem Buch »Die Große Befreiung« schrieb Suzuki: »Zen nimmt wahr und empfindet, aber es abstrahiert und meditiert nicht. Zen dringt hindurch und verliert sich gänzlich im Unendlichen.«[33] Und: »Zen verkündet von sich selbst, dass es der Geist des Buddhismus ist, in Wirklichkeit ist es der Geist aller Religion und Philosophie.«[34] Damit war die Weiche dafür gestellt, dass aus dem japanischen Zen-Buddhismus, der sich als Wurzel aller buddhistischen Praxis verstand, eine spirituelle Praxis werden konnte, die beansprucht, nicht nur eine überkulturell, sondern auch überreligiös gültige Erfahrung zu vermitteln. Zugleich aber postulierte Suzuki, dass einzig das japanische Zen die Essenz der Erfahrung des Buddha vermittle. Entsprechend heißt es etwa bei Shibayama Roshi, einem auch in Europa und den USA bekannten Rinzai-Meister: »Zen ist das Herz aller Religionen.« Und genau an diese inklusivistische Auffassung knüpfte Yamada Roshi an mit seinem Diktum, dass »Tee« – also die Erleuchtung – für Christen und Buddhisten gleich sei.

»Reines Zen«

In Shinmeikutsu, dem Zen-Übungshaus, das Hugo Lassalle in den Bergen in der Nähe Tokyos gründete und das immer noch von Pater Klaus Riesenhuber betrieben wird, gibt es keinen Buddha am Altar; auch werden keine Sutren rezitiert. Hier gibt es »reines Zen«: Zazen – »Sitzen in Versunkenheit« –, Verbeugungen, Gassho* und auch die Koan-Übung; jedoch weder Rituale oder Rezitationen noch klösterliche Institutionen. Diese auf die grundlegenden Elemente reduzierte Form der Übung übersetzt die These Yamada Kouns in die Praxis. Wenn Zen keine Religion im eigentlichen Sinn ist, sondern ein Weg zur Essenz von Religion, dann ist die Zen-Übung, also das Einnehmen der Haltung, die Achtsamkeit auf den Atem und die Übung des Zulassens und Loslassens, nicht an einen bestimmten rituellen Kontext gebunden. »Reines Zen« nannte Hugo Lassalle dies, und er betonte immer wieder, dass dies eine Übung sei, die zu Gotteserfahrung zwar disponieren, aber mystische Erfahrung nicht bewirken könne.

Dabei muss betont werden, dass Lassalle das »reine Zen« zunächst als eine für christliche Japaner geeignete Form des Betens empfahl. Das wortreiche Beten der europäischen Christen war nach seiner Beobachtung für Japaner nicht hilfreich. Lassalle selbst pflegte seit Langem das Schweigen als Gebet, wie ihm das ein Gebet eines Jesuitenpaters aus dem 17. Jahrhundert nahelegte:

»Herr, wende mein Herz nach innen zu Dir. Wenn die Geräusche der Geschöpfe schweigen und der Aufruhr der Gedanken, die wie ein Meer ohne Hafen sind, aufgehört hat, werde ich bei Dir verweilen, mich mit Dir freuen, Dich lieben, Dich verehren und Deine Stimme hören. ... Mach, dass ich niemals Deine Gegenwart in mir vergesse. Mein Licht, du süße Liebe meiner Seele. Lasse mich niemals Deiner vergessen, sondern immer meine Augen zu Dir wenden.«[35]

Das Gebet des Schweigens[36]

Hugo Lassalle war während seiner Ausbildung als Jesuit gründlich in die Spiritualität der spanischen Mystik eingeführt worden. Aus seiner persönlichen Praxis war ihm das »Gebet der Ruhe«, das Teresa von Ávila beschreibt, vertraut. Während der Exerzitien im Herbst 1947 in San Francisco macht er damit erstmals Erfahrungen, und um in diesem Gebet »weiterzukommen«, wie er sich ausdrückte, gab er sogar das Rauchen auf.

Damit nahm er eine alte, aber vergessene christliche Tradition wieder auf. Denn in der lateinischen Kirche des Westens war das Gebet des Schweigens, das für die antike und mittelalterliche Spiritualität ganz selbstverständlich war, im Laufe der Religionskriege und der Aufklärung in den Hintergrund getreten und schließlich fast vergessen worden. Im 4. Jahrhundert konnte etwa der kleinasiatische Kirchenvater Evagrius Ponticus sagen, dass das höchste Gebet jenes sei, bei dem der Betende nicht mehr wisse, dass und was er betet. Mehr als tausend Jahre später, im Italien und Frankreich des 17. Jahrhunderts, wurden Priester und Laien, die diese Tradition des inneren Gebetes der Ruhe pflegten, unter dem Vorwurf des »Quietismus« ins Gefängnis geworfen und wegen Ketzerei verurteilt.

Bis zum Ende des Mittelalters hatte man noch ganz selbstverständlich verschiedene Formen der spirituellen Übung unterschieden: Am Anfang stand die *lectio*, die Lesung der Heiligen Schrift, danach »kaute« man nachdenklich in der *meditatio* einzelne Abschnitte oder Worte daraus. Die *contemplatio* brachte dann ein allmähliches Sich-Lösen von Wahrnehmungen, Begriffen und Vorstellungen, bis zum »weiselosen« Beten, wie der Mystiker Meister Eckhart das nennt – also ein allmähliches Versiegen der Worte und Gedanken, durch das Menschen »in den Grund« der Seele gelangen, oder anders gesagt, zur Erfahrung der Gottheit. Die negative Theologie, die bis ins ausgehende Mittelalter gepflegt wurde, begleitete diesen Weg ins Schweigen theoretisch. Was der Mystiker Meister Eckhart in seinen Predigten als mys-

tischen Weg lehrt, steht in keinerlei Widerspruch zur Theologie
des Kirchenlehrers Thomas von Aquin, sondern ist sozusagen die
praktische Seite davon. Neuere Forschungen haben auch gezeigt,
dass Meister Eckhart nicht verurteilt wurde.

Mit Beginn der Neuzeit verliert jedoch die Gebetspraxis der
Kontemplation – also ein Beten, das über Worte und Begriffe
hinausgeht – ihre Bedeutung für die Theologie. Obwohl etwa
Martin Luther der Praxis der Kontemplation und der Mystik sehr
viel verdankt, lehnte er sie später ab. Dies hatte u. a. politische
Gründe: Waren doch Leute, die sich auf mystische Einsichten
beriefen, oft nicht mehr gewillt, kirchlicher und weltlicher Obrigkeit zu gehorchen. Ähnliche Probleme stellten sich auch im
katholischen Kontext. Dabei hatten Heilige und Ketzer ganz ähnliche mystische Einsichten – was sie unterschied, war die Bereitschaft, die kirchliche Autorität anzuerkennen. Das lässt sich etwa
an der Frauenmystik des Mittelalters und der frühen Neuzeit
deutlich nachweisen.[37] Teresa von Ávila, die spanische Mystikerin
des 17. Jahrhunderts, und ihr Beichtvater und Mitarbeiter, der
Karmelitermönch Johannes vom Kreuz, wurden zwar heilig
gesprochen und zu Kirchenlehrern ernannt, die Gebetspraxis der
»Entleerung des Geistes«, die sie lehrten, blieb jedoch nur wenigen vorbehalten. Mystische Erfahrung galt noch zu Anfang des
20. Jahrhunderts in der katholischen Kirche als problematisch
und für theologisch Unerfahrene sogar gefährlich. Gleichzeitig
gab es aber am Ende des 19. und zu Beginn des 20. Jahrhunderts
ein zunehmendes großes Interesse an Mystik. Die aus dem Mittel-
hochdeutschen übersetzten Werke des Meister Eckhart waren
nach 1918 – ebenso wie die Übersetzung des buddhistischen Palikanons – Bestseller.

»Ungegenständliche Meditation«

An diese lange, wenngleich verdrängte Übung des schweigenden
Gebets konnte Lassalle anknüpfen, um die Zen-Übung für andere und für sich selbst nutzbar zu machen und zu verstehen. In den

Jahresexerzitien 1951 begann er, vor der eigentlichen Übung der Exerzitien das »Nicht-Denken« zu üben, und nützte dazu die Zen-Praxis, die er beim Sesshin im Eimyoji-Tempel in Tsuwano 1943 kennengelernt hatte.

Dass es im Zen nicht um die Betrachtung eines Inhalts gehe, sondern um ein Leerwerden von Gedanken aller Art, auch von religiösen, gehörte zu den ersten Unterweisungen, die ihm Harada Roshi im Juni 1956 bei seinem ersten Sesshin im Hosshinji gab. Bei seiner Suche nach Anknüpfungspunkten in der Geschichte der christlichen Spiritualität fand Lassalle bei dem flämischen Mystiker Jan van Ruysbroeck die Beschreibung einer »weiselosen Meditation«. Lassalle prägte dafür den Ausdruck »gegenstandslose« bzw. »ungegenständliche Meditation«. Das ging über die »Betrachtung« – so nannte man Anfang des 20. Jahrhunderts die Gebetsform, bei der man sich auf Worte der Heiligen Schrift, auf Bilder oder Gebetsformeln konzentriert – hinaus und führte zu einer vergessenen Form spiritueller Praxis: dem Gebet ohne Worte und Begriffe, also ohne »Gegenstände der Aufmerksamkeit«. Mit dem Ausdruck »ungegenständliche Meditation« paraphrasierte Lassalle die klassische christliche Methode der »Kontemplation« als Weg zur Erfahrung Gottes. Die »ungegenständliche Meditation«, also die Übung der Kontemplation, bildete eine Brücke zwischen Zen und Christentum. Lassalle gelang damit die Wiederentdeckung und Wiedererweckung der verloren gegangenen mystisch-kontemplativen *Praxis* des Christentums.

Dieser Brückenschlag zur Zen-Übung war für Lassalle deswegen möglich, weil er sehr konsequent einen Weg der Akkommodation und Inkulturation ging. Das Christentum war für ihn nicht an die europäische Kultur gebunden, auch wenn es dadurch seine historische Form gefunden hatte. Das Christentum als universale Größe sollte sich außerhalb Europas in anderen Kulturen entsprechend gestalten, das war Lassalles beharrlich durchgehaltenes Bemühen. Deswegen bevorzugte er den japanischen Baustil und bemühte sich bereits in den 1940er Jahren in Rom um die Erlaubnis, die Liturgie in japanischer Sprache feiern zu können;

und deswegen war er an Zen interessiert. Mit dieser Ausrichtung stand er im Übrigen nicht allein, sondern fand Rückhalt bei Theologen der »Leuwener Schule« und auch bei späteren Konzilsvätern wie dem Jesuiten Augustin Bea, Apostolischer Nuntius in Japan während des Zweiten Weltkriegs.

Die Theologie der Natürlichen Mystik

Lassalles Bemühen um die Inkulturation des Zen ins Christentum wurde durch die »Theologie der Natürlichen Mystik« unterstützt, die in etwa zeitgleich zu den Bestrebungen nach Inkulturation in Europa aufkam. Die katholische Theologie war durch Jahrhunderte mehr oder weniger selbstgenügsam gewesen. Sie hatte sich im Wesentlichen von ihrem antiken, arabischen und mittelalterlichen Erbe genährt. Zwar kannte man Judentum und Islam, doch mit wenigen Ausnahmen – dazu zählen etwa der Philosoph Abaelard oder der Kardinal Nikolaus von Kues – interessierte man sich nicht für andere Religionen, die als heidnisch galten.

Durch Kolonialismus und Imperialismus, durch Fernhandel und Entdeckungsreisende traten ab dem 16. Jahrhundert andere, nicht-christliche Religionen ins Gesichtsfeld der Europäer. Die wenigen Nachrichten über die Religionen Asiens weckten die Neugier der europäischen Gelehrten. Auch erschienen sie dem Ursprung der Menschheit näher oder ethisch vorbildhaft. Die Denker der Aufklärung lehnten die christlichen Kirchen und ihren Herrschaftsanspruch ab, während sie die asiatischen Religionen als attraktive Alternative wahrnahmen. Durch die Aufklärung veränderte sich auch das Verständnis von Religion in der gebildeten Avantgarde. Das persönliche Erleben trat in den Vordergrund, und die deutschen Romantiker begannen, sich für das Mittelalter und die christliche Mystik zu interessieren.

Seit der zweiten Hälfte des 19. Jahrhunderts veröffentlichten Ethnologen Forschungsergebnisse, die unter anderem zeigten, dass nicht nur das Christentum eine mystische Tradition besaß.

Das setzte die christlichen Theologen unter Druck, da man selbstverständlich von der Überlegenheit und der »übernatürlichen« Herkunft des Christentum und der christlichen Mystik ausgegangen war. Nach klassischer neuscholastischer Auffassung stammt mystische Erkenntnis im Christentum von Gott, ist also »übernatürlich«, in den anderen Religionen dagegen kommen spirituelle Erfahrung und Einsicht aus den natürlichen Fähigkeiten des Menschen. Doch drängten sich zum Beispiel auffallende Ähnlichkeiten der islamischen Mystik mit der christlichen Mystik auf. Also kam eine ganze Reihe von hervorragenden katholischen Theologen zu dem Schluss, dass Gott auch in anderen Religionen wirkt. Diese Ansicht vertrat in den Jahren nach dem Ersten Weltkrieg etwa der einflussreiche französische Theologe Jacques Maritain.

Diese »Theologie der Natürlichen Mystik« ging davon aus, dass nicht-christliche Religionen zwar Gott erkennen, doch verglichen mit dem Christentum nur unvollständig. Das zeigt sich nach dieser Auffassung unter anderem darin, dass die nicht-christlichen Religionen bzw. Mystiken eine monistische oder pantheistische Sicht lehren. Dadurch gerät ihnen, so meinten diese Theologen, die Dreieinigkeit Gottes, aber auch die Transzendenz Gottes aus dem Blick. Doch weil Gottes Gnade sich nicht an konfessionelle Grenzen hält, werden selbstverständlich auch nicht-christliche Mystiker von Gottes Gnade erfüllt.

Das Menschenbild der Theologen der »Natürlichen Mystik« setzt voraus, dass die menschliche Seele von Natur aus eine Wahrnehmung des eigenen existenziellen Seins hat. Deswegen kann jeder Mensch sich auf mystische Weise als Selbst erfahren und darüber hinaus auch den Ursprung des Selbst, vorausgesetzt, er kommt zu einer gewissen inneren Ruhe, sagen die Vertreter der Natürlichen Mystik.

Ihrer Vorstellung zufolge führt nicht nur das Christentum, sondern führen auch andere Religionen zur Erkenntnis der erlösenden Wahrheit. Allerdings besitzt nur das Christentum die volle Einsicht in die Wahrheit. Diese Auffassung erlaubte katholischen Theologen, die Wahrheit anderer Religionen anzuerkennen, ohne den eigenen Absolutheitsanspruch völlig aufgeben zu müssen.[38]

Auf dieser Grundlage konnte das Zweite Vatikanische Konzil (1962–1965) in der Erklärung *»Nostra Aetate«* feststellen: »Die katholische Kirche verwirft nichts von dem, was in diesen Religionen wahr und heilig ist.« (Nr.2) Das Zweite Vatikanische Konzil erkannte überdies mit dem Dekret *»Dignitatis Humanae«* das Menschenrecht der Religionsfreiheit an, das bis dahin vonseiten der römisch-katholischen Kirche bestritten worden war. Zudem bot die Erklärung *»Nostra Aetate«* jenen Katholiken, die sich in die Praktiken anderer Religionen vertieft hatten, eine Möglichkeit, Christen zu bleiben und einen grundsätzlichen Konsens mit der Kirche zu wahren, aber gleichzeitig den spirituellen Weg einer anderen Religion zu gehen. Die Pioniere des interreligiösen Dialogs der spirituellen Erfahrung – Henri le Saux (mit indischem Mönchsnamen Abhishiktananda), Bede Griffith, Raimon Panikkar, Sr. Sara Grant, Pater Hugo Lassalle, später auch Br. David Steindl-Rast und andere – konnten sich dabei auf die folgende Passage berufen: »Deshalb mahnt sie [die katholische Kirche] ihre Kinder, dass sie mit Klugheit und Liebe, durch Gespräch und Zusammenarbeit mit den Bekennern anderer Religionen, indem sie ihren christlichen Glauben und ihr christliches Leben bezeugen, jene geistlichen und sittlichen Güter sowie jene sozio-kulturellen Werte, die sich bei ihnen finden, anerkennen, wahren und fördern.«[39]

Für Hugo Lassalle bot die »Theologie der Natürlichen Mystik« den Hintergrund für die Zusammenarbeit mit Zen-Mönchen in der »Gesellschaft zur Hebung des religiösen Bewusstseins« (gegründet 1947). Das religiöse Bewusstsein ist die Basis aller Religionen, erklärt Lassalle in einem Vortrag aus dieser Zeit, und angesichts des Kulturbruchs im Japan der Nachkriegzeit ist es nötig, dieses Bewusstsein zu erhalten. Da die meisten Japaner am Christentum nicht interessiert waren, galt es deswegen, den Buddhismus in Japan zu unterstützen. Auf der Folie der »Theologie der Natürlichen Mystik« konnte er dann auch später einordnen, was er bei Harada Roshi im Kloster Hosshinji hörte. Was die Mönche in den Einführungsvorträgen über das Satori*, die Erleuchtung, sagten, sei Monismus oder Pantheismus, schreibt Lassalle in sein Tagebuch. Damit liegt er genau auf der Interpretationslinie der Theologen der Natürlichen Mystik: Er zweifelte nicht das Faktum der Erleuchtung an, wohl aber die buddhistische Interpretation. »Der Vorgang des Satori, scheint mir, ist objektiv, aber die Auffassung, dass es eine Erkenntnis sei, die inhaltlich bedeute, dass man selbst das All sei, ist einfach eine falsche Interpretation, die aber aus der buddhistischen Auffassung erklärlich ist. Ein Christ würde sagen, er habe Gott gesehen; was auch falsch ist; er hat die Dinge gesehen, wie Gott sie sieht, intuitiv in ihrem Wesen: Wesensschau.«[40]

Ethik des Nicht-Ich

Neben der »ungegenständlichen Meditation« und der »Natürlichen Theologie« war die Ethik ein weiterer Bereich, in dem ein Brückenschlag zwischen Zen und Christentum möglich war. Buddhismus wie Christentum gehen davon aus, dass Menschen nach dauerhaftem Glück suchen. Alles, was vergänglich ist, kann diese Suche nach Glück aber nicht erfüllen. Daher gilt es, das Vergängliche loszulassen und sich dem Unvergänglichen zuzuwenden. Auch wenn das unvergängliche Glück im Buddhismus mit dem Begriff Nirvana und im Christentum mit dem Begriff Gott verknüpft ist und die Differenzen deutlich sind, der Weg zu diesem unvergänglichen Glück wird von buddhistischen wie christlichen Lehrern sehr ähnlich gesehen. Es geht darum, dass egoistische Bestrebungen – buddhistisch gesprochen Gier, Hass und Verblendung – aufhören und heilsame Haltungen an ihre Stelle treten. Für den Jesuiten Lassalle gehörte es zur »Nachfolge Christi«, nach Selbstlosigkeit zu streben. Auch auf dem Buddha-Weg, in der Zen-Praxis, wie sie Harada Roshi lehrte, war Selbstlosigkeit, »Nicht-Ich«, ein zentraler Begriff.

Auf dem Weg zu einer verfeinerten und vertieften ethischen Haltung hilft die Zen-Übung enorm, fand Lassalle. Immer wieder betonte er in seinen Büchern, und noch mehr in seinen Teishos, dass auf dem Zen-Weg *muga*, das »Nicht-Ich«, entwickelt wird. Dass damit nicht ein Verlust oder die Unterdrückung der eigenen Persönlichkeit gemeint ist, sondern ganz im Gegenteil die Entfaltung des persönlichen Potenzials, war für Lassalle selbstverständlich. In allem Selbstlosigkeit zu üben ist eine jesuitische Praxis.

Als Jesuit lebte er nach der Maxime der Indifferenz: Auf dem Weg christlicher Spiritualität geht es darum, dass die »ungeordneten Leidenschaften« das Leben, Denken und Handeln nicht dominieren. Wenn man aus Stolz auf seinem Standpunkt beharrt, obwohl man längst sieht, dass man Unrecht hat, oder wenn man sich unentwegt über das Haus, das Auto oder das Gehalt des Nachbarn Gedanken macht und versucht, diesen Menschen zu übertrumpfen, dann sind dies Leidenschaften, die ihre Wurzel im Egoismus haben und zu Unruhe und Unfrieden führen. »Jedenfalls ist die völlige Ausmerzung des ›Ich‹, der Eigenliebe, in unserem Sinn eine gute Sache, die eben auch im geistigen Sinn gilt: losmachen von allen irgendwie egozentrischen Gedanken«, schreibt Lassalle nach dem ersten Sesshin bei Harada Roshi in sein Tagebuch,[41] und in seinem Buch »Zen – Weg zur Erleuchtung« heißt es: »Alle Gefühle der Angst, des Stolzes, des Neides usw. müssen mit dem Ich sterben.«[42]

Harada Roshi sprach in diesem Zusammenhang von *mozo*, die den Menschen an der Erfahrung der Erleuchtung hindern. Das ist die japanische Übersetzung des Sanskrit-Terminus *vikalpa* – damit werden im Buddhismus alle jene Gedanken bezeichnet, die durch die »drei Gifte« Gier, Hass und Verblendung genährt werden und dadurch dualistische Wahrnehmungen der Welt erzeugen. Denn die »drei Gifte« produzieren den grundlegendsten aller Dualismen, die strikte Unterscheidung zwischen dem »Ich« und den »anderen« – wobei das Ich im Zentrum steht. Diese Art der Wahrnehmung der Welt gilt es loszulassen. Dogen Zenji hat dies

sehr klar ausgedrückt: »Den Weg des Buddha zu studieren bedeutet, das Selbst zu studieren. Das Selbst zu studieren bedeutet,
das Selbst zu vergessen. Das Selbst zu vergessen bedeutet, von den
Myriaden Dingen aktualisiert zu werden.«[43]

Der Begriff *mozo/vikalpa* hat für Buddhisten nicht nur eine
ethische, sondern auch eine auf Erkenntnis bezogene Bedeutung.
Letztere spielte für Lassalle kaum eine Rolle. Für ihn stand vor
allem die Entwicklung von Tugenden im Fokus der Aufmerksamkeit – die Entwicklung von Freundlichkeit und Hilfsbereitschaft,
ganz einfach gesagt der »Liebe zu den Menschen«[44]. In diesem
Punkt könnten die Christen durchaus von den Zen-Mönchen
lernen, meinte er. Daher waren für ihn die Entwicklung einer
ethischen Haltung und die Förderung von Tugenden durch die
Zen-Übung wichtige Auswirkungen der Übung und eine Brücke
zum Christentum.

Die Entdeckung des Leibes
und der Sinne

Neu war für Lassalle die Bedeutung, die dem Körper und den
Sinnen in der Zen-Übung zukommen. Die klassische christliche
Spiritualität der Kirche des Westens legte seit rund tausend Jahren
Wert auf die Abtötung alles Sinnlichen – worunter man nicht nur
Sexualität verstand, sondern überhaupt alle Formen sinnlicher
Wahrnehmungen und körperlicher Erfahrungen. Diese Leib-
feindlichkeit stand zwar theologisch in krassem Widerspruch zu
dem Umstand, dass die Evangelien betonen, dass in Jesus Gott
Mensch wurde, »Fleisch« wurde; auch ist für das Christentum die
»Auferstehung des Leibes« zentrale Lehre, und die Liturgie suchte
dies gelegentlich auch in Sinnenfreudigkeit auszudrücken. Trotzdem galt für die christliche Spiritualität Askese, also »Entsagung«,
die längste Zeit als der Königsweg. Unterstützt wurde diese Haltung in der Neuzeit durch das dualistische Weltbild des Cartesia-
nismus, das seit dem 17. Jahrhundert immer mehr das Denken
und Wahrnehmen im Westen bestimmte und das »Denken« vom

»Körper« strikt trennte. Seit Ende des 19. und Anfang des 20. Jahrhunderts wollten Philosophen, Künstler und viele junge Leute Menschen jedoch wieder als leibseelische Ganzheit sehen. Für die deutsche Jugendbewegung vor und nach dem Ersten Weltkrieg waren dafür zum Beispiel das Denken Friedrich Nietzsches, der Ausdruckstanz, aber auch erste Begegnungen mit dem Yoga wegweisend.

Lassalle, der seit Anfang der 1930er Jahre in Japan lebte, hatte zu Lebensreform- und Jugendbewegung in Europa keine Kontakte. Leiblichkeit, wie das Schlagwort hieß, war für ihn kein Thema. Erst durch die Zen-Praxis, die eine Übung von Leib und Geist ist, wurde Lassalle auf die Bedeutung von Körperhaltungen – etwa im Exerzitienbuch seines Ordensgründers Ignatius von Loyola – aufmerksam. Die Einbeziehung des Leibes und der Sinne ins geistliche Leben durch die Zen-Praxis veränderte seine Haltung. Ein Eintrag in seinen Tagebüchern gibt über diesen grundlegenden Wandel Auskunft: An einem Dezembermorgen im Jahr 1957 fuhr Lassalle, der ein begeisterter Motorrad-Fahrer war, mit einem anderen Pater auf dem Beifahrer-Sitz von Hiroshima nach Miyoshi, seiner Missionsstation. Früher hatte er oft gedacht, dass Motorradfahren im Winter wegen der Kälte eine Form asketischer Abtötung sei. Das änderte sich nun. Die Fahrt durch den kalten Wintermorgen »war mir in dieser frostigen, nebligen, ... mit Rauhreif bedeckten Landschaft wirklich ein Hochgenuß. Vielleicht hat das Zazen auch was damit zu tun. Da der Geist leer wird, kann man die Natur besser genießen. Man fühlt sich in etwa eins mit dieser Natur. Wenn es keine Schlechtigkeit bei den Menschen gäbe, könnte man schon mit dieser Wirklichkeit glücklich und zufrieden sein.«[45] Auch verlangte er sich nicht mehr wie gewohnt Askese und Entsagung ab, sondern suchte, angeregt durch den englischen Mystiker Richard Rolle, »innere Wachsamkeit auf das Vollkommene«.[46] Mit dieser Entdeckung und Einbeziehung des Leibes und der Sinne vollzog Lassalle für sich eine Entwicklung, die in Europa vorwiegend *außerhalb* kirchlicher Kreise[47] in den Aufbruchsbewegungen eines der großen Themen in der ersten Hälfte des 20. Jahrhunderts gewesen war. Vermutlich ist diese Einbeziehung des Leibes einer der Gründe für das große Interesse an der Zen-Übung in Europa.

Zwei Wege oder einer?

Hugo M. Enomiya-Lassalle sah das Verhältnis von Christentum und Zen-Buddhismus nicht als Theoretiker. Die Frage nach diesem Verhältnis bestimmte seinen Lebensweg; und er sah eher das Einende und Ähnliche als das Trennende und Unterscheidende. Das entsprach der japanischen Mentalität. Anders als in Europa war es möglich, Unterschiedliches oder sich Widersprechendes nebeneinander und gleichzeitig zuzulassen, hatte Lassalle im Laufe der Jahre festgestellt. Neben Höflichkeit und Einfühlsamkeit der japanischen Umgangsformen schätzte er den Unterschied im Zeit- und Lebensgefühl, der damals, zu Beginn der 1970er Jahre noch viel deutlicher spürbar war als heute.[48] Dazu kam für ihn die intuitive, gefühlsorientierte Umgangsweise der Japaner: »Das japanische Vorgehen ist gewissermaßen weicher als das westliche«, meinte er. Das gilt auch für die Art des Denkens. Scharf abgegrenzte Begriffe, die einander entweder aus- oder einschließen, seien typisch für die Europäer, das Denken der Japaner dagegen bleibe im Fluss: »Es ist sozusagen eine Entwicklung von einem Gedanken zum anderen. Das je Folgende muss sich immer an das Vorhergehende anpassen, und das nicht nur im rationalen Sinn, sondern auch und mehr noch im emotionellen Sinn.«[49] Was sich auf der Ebene eines dogmatischen Verständnisses ausschließt, kann auf diese Weise trotzdem nebeneinander bestehen. Vermutlich half ihm diese »Fuzzy Logic«, diese Logik der »ausgefransten Ecken«, einerseits Christ zu bleiben und andererseits unter buddhistischen Meistern Zen zu üben.

»Anfangs«, so schrieb er in seinem »Kensho-Bericht« an Yamada Koun Roshi, »waren Christentum und Zen wie zwei Parallelen, das heißt, ich blieb dem Christentum treu, doch im Zen folgte ich den Anweisungen der Meister. Aber mit der Zeit wurde aus diesen beiden Linien ohne irgendwelche theoretischen Überlegungen eine einzige – das geschah einfach. Wenigstens für mich selbst gibt es keinen Widerspruch, ob man das nun glaubt oder nicht.«[50]

Seine Kenntnis der spanischen Mystiker Johannes vom Kreuz und Teresa von Ávila, aber auch griechischer Kirchenväter und mittelalterlicher Mystiker bestärkten Lassalle darin, dass es im Zen und in der christlichen Mystik im Wesentlichen um dasselbe gehe. Er betonte immer wieder, dass Zen ein Weg christlicher Mystik sein könne, *wenn ein Christ den Zen-Weg gehe.* Dies war seine persönliche Erfahrung: In der Koan-Übung mit Yamada Koun Roshi, seinem Meister, ordnete sich Lassalle den Kriterien des Zen unter. Er akzeptierte also die »Deutungsmacht« der buddhistischen Zen-Tradition. Diese stand gelegentlich in Widerspruch zu den theologischen Gottesbegriffen, die er gelernt hatte. Die letzten Lebensjahre von Hugo Lassalle sind unter anderem ein Ringen, diese Begriffe loszulassen, wie ihm das die Zen-Übung abverlangte. Gleichzeitig führte ihn der Zen-Weg jedoch zu einer immer tieferen und innigeren Christus-Erfahrung.

Damit gelang es Lassalle, von christlicher bzw. katholischer Seite her eine Position einzunehmen, die eine Tiefenbegegnung mit der Zen-Tradition zuließ. Gewöhnlich bleibt im interreligiösen Dialog jeder mehr oder weniger bei der eigenen Tradition; doch hier war dies anders: Lassalles Weg führte über die Grenzen der eigenen christlichen religiösen Tradition hinaus auf das fremde Terrain des Buddhismus – doch gleichzeitig in Tiefendimensionen der christlichen Tradition. Für Hugo Lassalle war dies über weite Strecken seines Lebens ein sehr einsamer Weg, und die unvermeidliche Auseinandersetzung zwischen den beiden Traditionen fand vorwiegend in ihm selbst statt, als intrareligiöser Dialog.

Der Geschmack von Tee

Der inklusivistische Anspruch auf die absolute Wahrheit war das Gepäck, das die Umstände, die Zeit- und Mentalitätsgeschichte den beiden, Yamada Koun Roshi und Hugo Lassalle, mitgegeben hatten. Jeder der beiden hatte diesen Absolutheitsanspruch seiner Tradition »im Rücken« – eine klassische Konfliktsituation. Doch keiner der beiden spielte den Anspruch aus und ließ die Situation eskalieren. Stattdessen fanden Yamada Koun Roshi und Lassalle eine kreative Lösung, den Konflikt zu transzendieren und eine neue Perspektive zu schaffen.

So konnten Christen zu Zen-Lehrern ernannt werden. Doch damit waren die Fragen keineswegs gelöst. Ganz im Gegenteil, hier fingen sie erst an. Das war beiden, Yamada und Lassalle, sehr bewusst. In der Festschrift zum 80. Geburtstag von Hugo Lassalle bringt Yamada Roshi eine ausführliche Darlegung der »drei Kostbarkeiten« Buddha, Dharma und Sangha als »die alleinige, absolute Wirklichkeit des Universums (und so das wahre Selbst jedes Menschen). Diese Wirklichkeit hat Buddha Shakyamuni vor mehr als zweitausend Jahren bis auf den Grund erschaut, in sich personifiziert und die Lebewesen gelehrt. Und bis heute wird sie unter dem Namen ›Buddhismus‹ ununterbrochen weitervermittelt. Hier möchte ich die christlichen Leser fragen, wie diese Wirklichkeit vom Standpunkt des Christentums aus verstanden und gedeutet wird. Wenn man diese Wirklichkeit vollständig leugnet, entsteht natürlich von vornherein kein Problem. Doch handelt es sich eben um eine Tatsache, und wenn jemand die klare Erfahrung der Erleuchtung gemacht hat, kann er sie entschieden annehmen. Das eigentliche Problem kommt danach. Ich möchte Sie nämlich bitten, ernsthaft zu überdenken, in welcher Beziehung diese Tatsache der absoluten drei Kleinode zum Gott des Christentums oder zum Reich Gottes steht.«[51]

In seinen Tagebuch-Notizen bemerkt Lassalle nach der Lektüre dieses Abschnitts, dass der Roshi »die Christen ›herausfordert‹, zumal wenn sie Satori haben, klarzustellen, wie sie die buddhis-

tische Auffassung von der Leere integrieren können. ... Ich dachte, wo kommen wir da hin, wenn das Gegenüber nicht mehr da
ist. Dann aber gerade jetzt kam mir der Gedanke, wir sollten uns
nicht vor der Wirklichkeit verschließen. Das wäre bestimmt keine
Lösung.«[52]

Yamada Roshi starb 1989, Hugo Lassalle 1990. Ihr Vermächtnis besteht in der Öffnung eines kreativen Spannungsfelds zwischen und jenseits der beiden großen Religionen Christentum
und Buddhismus. Es war beider Größe, keine vorschnelle Lösung
zu akzeptieren.

Das war die Ausgangsposition für eine Entwicklung, die man
als Hybrid-Bildung bezeichnen kann – als eine Verbindung verschiedener kultureller Traditionen zu etwas Neuem, das sich vielschichtig und schillernd darstellt.

Hugo Lassalles Bemühen um eine Integration der Zen-Übung
in kirchliche Institutionen erwies sich trotz einiger Gegenströmungen als erfolgreich. Dies lag unter anderem an den organisatorischen und rechtlichen Strukturen der römisch-katholischen
Kirche, in der etwa die Orden ihre Belange weitgehend selbstständig regeln, aber auch lokale Vertreter kirchlicher Institutionen relativ große Spielräume für Entscheidungen haben können. Die Sanbokyodan-Lehrer konnten zunächst fast alle auf die
Unterstützung von einzelnen Personen aus jenen kirchlichen
Institutionen zählen, denen sie angehörten, und bereits vorhandene kirchliche Einrichtungen nutzen. Der Franziskaner Viktor
Löw (gest. 1994), der ein enger Freund Lassalles war, konnte das
alte Franziskaner-Kloster in Dietfurt im Altmühltal zum Meditationshaus St. Franziskus umbauen. Hier gab Hugo M. Enomiya-
Lassalle seit 1978 Zen-Kurse, später auch Viktor Löw OFM,
Ama Samy SJ und Paul Shepherd. 1981 wurde in Würzburg aus
dem ehemaligen Internat der Benediktiner von Münsterschwarzach das Meditationshaus St. Benedikt, das unter der Leitung
des Benediktinerpaters Willigis Jäger stand. 1982 reiste Yamada
Koun Roshi selbst nach Würzburg, um das Zendo – im Beisein
des Abtes von Münsterschwarzach – einzuweihen. Später kam mit

dem Sonnenhof, in dem vor allem Joan Rieck und Peter Lengsfeld Kurse abhielten, ein weiteres Haus dazu. Der Pallottinerpater Johannes Kopp SAC hielt in den Bildungshäusern in seiner Diözese Essen Kurse ab und etablierte sein eigenes Zendo. Die evangelische Pastorin Gundula Meyer begann zunächst im evangelischen Damenstift Wülfinghausen ein Zen-Zentrum einzurichten. Dieses Projekt stieß jedoch auf Widerstand. 1987 übersiedelte sie in das Dorf Ohof in der Nähe von Hannover, wo sie in einen alten Fachwerkhof umbaute. Der ehemalige Pferdestall wurde zum Zendo, im Bauernhaus entstanden Gemeinschaftsschlafräume und die Küche. Ähnlich wandelte auch die Benediktinerin Ludwigis Fabian einen alten Bauernhof in ein Meditationszentrum um, ebenfalls mit Hilfe ihrer Schüler.

In der Schweiz ließ sich der Jesuit Niklaus Brantschen zunächst im Bildungshaus der Jesuiten in Bad Schönbrunn nieder, in dem bereits Hugo Lassalle Kurse gegeben hatte. Pia Gyger nutzte die verschiedenen Einrichtungen des Katharina-Werks, dessen Mutterhaus in Basel steht, für ihre Zen-Kurse, wobei sich bald eine enge Zusammenarbeit beider Institutionen bzw. Personen ergab.

Der indische Jesuit Arul Maria Arokyasamy, kurz Ama Samy, konnte zunächst in Chennai ein Gebäude der Jesuiten als »Dhyana-Ashram« benutzen und dann Ende der 1990er Jahre in den Bergen von Kodaikanal in der Nähe von Madurai – nahe der alten Sommerfrische der englischen Kolonialherren – ein eigenes Zentrum errichten. In Europa hält er in verschiedenen katholischen Bildungshäusern Gastkurse ab.

In Spanien kam Ana Maria Schlüter Rodés, die den »Frauen von Bethanien« angehört, ohne die Unterstützung einer Großinstitution aus. Die Gruppe, die seit Ende der 1970er Jahre um sie und Lassalle entstanden war, kaufte Mitte der 1980er Jahre ein billiges Grundstück in den Bergen nördlich von Madrid. Ein altes Gewächshaus diente als behelfsmäßiges Zendo und ausrangierte Kleinlastwagen als Küche, Lagerraum und Duschen. In jahrelanger Eigenarbeit der Gruppe entstanden auf dem Grundstück ein großes Zendo für 60 Leute, des Weiteren ein eigener Trakt mit Speisesaal, Küche, Kapelle, Büro, Bad und Bibliothek und ein Gästehaus für sechs Personen.

Auch außerhalb Europas entstanden Zen-Gruppen des Sanbo-kyodan. Auf den Philippinen, wo Sr. Elaine McInnes seit 1976 lebte, konnte 1986 ein eigenes Zendo eingeweiht werden; später kam ein weiteres dazu. Der Filipino Ruben Habito ging Anfang der 1990er Jahre in die USA und gründete in Dallas, Texas, das Maria Kannon Zendo. Weitere Gruppen gibt es in Kanada, Frankreich und Australien.[53]

Einigkeit zwischen diesen Zen-Lehrern besteht über die Tatsache, dass sie alle Schüler Yamada Koun Roshis sind. Dieser hatte sie autorisiert, Zen zu lehren, und ihnen als traditionelles Zeichen ihrer Ermächtigung einen Kotsu, einen speziellen Stock, über-reicht. Nach seinem Tod im Jahr 1987 fand sich in seinem Nachlass eine Liste mit japanischen Namen für die westlichen Zen-Lehrer. Doch niemandem hatte er einen der traditionellen Titel verliehen – weder den Titel »Roshi« noch sonst einen der verschiedenen Titel in der monastischen Hierarchie der Zen-Klöster.[54]

Mit diesen Titeln sind verschiedene buddhistische rituelle Be-fugnisse und Verpflichtungen – etwa zu buddhistischen Begräb-niszeremonien – verbunden. Yamada Roshi verlangte – im Unter-schied etwa zu Robert Aitken Roshi in Hawaii – von seinen christlichen Schülern nicht, *jukai* zu nehmen. *Jukai* ist eine Zere-monie für buddhistische Laien, durch die sie sich offiziell zum Buddhismus bekennen und bei der sie sich rituell verpflichten, die zehn Regeln für Laien einzuhalten. Am Anfang dieses Rituals steht die Zufluchtnahme zu Buddha, Dharma und Sangha; dann folgt die Übernahme der zehn Regeln – die fünf Sila* und weitere fünf Regeln, die sich auf den Übungs-Kontext beziehen.

Yamada Koun hatte die neuen Zen-Lehrer also aus dem for-mellen Kontext buddhistischer Rituale und Institutionen heraus-genommen. Gleichzeitig bestand er aber auf der Übernahme der

Zen-buddhistischen Tradition. Die Prüfung des Kensho seiner Schüler und Schülerinnen verblieb in der überlieferten Form, das heißt, er fragte bei der Überprüfung einer Kensho-Erfahrung nach einer Antwort auf das erste Koan der Sammlung Mumon-kan*: »Ein Mönch fragte Meister Joshu: ›Hat ein Hund Buddha-Natur?‹ – Joshu antwortete ›Mu‹.« Als Hugo Lassalle ihn einmal fragte, ob denn Kensho nicht auch mit dem Wort »Gott« über-prüft werden könne, lehnte Yamada Roshi das ab. Auch in seinen Teishos und Publikationen behielt er die traditionellen buddhisti-schen Begriffe bei. Die zehn Regeln und ihre Interpretation durch Bodhidharma bilden den Abschluss der Koan-Praxis. Die Koan-Praxis selbst folgt dem »Curriculum«, das der japanische Zen-Meister Hakuin im 17. Jahrhundert entwickelt hat.

Dies alles erzeugte eine Spannung – denn gleichzeitig blieb der inklusivistische und universale Anspruch bestehen, dass die Zen-Erfahrung wie Tee sei, der für Christen und Buddhisten gleich schmeckt. Wie Christen diese Erfahrung ausdrücken wollten, müssten sie selbst finden, betonte Yamada Roshi immer wieder.

In Gesprächen über dieses Thema wird meist differenziert zwischen der »Erfahrung« als dem Authentischen und Vorran-gigen vor den »Worten, die diese Erfahrung ausdrücken«, die sekundär und weniger bedeutsam sind. Auf den ersten Blick scheint das sehr einleuchtend und sehr einfach zu sein. Doch bei genauerem Hinsehen ist das Verhältnis von Erfahrung und Spra-che sehr viel weniger eindeutig.

Europäer, die das erste Mal grünen Tee trinken, womöglich gar den japanischen Zeremonialtee Ma-Cha, sind meist wenig angetan vom Geschmack – viele sagen, grüner Tee schmecke nach Spinat oder Gras. Der Tee, den man gewöhnlich in Europa oder den USA bekommt, schmeckt ganz anders, weil er auch anders zubereitet wird als japanischer grüner Tee. Das beginnt schon bei der Ernte und beim Trocknen der Teeblätter und setzt sich fort bei der Zubereitung – guten grünen japanischen Tee sollte man zum Beispiel nicht mit kochendem Wasser aufgießen, den schwarzen Tee hingegen schon; bei chinesischen Teesorten passt

manchmal das eine, manchmal das andere. Dazu kommen die
Geschmacksnuancen, die japanische Teekenner feststellen können, die für einen ungeübten europäischen Gaumen jedoch gar
nicht wahrnehmbar sind. Mit anderen Worten, das Beispiel vom
Tee zeigt, dass Erfahrung in »chemisch reiner Form« nicht greif-
bar ist.

Ruben Habito wies in einem Gespräch zwischen Yamada Roshi, Lassalle und ihm selbst auf dieses Problem hin. Bereits die
Geschmackserfahrung »Tee«, so sagte er, hänge von den kulturellen und persönlichen Vorerfahrungen ab, und der Unterschied
entsteht nicht erst durch die sprachliche Bezeichnung – also zum
Beispiel Tee, *ochâ* oder *chai* etc. In dem Gespräch, das zunächst
1986 in Manila vom Zen Center for Oriental Spirituality auf
Englisch publiziert wurde, gehen jedoch weder Pater Lassalle
noch Yamada Roshi darauf ein, und in der deutschen Version des
Buches[55] fehlt diese Bemerkung völlig. Dabei handelt es sich um
eine Frage mit weitreichende Folgerungen: Es geht letztlich um
die Art und Weise, ob und wie die Zen-Übung aus der buddhistischen Kultur Ostasiens herausgelöst werden kann.

Es ist ein glücklicher Umstand, dass in der Anfangsphase der
Verbindung von Zen-Übung und Christentum diese knifflige
Frage des Verhältnisses von Erfahrung, Sprache, Kultur und
Tradition übergangen wurde. Der Schritt, den Yamada Roshi
und Pater Lassalle wagten, wäre vor lauter Bedenken sonst nicht
geschehen.

In den vergangenen zwei Jahrzehnten seit dem Gespräch zwischen Yamada Koun, Lassalle und Ruben Habito hat sich die
Zen-Linie des Sanbokyodan konsolidiert. Die Debatte über den
»Geschmack von Tee« – über die Frage, wie sich Erfahrungen auf
dem Übungsweg, Kultur, Sprache und religiöse Tradition zueinander verhalten, ob sie sich übersetzen lassen und welche Inter-
ferenzen dadurch entstehen – ist jedoch innerhalb des Sanbokyodan nicht weitergeführt worden. Der Religionswissenschaftler
und evangelischen Theologen Michael von Brück und der US-
amerikanische Religionswissenschaftler Whalen Lai haben eine

umfangreiche und ziemlich umfassende Dokumentation unter dem Titel »Christentum und Buddhismus« herausgegeben, und Michael von Brück hat maßgebliche Aufsätze über den interreligiösen Dialog publiziert. Doch liest man die Anthologie »Wie Zen mein Christsein verändert«[56], in der viele Sanbokyodan-Lehrer, aber auch der Soto-Zen-Meister und katholische Priester Karl Obermayer oder auch Michael von Brück schreiben, merkt man rasch: Hier werden kaum mehr Fragen gestellt, sondern Erreichtes und der oft schwierige und spannende Weg dorthin ausgebreitet. Doch stehen bleiben ist nicht möglich. Der Weg führt weiter.

Ein römisches Dokument

Warnende und ablehnende Stimmen zur »Übernahme« asiatischer Methoden, wie zum Beispiel des Zen durch Christen, gab es unter Protestanten wie Katholiken. Der große katholische Theologe Hans Urs von Balthasar bezeichnete Meditation sogar als Verrat am christlichen Glauben; der Jesuit Josef Sudbrack warnte verschiedentlich vor Selbsterlösung, Körperkult oder Ähnlichem.

Die römisch-katholische Kirche veröffentlichte 1989 eine Erklärung der Römischen Kongregation für die Glaubenslehre »Über einige Aspekte der christlichen Meditation«. Hier wurden die wesentlichen Vorwürfe an »asiatische Methoden« im Allgemeinen zusammengefasst und die verschiedenen Aspekte aus christlich-dogmatischer Sicht bewertet. Unterzeichnet ist das Dokument von Josef Ratzinger, damals Präfekt der Glaubenskongregation und seit 2006 Papst Benedikt XVI.

Zunächst heißt es, dass die Christen »feststellen können, dass in letzter Zeit nicht wenige überlieferte, dem Christentum eigene Meditationsformen nicht mehr verwendet werden«. Die Ausgangsfrage lautet also: »Sollte es nicht möglich sein, durch eine neue Erziehung zum Gebet unser Erbe zu bereichern, wenn wir auch das aufnehmen, was ihm bisher fremd war?«[57]

Der Charakter des christlichen Gebets wird klargestellt: Es

ist nicht individualistisch, sondern »immer innerhalb jener ›Gemeinschaft der Heiligen‹, in und mit der wir beten, sowohl in der öffentlichen und liturgischen als auch in der privaten Form«. Dann umreißt das Dokument den metaphysischen Rahmen, indem es »verfehlte christliche Gebetsweisen« vorstellt.

Das sind erstens solche »Betrachtungsmethoden«, die dazu »verleiten …, eine Überwindung des Abstands, der das Geschöpf vom Schöpfer trennt, zu suchen, als ob er nicht sein dürfte; den Weg Christi auf Erden, auf dem er uns zum Vater führen wollte, als überholt zu betrachten; das aber, was auf der Ebene der natürlichen Psychologie als reine Gnade gewährt wird, als »höhere Erkenntnis« oder »Erfahrung« anzusehen.«

Zweitens gehören dazu jene Methoden, bei denen man versucht, »möglichst weitgehend alles auszuschließen, was irdisch, sinnenhaft und vom Begriff her begrenzt ist, um zum Bereich des Göttlichen emporzusteigen oder sich darin zu versenken, das als solches weder irdisch noch den Sinnen zugänglich, noch in Begriffen zu fassen ist.« Dazu zählen alle jene, die »das Absolute ohne Bilder und Begriffe, wie es der Theorie des Buddhismus eigen ist, mit der Majestät Gottes, die in Christus geoffenbart wurde und die über die endliche Wirklichkeit erhaben ist, auf eine Stufe stellen«. In der Fußnote dazu heißt es: »Der Begriff des ›Nirvana‹ wird in den religiösen Texten des Buddhismus als ein Zustand der Ruhe verstanden, die im Erlöschen jeder konkreten Wirklichkeit, insofern sie vergänglich und daher enttäuschend ist und Schmerz bereitet, besteht.«

Die Definition von Nirvana, die das Dokument benutzt, zeigt, dass der Verfasser sich auf veraltete Literatur stützt und keine Kenntnisse der Theorie buddhistischer Meditationspraxis hat. Nirvana bedeutet »Verlöschen«, aber nicht das Verlöschen der Welt für die Sinne, sondern das Verlöschen von Gier, Hass und egoistischer Verblendung, die die Wahrnehmung der Welt verzerren und vergiften.

Abzulehnen sind drittens laut der Erklärung der Römischen Kongregation auch alle Meditationsformen, die keine »inhaltlich bestimmten Aussagen über Gott« einsetzen und leugnen, »dass die Dinge der Welt eine Spur bieten können, die zur Unendlichkeit Gottes hinführt«. Abzulehnen sei »das Aufgeben des Gedankens an den einen und dreifaltigen Gott, der die Liebe ist, um stattdessen ›in den weiselosen Abgrund der Gottheit‹ einzutauchen«. Dieses Zitat stammt von Meister Eckhart, den Josef Ratzinger in der Fußnote auch zitiert. Zudem sind auch alle Formen abzulehnen, in denen das »persönliche Ich und seine Geschaffenheit aufgelöst werden und im Meer des Absoluten untergehen«.

Im Wesentlichen geht das Dokument von einem Dualismus aus: Auf der einen Seite sind die »materiellen Zeichen«, zu denen auch der Körper oder der Atem gehört, und auf der anderen Seite die »gesuchte geistliche Wirklichkeit«. Zwar ist der Körper ins Gebet mit einzubeziehen, weil der ganze Mensch im Gebet zu Gott in Beziehung tritt, aber dies darf nicht übertrieben werden, denn »es kann zu einem Körperkult entarten«.

Dann wird festgestellt, »dass die habituelle Vereinigung oder die Haltung innerer Wachsamkeit und das Anrufen der Hilfe Gottes, die das Neue Testament als »immerwährendes Gebet« bezeichnet, nicht notwendig unterbrochen wird, wenn man sich Gottes Willen gemäß auch der Arbeit und der Sorge für den Nächsten widmet. Der Apostel sagt uns: »Ob ihr also esst oder trinkt oder etwas anderes tut: tut alles zur Verherrlichung Gottes!« (1 Kor 10,31)

Insgesamt ist das Papier der Glaubenskongregation sehr kritisch, aber nicht ablehnend, was die Übernahme asiatischer Meditationspraktiken ins Christentum anlangt. Es ist ein gutes Beispiel für ein römisches »Jein«: »Der größte Teil der Hochreligionen, welche die Vereinigung mit Gott im Gebet gesucht haben, hat auch die Wege bezeichnet, wie man dahin gelangt. Da ›die Kirche nichts von alledem ablehnt, was in diesen Religionen wahr und heilig ist‹ [Erklärung des Zweiten Vatikanischen Konzils, Nostra Aetate, Nr. 2.], darf man diese Hinweise nicht von vornherein als unchristlich verachten. Man kann im Gegenteil daraus das Nützliche aufgreifen, wenn man dabei nicht die christliche Auffassung vom Gebet, seine Logik und seine Erfordernisse übersieht, denn innerhalb dieses Ganzen müssen jene Fragmente neu umschrieben und aufgenommen werden.«

Vor allem das Jesus-Gebet der Ostkirche wird empfohlen: »Die Übung des ›Jesusgebetes‹ zum Beispiel passt sich dem natürlichen Atemrhythmus an und kann – wenigstens eine gewisse Zeit lang – vielen eine wirkliche Hilfe sein.«

Schließlich muss – trotz aller Einwände und Warnungen – die Erklärung der Glaubenskongregation zugestehen, dass Menschen von heute in den asiatischen Meditationspraktiken spirituelle Hilfe finden können. Zunächst werden warnende Vorbehalte aufgeführt, doch dann heißt es: »Das hebt freilich die Tatsache nicht auf, dass echte Praktiken der Meditation, die aus dem christlichen Osten und aus den nichtchristlichen Hochreligionen stammen und auf den gespaltenen und orientierungslosen Menschen von heute Anziehungskraft ausüben, ein geeignetes Hilfsmittel für den Betenden darstellen können, sogar mitten im äußeren Trubel innerlich entspannt vor Gott zu stehen.«

Was an dem Dokument auffällt, ist eine »Zwei-Etagen-Welt«: Da ist die materielle Welt, in der sich zwar Spuren Gottes finden, die aber ihre Bedeutung nur durch die geistige Welt bekommen. Zu dieser materiellen Welt gehört der Körper, der insoweit mit einbezogen werden muss, als die »Stellung und Haltung des Körpers nicht ohne Einfluss auf die Sammlung und Bereitschaft des Geistes« sind. Von der materiellen Welt muss man zur »gesuchten geistigen Wirklichkeit« übergehen – und das gelingt, so das Papier, nur wenigen. Auf der anderen Seite wird den »Fehlformen der Meditation« jedoch vorgeworfen, dass sie »das irdische, sinnenhafte und vom Begriff her Begrenzte« verlassen wollten. Dies zeigt eine in sich widersprüchliche Auffassung der Verfasser über das Verhältnis von Welt/Materie und Geist. Falls jemand tatsächlich seine spirituelle Übung in der von dem Dokument der Glaubenskongregation beschriebenen Form betreiben bzw. verstehen sollte, wäre daher Vorsicht geboten. Denn eine solche Übungsweise würde tatsächlich zur Abspaltung von der Welt oder zu Ich-Verlust führen. Dies unterstellt jedoch der römische Text den nicht-christlichen Wegen – in offenkundiger Unkenntnis dieser spirituellen Traditionen.

So werden die asiatischen Traditionen auch nicht differenziert. Kritisch wird der Buddhismus behandelt, aber auch jene, die eine »negative Theologie« vertreten, die über Bilder und Begriffe hinausweist. Damit werden indirekt auch die christlichen Mystiker kritisiert – Meister Eckhart wird namentlich genannt. Implizit betrifft das alle christlichen Gemeinschaften, die sich der Kontemplation* widmen.

Das Dokument der Glaubenskongregation bleibt auf der Ebene der Meditation und setzt ein Stoppschild vor den Bereich der Kontemplation. So heißt es denn im Dokument: »Wir müssen also Gott die Entscheidung darüber überlassen, wie er uns an seiner Liebe teilhaben lassen will.« Dass spirituelle Übungswege keine Ziele vorgeben, die zu erreichen sind, sondern der »Weg« ein Prozess ist, der dem Zugriff des Willens entzogen ist, war den mittelalterlichen Meistern gut bekannt. Doch klar war auch, dass für viele Menschen irgendwann der Weg von der *meditatio* zur *contemplatio* führt.

Kritik an der Erklärung der Römischen Kongregation für die Glaubenslehre kam von verschiedenen Seiten: unter anderem von US-amerikanischen Dominikanern. Angesichts der jahrhundertealten monastischen Tradition, in der das kontemplative Gebet der Stille gepflegt wurde, ist das vatikanische Dokument kurzsichtig, meinten sie.[58] Der Benediktiner Bede Griffith (1906–1993), der seit Ende der 1940er Jahre in Indien lebte und sich um die Integration der Hindu-Spiritualität und den Dialog mit Hindus bemühte, kritisierte, dass das Papier nicht hilfreich sei. Viele Menschen wendeten sich an buddhistische und hinduistische Lehrer und gelangten auf diesem Weg zu einem gewissen Verständnis der christlichen Tradition. Doch dieses Dokument werde sie abschrecken und sie darin bestärken, dass die christliche Kirche nichts zu bieten habe, wenn jemand »Gott im Dunkeln

sucht«.[59] Ebenso äußerten sich die beiden indischen Jesuiten Ama
Samy und Sebastian Painadath, der eine Zen-Lehrer, der andere
Gründer und Leiter von Sameekhsha – Centre for Indian Spiritu-
ality in Kerala.[60]

Zwar thematisierte der Päpstliche Rat für den Interreligiösen
Dialog bei der Konsultation zum Buddhismus in Europa 1999
diese Fragen. Doch wurden sie von der Glaubenskongregation
nicht weitergeführt. Auch die jahrzehntelangen Erfahrungen in
der Begegnung zwischen christlichen und buddhistischen Mönchen innerhalb des »Monastischen interreligiösen Dialogs«[61] wurden nicht aufgenommen. Das Dokument der Glaubenskongregation geriet schließlich bei den meisten in Vergessenheit, doch in
konservativen katholischen Kreisen verbreitete sich die Auffassung, dass »asiatische Meditation« gefährlich sei.

Vexierbilder

Wenn Meister Eckhart vom »weiselosen Abgrund der Gottheit«
spricht, meint er damit dasselbe wie der Zen-Meister Dogen,
der von der »Leere« spricht? Gibt es einen »Erfahrungskern« von
Spiritualität bzw. Mystik, der kulturunabhängig und in allen
Traditionen gleich ist? Oder ist das, was Mystiker erfahren, durch
Tradition, Sprache und Kultur geprägt und davon abhängig?
Diese Streitfrage kann nicht so leicht entschieden werden. Auf
der einen Seite stehen jene, die von einer *philosophia perennis* oder
einer »reinen Erfahrung« sprechen. Die Frage ist, ob es eine »reine
Erfahrung« ohne sprachliche oder sonstige Interpretation geben
kann. Ende des 19. Jahrhunderts wurde das im Umkreis der Denker, die von Hegel beeinflusst waren, angenommen. Der Wiener
Philosoph Robert Reininger sprach von »reiner Erfahrung«, die
nicht an Raum und Zeit gebunden ist, um eine Brücke zwischen
indischer und europäischer Philosophie zu schaffen. Er ist einer
der ersten Philosophen, der an der Universität indische Philosophie ebenbürtig neben europäischen Denkern lehrte. Reininger

meinte, dass die »reine Erfahrung« eine »Erfahrung des Absoluten« sei.

Diese Vorstellung entspricht der Idee von Sanathana Dharma, der »ewigen Wahrheit oder ewigen Weisheit«, die alle anderen Wahrheiten und Weisheiten umfasst. Darunter verstanden neohinduistische Denker des 19. Jahrhunderts die »Essenz« der Hindu-Traditionen. Sie reagierten damit auf den Anspruch der weißen christlichen Missionare, die überlegene Religion zu bringen. Die Bezeichnung »Hinduismus«, die die Engländer für die irritierende Vielfalt der Hindu-Traditionen Anfang des 19. Jahrhunderts geprägt hatten, wurde von ihnen übernommen, um die indischen Traditionen deutlich vom Christentum abzusetzen. Die neohinduistischen Denker sagten, der Hinduismus sei jahrtausendealt, die Wurzel aller Religionen, daher tolerant; und als ewige Weisheit biete er Raum für alle Religionen.

Das Weltparlament der Religionen in Chicago 1893 wurde eine Art internationaler Umschlagplatz für die Idee des Sanathana Dharma. Der Hindu-Mönch Swami Vivekananda, ein ehemaliger Ingenieur, überzeugte mit seinem Auftritt die Delegierten in Chicago; und auch der japanische Zen-Meister Soen Shaku und der ceylonesische buddhistische Mönch Dhammapala stellten ihre Traditionen als tolerante Überlieferungen ewiger Weisheit dar. Die Pointe dabei: Hier nahmen Hindus und Buddhisten die *philosophia perennis,* »die ewige Philosophie«, für ihre Überlieferungen, die neu in den Westen kamen, in Anspruch.

Ungefähr zweitausend Jahre früher hatte diese Idee, dass es eine ewige, die Menschheitsgeschichte wie ein Basso continuo begleitenden Weisheitsüberlieferung gebe, die in allen Völkern und Religionen auftritt, die Inkulturation des Christentums in die spätantike Kultur des Mittelmeerraums ermöglicht. Die Kirchenväter des Frühchristentums nahmen diese Idee als Stütze für ihre Übersetzung der hebräisch-griechischen Tradition des Urchristentums in die Geisteswelt der Spätantike. Sie wiederum meinten, dass das, was die Philosophen – Platon, Aristoteles, vor allem die Stoiker und auch die Epikuräer – gedacht hätten, im

Evangelium wiederzufinden sei, da es sich um eine ewige Überlieferung göttlicher Weisheit handle.

»Philosophia perennis« hieß auch das Buch, das Aldous Huxley, Spross einer Familie von berühmten Naturwissenschaftlern, 1945 veröffentlichte. Huxley wollte mit dem Buch den Nachweis für die Kontinuität mystischer Erfahrung durch die Jahrtausende erbringen. Er zitierte aus den damals bekannten Texten: aus der Vedanta-Philosophie und der Baghavad-Gita, aus dem »Tibetanischen Totenbuch«, aus der Zen-buddhistischen Überlieferung und aus den Werken des Sufi-Dichters Rumi und christlicher Mystiker wie Meister Eckhart, Johannes vom Kreuz oder Franz von Sales. Der Ausdruck *»philosophia perennis«* stammt von Gottfried Wilhelm Leibniz (1646–1716), einem bedeutenden Philosophen und Mathematiker, der die Infinitesimalrechnung entwickelte. Doch Huxleys Projekt selbst war das Ergebnis seiner Begegnung mit neohinduistischen Meditationslehrern. Huxley nahm die neohinduistische Idee einer alles umfassenden spirituellen Tradition auf und folgerte aus den wenigen Beispielen, die ihm zur Verfügung standen, dass die Essenz aller Mystik-Traditionen dieselbe ewige Dimension des Absoluten sei. Diese Vorstellung ist bis heute sehr populär; vor allem Ken Wilber hat dieser Idee zu großer Verbreitung verholfen.

Dass es eine »Essenz« aller mystischen Traditionen gibt, lässt sich zwar behaupten. Doch wer sich genauer mit der Ausdrucksweise der verschiedenen mystischen und spirituellen Traditionen beschäftigt, wird gravierende Unterschiede zwischen den Traditionen bemerken. Ein charakteristisches Beispiel ist der buddhistische Terminus *dukkha* – er bedeutet so viel wie Unangenehmes, Unzufriedenheit, Unglück, Frustration. Das Gegenteil davon ist *sukkha*, Glück oder Wohlbefinden. Im Wesentlichen ist *dukkha* das Ergebnis der Erfahrung von Vergänglichkeit. Mit dem christlichen »Leiden« hat es zwar Berührungspunkte, aber Leiden bedeutet viel mehr als nur Unzufriedenheit, Unerfülltheit durch Vergänglichkeit – Leiden bedeutet auch körperlichen oder seelischen Schmerz, manchmal sogar sehr große Schmerzen. Die

Leidensgeschichte Jesu lässt sich mit der Geschichte des Buddha auf dem Weg zum Erwachen daher nicht gleichsetzen; ja nicht einmal vergleichen. Denn im Fall Jesu geht es um von außen durch Dritte absichtlich zugefügten Schmerz, der im Tod Jesu resultiert; im Fall des Buddha geht es um ein Selbstexperiment, das ihn zwar an den Rand des Todes treibt, das er aber jederzeit selbst abbrechen kann. Im Laufe der Geschichte des Buddhismus tritt dieses Selbstexperiment des Buddha in den bildlichen Darstellungen, und auch sonst, in den Hintergrund. Im Christentum dagegen wird die Leidensgeschichte im Laufe der Jahrhunderte immer wichtiger, was unter anderem an der leidvollen Geschichte Europas liegt: Pestepidemien, Hungersnöte, blutige Kriege machen das Bild des Gekreuzigten zu einer Identifikationsfigur.

Spirituelle Traditionen haben Geschichte und sind kulturell geformt, und wer sich auf einen spirituellen Weg einlässt, muss sich auf eine bestimmte Form einlassen, in der diese Tradition überliefert wird. Erfahrungen werden in Begriffen, Bildern, Gesten, Bewegungen überliefert – jede Erfahrung ist durch die Ausdrucksformen einer bestimmten Kultur konstruiert. Die Konstruktivisten unter den Mystik-Forschern lehnen daher die Idee der *philosophia perennis* ab.

Es bleibt immer eine Differenz, das lässt sich nicht vermeiden. Der spanisch-indische Religionsphilosoph und Theologe Raimon Panikkar schlägt daher vor, sowohl nach der Ähnlichkeit als auch nach den Unterschieden philosophischer und theologischer Begriffe zu suchen. Dabei komme es auf die Sichtweise an, denn die Kunst besteht darin, sowohl die Ähnlichkeit als auch die Differenz von Begriffen wahrzunehmen. Die Kunst der Übersetzung von einer Religion und Kultur in eine andere besteht darin, die »homöomorphen Äquivalente« zu finden. Das sind Begriffe, die zwar nicht genau dasselbe meinen wie die Begriffe in einer anderen Kultur, die aber ähnliche Begriffsfelder aufweisen. Das mag auf poetische Weise einfacher gelingen als mit einem wissenschaftlichen Nachweis. Der Arzt und Autor Arndt Büssing, der zur koreanischen Kwan Um Zen Schule gehört, hat dies mit sei-

nen Psalm-Nachdichtungen aus dem Geist des Zen sehr erfolgreich versucht.[62]

Der Jesuit Reinhard Neudecker wiederum unternimmt den
Versuch, einen jüdisch-christlichen Basis-Text, die »Zehn Worte«
der Torah (hierzulande als Zehn Gebote bekannt), in seiner Tie-
fendimension sichtbar zu machen. Neudecker, der Professor für
rabbinische Literatur am Päpstlichen Institut für Bibelstudien in
Rom ist, hat nicht nur christliche und jüdische Theologie studiert; er ist auch Zen-Lehrer in der Sanbokyodan-Schule und
Kenner von Sufi-Texten. Er stellt in dem Buch »*The Voice of
God on Mount Sinai*« den hebräischen Text mit den rabbinischen
Kommentaren neben die Zen-Texte und Sufi-Texte: nicht, um sie
zu vergleichen, sondern um die Gemeinsamkeiten ihrer Tiefen-
struktur für die Leser deutlich zu machen. Der biblische Text
»Und Gott sprach all diese Worte« (Ex 20.1) wird in dieser Betrachtung zu einem »Stolperstein«, wie dies in der jüdischen Überlieferung heißt.[63] Die Tiefenstrukturen werden sichtbar für jene,
die sie sehen können und wollen. Zugleich belässt Neudecker den
biblischen, rabbinischen, Sufi- und Zen-Texten ihre Besonderheit. So erzeugt er ein Vexierbild – je nachdem, wie man schaut,
sieht man die eine oder die andere Gestalt. Das kommt der Wahrheit der Überlieferungen vermutlich am nächsten.

Ein neuer Wind

Ende der 1950er, Anfang der 1960er Jahre zeichneten sich tief-
greifende Veränderungen der Gesellschaft ab. Der Wiederaufbau
nach dem Zweiten Weltkrieg war so weit abgeschlossen, die Menschen vor allem im deutschen Sprachraum erlebten das »Wirt-
schaftswunder«, ein Wirtschaftswachstum, an dem alle Gesell-
schaftsschichten beteiligt wurden. Der erste bemannte Raumflug
1961 des Russen Juri Gagarin eröffnete interstellare Perspektiven
und gab gleichzeitig dem Wettrüsten der Supermächte UdSSR
und USA neuen Anstoß. Auf internationaler Ebene gab es aber

nicht nur den Kalten Krieg: In den 1960er Jahren ging der Kolonialismus zu Ende, aus Guerilleros und Unabhängigkeitskämpfern wurden Staatschefs, und die neuen Staaten in Afrika und Asien wurde Mitglied der UNO. John F. Kennedy rief eine neue Initiative ins Leben, die Peace Corps, die aus den wirtschaftlich unterentwickelten ehemaligen Kolonien wirtschaftlich starke Staaten machen sollten. Die Vision der »Einen Welt«, in der alle in Frieden und Wohlstand miteinander leben können, schien verwirklichbar – obwohl die Welt in zwei Lager aufgespalten war, deren atomare Aufrüstung eine massive Bedrohung der Welt darstellte.

Gute Bildung und Vertrauen in den technischen Fortschritt prägte die Mentalität. Zugleich zerfiel die Gesellschaft in immer mehr Segmente, sodass jede Person zu verschiedenen Segmenten gehörte und mehrere Rollen gleichzeitig übernahm – privat war jemand etwa Vater und Ehemann, daneben auch Mitglied beim Ruderverein und bei einer Stammtischrunde, im öffentlichen Leben Büroleiter und Mitglied einer politischen Partei. Für Frauen war diese Segmentierung folgenreicher, denn sie hatten sich mit widersprüchlicheren Erwartungen auseinanderzusetzen: Eine Ehefrau und Mutter, die arbeiten ging und womöglich eine bessere Position als der Ehemann einnahm, brachte das tradierte Gefüge durcheinander. Mindestens ebenso sehr änderten sich die Werte durch die Dominanz von Konsum, Kapital und Rendite.

Gesucht waren neue kulturelle Orientierungen. Die 1968er Bewegung kritisierte, dass in der Industriegesellschaft rationale Kontrolle, instrumentelles Handeln und Gewinnorientierung dominierten. Ihre Kritik galt auch dem »Muff von tausend Jahren« und sollte die Ewig-Gestrigen treffen, traf aber auch traditionelle Weltbilder. Dadurch wurden die 1968er ungewollt zu Handlangern genau jener Entwicklung der Produktivkräfte, die sie kritisieren. Zeitgleich verloren das kirchliche Milieu und die alten Weltanschauungsblöcke an Überzeugungskraft. Zwischen 1968 und 1973 ging etwa in Deutschland der Besuch des Sonntagsgottesdienstes bei evangelischen und katholischen Christen um ein Drittel zurück. Die Gewerkschaften wurden etwas zeitversetzt von einer ähnlichen Mitgliedererosion betroffen.

Das Zweite Vatikanische Konzil

Um diesen mentalen Veränderungen zu entsprechen, berief Papst Johannes XXIII. 1962–1965 das Zweite Vatikanische Konzil ein, um die Fenster der Kirche zur neuen globalen Welt zu öffnen und ihren Standort neu zu bestimmen. Der Einfluss der Nicht-Europäer wurde bei diesem Konzil das erste Mal deutlich. Die Dokumente des Zweiten Vatikanums setzten neue Maßstäbe: Die römisch-katholische Kirche erkannte das Recht auf Religionsfreiheit an und führte in der Liturgie die Landessprache ein. Der Dialog mit Naturwissenschaftlern, Atheisten und Vertretern anderer Religionen wurde gesucht und der Status der katholischen Laien aufgewertet. Es waren entscheidende und sehr einschneidende Veränderungen, die das Zweite Vatikanum mit sich brachte. Andererseits sind die Dokumente des Zweiten Vatikanums Kompromisse, die von weniger zukunftsorientierten Klerikern restriktiver gedeutet werden; während jene, die mehr das Katholische, All-Umfassende betonen als das Römische, eine offene Interpretation favorisieren. Der Konflikt scheint noch lange nicht entschieden zu sein, und heute ist gelegentlich von einem Paradigmenwechsel die Rede, der das Zweite Vatikanum überwinden soll.

An der Biographie des Benediktinierpaters und Zen-Meisters Willigis Jäger lassen sich die Veränderungen durch das Zweite Vatikanum deutlich machen. Jäger war seit 1952 Referent bei den Missionswerken Missio und Misereor. Missionar zu sein bedeutete damals in den Worten Jägers: »eine große, starke, tapfere Grundentscheidung …, die ein ganzes Leben trägt. … Groß wird ein Mensch nur durch die Hingabe an eine große Sache. … Dieses Heldentum überschreitet … die Enge des heimatlichen

Lebenskreises ... in der lauteren Grundabsicht: Gott mehr zu verherrlichen und den Menschen das Heil zu bringen.« (Jäger, Du
und die Weltmission, S. 8)

Die Menschen in den Missionsländern werden als »Edle Wil-
de« angesehen; es gibt Berichte über »das edle Menschentum
der Heiden« und »über den Eifer der Neubekehrten«; auch dass
»Heiden nach dem verlangen, was unsere Christen satt und müde
besitzen.« (S. 9) Auch ist von »Bollwerken des Islam« die Rede,
die bisher »nicht eingenommen« werden konnten.

Auf der anderen Seite ist Willigis Jäger klar, dass das Zeitalter
der Kolonialreiche und der weißen Weltherrschaft vorbei ist. Die
römisch-katholische Kirche müsse deshalb eine globale Botschaft
verkünden: »Das heißt für unsere Zeit: nicht Verjudung der Kirche, aber erst recht nicht Vereuropäisierung und Veramerikani-
sierung der Kirche; denn das Judentum hat immerhin eine besondere Heilsbedeutung gehabt, die man dem Europäertum oder
dem Amerikanertum nicht zusprechen kann.« (S. 20)

Dieser Leitfaden zur Aktivierung von Katholiken für die Weltmission erscheint 1965, in dem Jahr, in dem das Zweite Vatikanische Konzil zu Ende geht. Zehn Jahre später, Willigis Jäger ist
gerade Schüler von Yamada Koun Roshi geworden, erscheint ein
Band mit Predigtvorlagen zur Weltmission. In der römisch-
katholischen Kirche ist der Konflikt, der seit dem Zweiten Vatikanum das kirchliche Leben bestimmt, mittlerweile deutlicher
geworden. Auf der einen Seite stehen jene, die das Zweite Vatikanum als Anpassung der alten römisch-katholischen Formen und
Traditionen aus der Zeit der »Weißen Weltherrschaft« an die
geänderte globale Weltsituation verstehen. Und auf der anderen
Seite sind jene zu finden, die das Zweite Vatikanum als einen Aufbruch aus alten römischen Herrschaftszusammenhängen in die
offene Weite einer »katholischen«, also »allumfassenden« Welt-
kirche verstehen.

Willigis Jäger ergreift in seinem Predigt-Leitfaden deutlich
Partei: »Gott ist größer als unser Herz, er ist größer, als es ein
falsches, bloß-kirchliches Denken wahrnehmen will; er ist der Va-

ter aller Menschen. In allen Menschen ist er auf geheimnisvolle Weise gegenwärtig.« (Jäger, Gehet hin in alle Welt, S. 82) Der Missionsgedanke ist in den Hintergrund getreten. Von denen, die früher »Heiden« genannt wurden, kann man lernen, wie Willigis Jäger, der seit Mitte der 1960er Jahre Zen übt, aus eigener Erfahrung weiß: »Sind wir doch dabei, die Werte asiatischer Weisheit für uns selbst aufzuschließen – oder etwa buddhistische Meditationsweisen für die Erneuerung unseres menschlichen Lebens fruchtbar zu machen.« Es geht nun um einen Austausch: »Nicht nur wir Christen werden den Menschen anderer Religionen unsere Erfahrungen mit Jesus Christus mitteilen – das ist nach wie vor notwendig –, sondern auch wir werden das Wahre und Lichte von ihnen empfangen.« (S. 83) Vom missionarischen Pathos ist der Gestus jedoch noch immer geblieben: »Ein Glaube, der nicht missioniert, ist unglaubwürdig. Glaube drängt zur Mission.« (S. 117)

Die Meditationsbewegung

Die asiatischen Religionen gewannen um diese Zeit immer mehr an Attraktivität. Schon die Beatniks in den 1950er Jahren hatten Cool Jazz und Zen als Alternative zur etablierten Konsumkultur gesehen. In den 1960er Jahren wuchs das Interesse exponential. Die Hippies suchten nach alternativen Lebens- und Religionsstilen. Die Indien-Reise der Beatles und ihr Interesse an transzendentaler Meditation war publikumswirksam und Ausdruck einer neuen Entwicklung. Damals begann auch die Zen-Übung im deutschen Sprachraum Fuß zu fassen. Bereits in den 1950er Jahren hatte Karlfried Graf Dürckheim in Todtmoos-Rütte Zen-Meditation gelehrt. Doch als Beginn der Meditationsbewegung – der Verpflanzung asiatischer spiritueller Übungen in die westliche Industriegesellschaft – kann für den deutschen Sprachraum die Tagung »Arzt und Seelsorger« auf Schloss Elmau gelten. Hugo Lassalle, Karlfried Graf Dürckheim und Johann Heinrich Schultz, der Begründer des autogenen Trainings, gaben dort

Kurse. Im Jahr darauf wurde der Frankfurter Ring[64] gegründet, und Hugo Lassalle begann Zen-Kurse zu geben. Wenige Jahre später gab es eine rege Szene in Deutschland, Österreich und der Schweiz. Im Folgenden ist zwar nur von einem Ausschnitt der »Meditationsszene« die Rede, nämlich vom Zen der bereits erwähnten Sanbokyodan-Schule, doch viele der Beobachtungen lassen sich leicht auf andere spirituelle Richtungen übertragen.

Wer zu einem Zen-Sesshin kommt, setzt meist große Hoffnungen hinein. Das betrifft nicht nur die Zen-Übung, die unscheinbar, aber tiefgründig wirkt. In der Meditationsbewegung war und ist die Hoffnung verbreitet, die Avantgarde einer neuen Entwicklung der Gesellschaft und der Welt im Ganzen zu sein. Diese Hoffnung stützt sich vor allem auf drei Theoretiker. Da ist Jean Gebser (1905–1973) mit seiner These, dass der Wandel des menschlichen Bewusstseins vom magischen über das mythische zum mentalen und dann zum arationalen Bewusstsein historisch nachvollziehbar sei. Er war vor allem seit den 1960er Jahren sehr einflussreich. Seit Anfang der 1980er Jahre entwarf Ken Wilber, aufbauend auf Gebsers Theorien, großflächige Synthesen und Bewertungen für die Entwicklung des Bewusstseins hin zu einem integralen Bewusstsein. Mit seiner Einordnung psychotherapeutischer und spiritueller Methoden und Prozesse, die dem integralen Bewusstsein dienen sollen, gehört er zu den Vordenkern des »New Age« und der transpersonalen Psychologie. Der dritte Theoretiker einer geistigen Entwicklung der Menschheit ist der Jesuit Pierre Teilhard de Chardin (1881–1955). Er war von Beruf Paläontologe und beschrieb aufgrund seiner Kenntnis erdgeschichtlicher Entwicklungen und seiner mystischen Erfahrungen das große Bild einer kosmischen Integration und Entwicklung des Universums hin auf den »Punkt Omega«, d. h. auf Christus.

Ein Beitrag zur Veränderung des Bewusstseins

Die starken Bilder dieser drei Theoretiker der Bewusstseinsentwicklung spielen für das Selbstverständnis der Meditationsbewegung eine wichtige Rolle. In diesen Bildern verbindet sich die Sehnsucht nach persönlicher Befreiung, die sich durch die Übung schrittweise realisieren kann, mit Hoffnungen und Wünschen für eine gute, gerechte und friedliche Welt. Diese guten Wünsche für eine gelungene Neuordnung des »Gemeinwesens Erde« sind politische Wünsche. Unter Politik ist alles gemeint, was die Gestaltung des Zusammenlebens betrifft: Gesellschaftspolitik im engeren Sinn, soziale, ökonomische und ökologische Fragen, aber auch kulturelle Tiefenstrukturen.

Die Meditationsbewegung und insbesondere die Zen-Szene hat jedoch ein komplexes Verhältnis zu politischen Theorien. Thematisiert werden politische Fragen im weiten und engeren Sinn meistens von Vertretern des Engagierten Buddhismus[65]. Jedoch wird allgemein angenommen, dass die persönliche, individuelle Entwicklung auf dem spirituellen Weg mehr oder minder automatisch eine Veränderung der Gesamtgesellschaft bewirkt.

Auch alle Zen-Lehrer der Sanbokyodan-Schule gehen in der einen oder anderen Form davon aus, dass die Zen-Übung ein Beitrag zur Veränderung des Bewusstseins der Menschheit ist. Teishos oder andere Texte, die auf den ersten Blick nur der persönlichen Entwicklung dienen, transportieren daher auch politische Vorstellungen im weiteren Sinn. Dazu gehört ganz wesentlich auch die Dimension der Ethik.

Die Verbindung von Mystik und Politik ist nicht automatisch positiv zu werten. Sowohl in der Geschichte des Christentums als auch in der Geschichte des Buddhismus – vor allem des japanischen Buddhismus – riefen herausragende spirituelle Persönlichkeiten zu Hass und Gewalt auf: Bernhard von Clairvaux zum Beispiel rief in seiner Predigt zum Kreuzzug auf, Harada Roshi, der Begründer der Sanbokyodan-Schule, erklärte, dass es eine Verpflichtung der Bodhisattvas sei, Feinde Japans zu töten.[66]

Dies mögen extreme Beispiele sein. Doch weil spirituelle Lehrer ihren Schülern Motivationen und Ziele vorgeben, an denen sie den spirituellen Fortschritt ihrer Schüler abgleichen; und weil sich auf dem Weg der Übertragung vom Lehrer zum Schüler persönliche Haltungen verfestigen, die wiederum Lebens-, Wahrnehmungs- und Entscheidungsgewohnheiten betreffen, ist es legitim und notwendig zu fragen, wohin der Weg führt oder führen soll.

Die Eternalisten

——◁○▷——

Die erste Generation der westlichen Zen-Lehrer des Sanbokyodan, Christen von Herkunft und oft Theologen und Seelsorger
von Beruf, hatten die Koan-Übung in Japan durchlaufen und von
Yamada Koun Roshi die Lehrerlaubnis bekommen. Anleitungen,
wie sie die Zen-Übung mit dem Christentum in Einklang bringen könnten, hatten sie keine erhalten. Zwar hatte Hugo Lassalle
viele Parallelen zwischen Zen-Buddhismus und Christentum auf-
gezeigt, doch diese »Einheit im Nichts« war nicht theoretisch
ausbuchstabiert.[67] Yamada Koun Roshi war bewusst, dass die
Artikulation der »absoluten Wirklichkeit des Universums« aus
christlicher Perspektive noch aussteht. Genau das verlangte er
jedoch von seinen christlichen Schülern: Die Erfahrung der
Erleuchtung, so wie sie sich im buddhistischen Erfahrungsraum
ausdrückt, soll in Beziehung zu einem ganz anders strukturierten
Erfahrungsraum, nämlich »dem Gott des Christentums und dem
Reich Gottes«, in Beziehung gebracht und ausgedrückt werden.

Die Ergebnisse dieser Versuche sind höchst unterschiedlich.
Auffällig ist, dass es im Wesentlichen zwei Gruppen gibt: Die
einen lassen Zen und Christentum als zwei gleichberechtigte und
gleichwertige Räume oder Sprachen nebeneinanderstehen. Die
anderen nehmen die inklusivistische Deutung des Zen als »Herz
aller Religionen« auf und entwickeln eigene Interpretationen der
philosophia perennis, in der die beiden Traditionen Christentum
und Zen-Buddhismus als Einheit interpretiert werden. Pate steht
hierfür die Metapher, dass die »ewige Weisheit« der Gipfel aller
Religionen sei. Die letztgenannte Gruppe – die in sich wiederum
sehr unterschiedlich ist – möchte ich daher »Eternalisten« nen-

nen. Auf den Philippinen wiederum entwickelte sich Zen im Spannungsfeld von sozialen Problemen, Politik und indigener Kultur auf eigenständige Weise.

Ein anderer Gott

Willigis Jäger, geboren 1925, gehört zu jenen Jahrgängen, deren Jugend durch den Nationalsozialismus, den Zweiten Weltkrieg und die Nachkriegszeit bestimmt wurden. Der Sohn einer katholischen Arbeiterfamilie besuchte nach der Grundschule das Missionsseminar in Münsterschwarzach. Nach der durch die Nationalsozialisten verordneten Aufhebung des Klosters machte er sein Abitur am öffentlichen Gymnasium. Im letzten Kriegsjahr wurde er zur Wehrmacht eingezogen und als Kampfflieger eingesetzt.

1946 trat er in das Benediktiner-Kloster Münsterschwarzach ein und studierte Theologie. 1952 wurde er zum Priester geweiht und arbeitete bis 1964 als Präfekt und Lehrer im Internat der Abtei Münsterschwarzach. Seit 1960 war er auch Referent für Mission und Entwicklung beim Bund der deutschen katholischen Jugend (BDKJ). Ende der 1960er Jahre begann Jäger Zen zu üben und reiste ab 1969 immer wieder nach Japan, um an Zen-Sesshins teilzunehmen, zunächst in Shinmeikutsu bei Hugo Lassalle; 1975 wurde er Schüler von Yamada Koun Roshi in Kamakura und erhielt 1981 von ihm die Lehrerlaubnis. Im selben Jahr wurde in Würzburg das Haus St. Benedikt, das dem Kloster Münsterschwarzach gehörte, als Zentrum für Zen-Meditation eröffnet. 1989 gründete er den Verein für christliche und gegenstandsfreie Meditation e.V. als Organisation der Zen-Lehrer, die er ernannte; Anfang 1990 kam der »Ökumenische Arbeitskreis kontemplatives Gebet« dazu, der später in »Würzburger Schule der Kontemplation« umbenannt wurde. Beide Vereine sind in den Verein Spirituelle Wege e.V. integriert. 2007 gründete Willigis Jäger die Stiftung »Westöstliche Weisheit«, die in Zukunft als Plattform für seine eigene Zen-Richtung dienen sollte.

Das organisatorische Netz, das Jäger entwickelte, ist dicht: Rund 120 Menschen sind als Lehrer in der »Würzburger Schule der Kontemplation« akkreditiert und im deutschen Sprachraum aktiv. Die Zahl der Zen-Lehrer wird offiziell nicht angegeben, sie dürfte etwas niedriger liegen. Jäger wurde 2001 als erster der westlichen Lehrer von der japanischen Leitung des Sanbokyodan zum *shoshike,* zum *»authentic Zen-Master«* ernannt. Dieser Titel beinhaltet das Recht, Nachfolger zu ernennen. In Sanbokyodan werden Lehrer jedoch konsensuell ernannt. Anfang 2009 verließ Jäger jedoch den Sanbokyodan und gründete eine eigene Zen-Linie, die eine westöstliche Religiosität für heutige Menschen pflegen soll. Auf seiner Website begründet er diesen Schritt damit, dass er keine Lehrer ernennen könne. Der Sanbokyodan wiederum betont die mögliche weitere Zusammenarbeit.[68]

Willigis Jäger sieht sich selbst sowohl als Zen-Meister als auch als Lehrer christlicher Kontemplation. Wie bereits in seinem ersten Buch »Kontemplation. Gott begegnen – heute« deutlich wird, verschwimmen für ihn jedoch die Trennlinien zwischen beiden Traditionen, sodass schließlich seine eigene Sicht dominiert. Das Buch, das 1983 erschien und später überarbeitet und immer wieder neu aufgelegt wurde, ist das erste von insgesamt rund 30 Büchern, die von Willigis Jäger seither erschienen sind und ihn zu einem der bekanntesten spirituellen Lehrer im deutschen Sprachraum gemacht haben.

Er geht entsprechend der Auffassung des Sanbokyodan – und des japanischen Zen nach 1920 – davon aus, dass die Zen-Erfahrung die Grundlage aller Religionen bildet. Dieses inklusivistische Verständnis ist die Basis seiner Lehre, auch dann, wenn er von »Kontemplation«, also einem klassischen Begriff christlicher Spiritualität, spricht.

Willigis Jäger hält sich in seiner Darstellung der Kontemplation an jene klassischen spirituellen Autoren, die durch die Vermittlung der Bücher und Vorträge von Hugo M. Enomiya-Lassalle im christlichen Milieu neu entdeckt worden sind – u. a. Mönche der griechischen Tradition, Johannes vom Kreuz und

Meister Eckhart. Den roten Faden für die Anweisungen zur Gottesbegegnung bilden vor allem Auszüge aus dem Text eines unbekannten englischen Mönchs aus dem 14. Jahrhundert, die »Wolke des Nicht-Wissens«. Dieses Buch war in den 1960er Jahren von dem Jesuiten William Johnston erstmals ins moderne Englisch übersetzt und vor allem durch Hugo Lassalle bekannt geworden. Lassalle sah in dem darin beschriebenen spirituellen Übungsweg eine Parallele zum Zen. Der Autor der »Wolke des Nicht-Wissens« setzt einen Leser voraus, der in der christlichen Spiritualität fest verankert ist, um ihn dann auf einem Weg der *contemplatio* in die Dimension jenseits der Begriffe zu führen. Die erste deutsche Übersetzung durch Willi Massa ist umstritten, weil er den altenglischen Text in Richtung Zen-Übung stilisierte. Genau diese Übersetzung benutzt Willigis Jäger jedoch in dem Buch »Kontemplation« als Grundlage einer Beschreibung des Wegs zum »Gebet der Ruhe« und der Gotteserfahrung. Das liegt nahe, denn den Übungsweg, den die »Wolke« beschreibt, interpretiert er weithin durch Anweisungen für die Zen-Übung.

Die »Wolke« empfiehlt, mit einem »Leitwort« zu üben. Dazu soll man, wie in der Zen-Übung, »seine ungeteilte Aufmerksamkeit dem Ein- und Ausfließen des Atems« widmen, »bis man mit diesem Vorgang ganz eins geworden ist.« (Jäger, S. 18) Wenn »das diskursive Denken zum Stillstand gebracht« wurde, dann »kann der erstrebte Zustand der Ruhe eintreten«. (S. 17) Dann »füllt sich das Bewusstsein mit einer diffusen Aufmerksamkeit« (S. 24).

Nach dem Schema der katholischen Neuscholastik*, das Willigis Jäger verwendet, besteht das menschliche Bewusstsein aber nicht nur aus Verstand, sondern auch aus Vorstellungskraft und Willens-Impulsen. Auch diese müssen »zum Stillstand gebracht werden«. Es geht um ein Passiv-Werden, das jedoch aktiv und willentlich gesucht wird, schreibt Jäger. Damit dominiert der Wille. Das entspricht zwar modernen Theorien des Bewusstseins, aber weder dem Zen noch dem Christentum. Jäger zitiert ausführlich, was die »Wolke« und Meister Eckhart über Liebe und Hingabe sagen, doch er selbst sieht liebende Hingabe als Mittel

zum Zweck: »Liebe und Hingabe sind wichtige Hilfen auf dem
Weg in die spirituelle Tiefe«, da sie »manche Menschen direkt in
eine Gotteserfahrung führen. Allen aber, die sich der Kontemplation hingeben, werden sie Kräfte und Motivation auf den
Trockenstrecken spenden, die jeder auf dem Weg in die Tiefe zu
überwinden hat.« (S. 29)

Liebe gehört nicht zu der Erfahrung, die Willigis Jäger beschreibt und vermittelt. Der Weg in die Tiefe, wie er ihn sieht,
führt zur Erfahrung des »Wahren Selbst«. Dann »erfährt man
göttliches Leben, d. h. alles …« (S. 49). Das, was hier erfahren
wird, kann man Gott nennen, doch es ist namenlos. Auch ist es
keine Erfahrung der Liebe, sondern »eine strenge, kühle Heiter-
keit und Gelassenheit« (S. 37).

Gott ist mit Begriffen nicht angemessen zu erfassen, darin stimmen die Negative Theologie* und die Mystik überein. Das entspricht auch der Zen-Tradition, die davor warnt, den Finger, der
auf den Mond zeigt, d. h. die Begriffe, für den Mond selbst zu
halten. Um Erfahrungen, die den Raum der Sprache überschrei-
ten, mitteilen zu können, wird in beiden Traditionen die Negation – eine logische Operation – verwendet. Sehr viele Mystiker –
christliche, aber auch jüdische, islamische und hinduistische –
sprechen deswegen von »nicht-zwei, nicht eins«, wenn sie versuchen, ihre Erfahrungen mitzuteilen. Im Buddhismus redet man
von *shunyata* (Leere) und benutzt vielfach Verneinungen. Dies
sind eigene Kunstformen des Sprechens, um den Raum der
Erfahrung durch Hinweise offen zu halten, durch die Verneinung
aber eine Fixierung und Vergegenständlichung zu verhindern.

Jäger dagegen sieht auch Negationen als Begriffe, als »Konzepte, die gelassen werden müssen«. (S. 55) Er lehnt die offene
Sprechweise ab und bevorzugt eine genaue Festlegung: Statt von
»nicht-zwei, nicht-eins« zu sprechen, verwendet er den Begriff
»Einheitserfahrung«. »Die Einheitserfahrung ist eine Erfahrung
des Ganzen. … Jeder Punkt von Raum und Zeit, jedes ›Einzelne‹,
reflektiert das Ganze.« Die Gefahr einer Vergegenständlichung

des »Ganzen« ist offensichtlich, wenn das Einzelne nur als »Selbst-darstellung« des Ganzen in Erscheinung treten kann. »Gott ist ein Prozess. Er faltet sich ein und faltet sich aus. Er ist ein-fältig und viel-fältig.« (S. 54) Daraus ergibt sich dann eine begriffliche Fest-legung des »Ganzen« als »Kraft«: »Was bleibt, ist die Erfahrung der Urkraft selbst, die letzte Wirklichkeit ist. Sie hat keine Form und gibt doch allem Form.« (S. 86) Diese Erfahrung sei wie ein weißer Lichtstrahl, von dem alles andere »abgeleitet« sei. »Person, Liebe, Leben sind gleichsam nur die Farben des vom Prisma ge-brochenen weißen Lichtstrahls.« (S. 52)

In dem Buch »Kontemplation« sind die wesentlichen Motive enthalten, die Willigis Jäger später in seinen Schriften weiter-entwickelt. Die Metapher der »Urkraft« hat unmittelbare Auswir-kungen auf das Bild von Gott: Man muss »anders von Gott re-den«, wie ein späterer Buchtitel lautet. Wenn die »Urkraft« die »letzte Wirklichkeit« ist, kann Gott kein personales Gegenüber, kein Allmächtiger und kein Vater sein. Es ist »der Prozess, der sich in uns und durch uns vollzieht. Er ist die Gestaltungskraft in jeder Gestalt« (Jäger, Anders von Gott reden, S. 13), deren Teil wir sind. Gott ist nicht getrennt von der Welt, ganz im Gegenteil, die Welt ist das Spiel Gottes, sie entsteht in Gottes Tanz. Dieses Bild vom Gott, der tanzend die Welt erschafft, ist eine Anleihe bei den Hindu-Traditionen: Nach der Theologie der Shivaiten ent-steht und vergeht die Welt im Tanz des Gottes Shiva.

Mit der Metapher der »Urkraft« für die »letzte Wirklichkeit« greift Jäger – vermutlich unabsichtlich – auf den Monismus des Zoologen und Naturphilosophen Ernst Haeckel (1834–1919) zurück, der den Begriff der Energie zur alleinigen Ursache der Welt erklärte und damit eine »naturwissenschaftliche Religion« begründen wollte. Seine Schriften und Ideen hatten und haben bis heute enorme Breitenwirkung. Jäger übernimmt auch das evo-lutionäre Schema, das Haeckel entdeckt hat – nämlich, dass die Entwicklung des Einzelwesens der Entwicklung der Art ent-spricht, also Ontogenese gleich Phylogenese ist. Dies bezieht Jä-ger auf die Mystik: Jeder einzelne Mystiker müsse einen Bewusstseinswandel von einem niedrigeren Niveau zu einem höheren durchlaufen; und diesen Entwicklungsprozess müsse dann auch die Menschheit im Ganzen durchmachen. Daher müsse das heute vorherrschende »intellektuelle oder mentale« Bewusstsein und die Dominanz des Ich-Bewusstseins, das sich einer objektiven Welt gegenübersetzt, überwunden werden. Die theistischen Religionen, aber auch die »szientistisch-positivistische« Weltsicht der Moderne müssten zugunsten einer ganzheitlichen Sicht relativiert werden. Die Erfahrung der »Einheit des Seins«, die Gotteserfahrung oder das »mystische Bewusstsein« werden, so Jäger, von der »modernen Naturwissenschaft«, womit er vor allem die Quantenphysik meint, bestätigt. Er erwähnt allerdings nicht, dass die Erkenntnisse der Quantenphysik nur mit Hilfe mathematischer Kenntnisse, also nur durch umfassende »mentale Tätigkeiten«, nachvollzogen werden können.

Aus der Perspektive eines »höheren Bewusstseinsniveaus« erscheint »dasjenige, was wir zuvor für die ganze Wirklichkeit hielten, als nur ein Teil derselben.« Um dieses »höhere Bewusstseinsniveau« zu erreichen, erweisen sich Verstand und Denken und alles, was damit zusammenhängt – etwa Theologie oder Ethik – als »mentale« Eingrenzung und als Hindernis. (Jäger, Aufbruch in ein neues Land, S. 17) Es gelte, »transmentale Erfahrungsräume« (S. 26/27) zu betreten. Suchende sollten daher nicht auf vorläufigen mentalen Stufen stehen bleiben. »Und eben das passiert, wo sich das Ich mit der Befolgung ethischer Richtlinien und Glaubenswahrheiten einer Religion zufrieden gibt und das Gleiche auch von anderen fordert.« (Jäger, Die Welle ist das Meer, S. 36)

An deren Stelle soll die Erfahrung des Absoluten treten. Diese Erfahrung »verändert nicht die Welt, sondern die Sicht der Welt. Da aber eine neue Sicht der Welt die Persönlichkeit verändert, verändert sich letztendlich auch die Welt.« (Jäger, Wiederkehr der Mystik, S. 26) An die Stelle des alten Bildes von Gott als allmächtigem Himmelsherrscher, der das persönliche Wohlverhalten seiner Untertanen kontrolliert, tritt die apersonale Urkraft,

der es nicht um Moral geht, sondern um Manifestation. Die Urkraft, die Jäger mit »Gott« identifiziert, manifestiert sich in allen
Erscheinungen – daher sagt Jäger, dass Gott sich auch in der Ver-
nichtung, die ein Tsunami oder ein Terroranschlag anrichten,
manifestiert. (Jäger, Das Leben endet nie, S. 101) Denn zur Einheitserfahrung »gehört auch das, was wir Menschen böse nennen.« (Jäger, Wiederkehr der Mystik, S. 99) Aus der Erfahrung
des Absoluten hat der Mystiker den Überblick über das Ganze,
und Ethik spielt – jedenfalls sieht das Willigis Jäger so – keine
Rolle mehr. Da Jäger zudem Ethik mit moralischen Muss- und
Darf-nicht-Regeln verwechselt, lässt er die Dimension der Ethik
zusammen mit Theologie und anderen Formen der Nachdenk-
lichkeit überhaupt verschwinden.

Die »neue Weltsicht«, die Jäger entwirft, drängt sich seiner
Meinung nach Menschen gewissermaßen auf: Sie ist eine spirituelle Kraft und kommt »aus der Tiefe unserer Wesensnatur«. Es
ist das, »was C. G. Jung die Individuationskraft nennt«, aber man
kann sie auch »Leben Gottes« oder »Heiliger Geist« nennen.
(S. 40) Diese Kraft führt Menschen auf den Weg der Mystik, über
Ethik und konfessionell geprägte Glaubenswahrheiten hinaus auf
eine »transkonfessionelle Ebene« jenseits aller konkreten Religionen.

Für Jäger sind die klassischen spirituellen Wege so etwas wie
»Landkarten des Geistes«, die Prognosen und Verortungen der
Entwicklung erlauben. Zwar gibt es gewisse Unterschiede zwischen den einzelnen Wegen, »aber letztlich habe sie doch eine fast
gleiche Grundstruktur. Alle weisen sie auf den gleichen Gipfel.«
(Jäger, Aufbruch in ein neues Land, S. 27) Es sind verschiedene
Routenbeschreibungen, die aber alle zum selben Ziel führen: zur
philosophia perennis (ebd.), der Erkenntnis der »letzten Wirklichkeit«, die der Vielfalt der Erscheinungen zugrunde liegt. Daraus
wird dann eine Art neue Religion: Jäger zeichnet das Bild eines
hierarchisch geordneten Erkenntniswegs, auf dem die Suchenden
Stufe für Stufe vorwärts- und aufwärtsschreiten können, zum
Gipfel des Absoluten. Wer diesen Gipfel erreicht, ist Mystiker,

überblickt aus diesem Hier und Jetzt das Geschehen und die
Wege zum Gipfel, erhebt sich also über alle geschichtlich gewach-
senen Formen von Spiritualität auf einer eigenen Plattform.

Die Religionen, die zusammen mit der Ethik als »mentale Erfahrungsräume« bezeichnet werden, seien aus dieser Perspektive
nicht wichtig. Daher sei interreligiöser Dialog zwar lobenswert,
aber überholt. (S. 38) Was die Religionen voneinander unterscheidet, sind, so Jäger, nur Namen, die ohnehin nicht an das
Eigentliche heranreichen, an »das eigentliche Ziel des Menschen,
das Erfahren dieser ersten Wirklichkeit Gott. Die Buddhisten
sagen dazu Nirvana, die Hindus Moksha, wir Christen Himmel,
ewiges Leben oder Reich Gottes. Für die Sufis ist es die Vereinigung mit dem Geliebten, für die jüdische Mystik (Kabbala) die
Rückkehr ins Gelobte Land. Die Hindus reden vom Krishna-
bewusstsein, die Buddhisten von Buddhabewusssein oder Bud-
dhanatur. Als Christen können wir dieses Erwachen ein Erwachen zum Christusbewusstsein nennen.« (Jäger, Wiederkehr der
Mystik, S. 40) Konkrete Gottesnamen verwendet Jäger nur selten, häufiger spricht er vom »Numinosen«, vom »Absoluten« oder
der »Wesensnatur«, alles abstrakte Begriffe, die von Religionswissenschaftlern des 19. und beginnenden 20. Jahrhunderts verwendet wurden.

Die Kenntnis anderer spirituellen Traditionen erscheint unter diesen Voraussetzungen nicht nötig. Sie werden zu Versatzstücken, die angeführt werden, um die These von der Einheit aller
Religionen zu beweisen. So meint Jäger, dass es die Idee der Jung-
frauengeburt in allen Religionen gebe. Überraschenderweise
erwähnt Jäger nicht die klassische Buddha-Legende von der jung-
fräulichen Geburt des Buddha. Als Beweis für seine These führt er
stattdessen den Hindu-Gott Krishna als »jungfräulich geborenen
Gott« an, kennt aber offenbar die Geschichte nicht. Die mytho-
logische Geschichte von Krishnas Geburt eignet sich nämlich
eher zur Rechtfertigung der Institution von Leihmüttern. Der
kleine Krishna wird vor den Nachstellungen seines missgünsti-
gen Onkels bewahrt, indem auf wunderbare Weise ein Embryo-

Tausch stattfindet: Der embryonale Krishna wechselt durch göttliche Einwirkung mit einem Mädchen den Uterus, sodass der
Bruder der Mutter – sein Onkel – nach der Geburt ein Mädchen
vorfindet statt des erwarteten Knaben und Rivalen.

Auf den Buddha und seine Lehre bezieht sich Jäger nur am
Rande. Die legendenhafte Erzählung von den vier Ausfahrten des
Buddha wird von ihm als »Biographie« des Shakyamuni Buddha
und als »historisch« bezeichnet. Die Grundlehren des Buddha,
etwa die vier Edlen Wahrheiten und das Entstehen in Abhängigkeit kommen in seinen Büchern nicht vor – vielleicht auch deswegen, weil es Jäger, der sich selbst als den 86. Nachfolger des
Buddha bezeichnet, um etwas anderes geht.

Sein Anliegen ist die Verwirklichung Gottes im Menschen –
das klassische Projekt der christlichen Kirchenväter, allerdings
merkwürdig zwiespältig. Einerseits schreibt Jäger: »Wir sind eine
Manifestation dieser Urwirklichkeit, die wir Abendländer ›Gott‹
genannt haben. Gott wollte Menschen, darum sind wir Menschen geworden. Gott will in uns Mensch sein. … Wir sind hier,
um unser wahres Wesen zu erfahren, um Gott in einer Weise zu
erfahren, die über einen Glauben an Gott hinausgeht.« (Jäger,
Westöstliche Weisheit, S. 35)

An anderer Stelle aber sagt Jäger, dass er nicht glaube, dass es
einen Gott gebe, der gewartet habe, bis Menschen gekommen
seien. »Ich glaube, dass das, was ich Gott nenne, einfach die Sin-
fonie ist, die hier erklingt.« (S. 50) Menschen seien nur eine Art
Wesen unter unzähligen anderen in diesem einen von vielen möglichen Universen. »Es gab uns nicht und wird uns eines Tages
wieder nicht mehr geben. Die Bedeutung aller Wesen liegt im
Hier und Jetzt. Hier und jetzt drückt sich diese Urwirklichkeit
aus. Was wir Gott nennen, ist eine ständige Inkarnation« (ebd.),
die sich kosmisch manifestiere in Millionen von Galaxien, Ster-
nen und Wesen. Damit scheint auch die Frage nach dem Tod
gelöst: »Unser wahres Wesen, das göttliches Leben ist, bleibt. Sollten wir wiederkommen, sind wir wieder nichts anderes als eine
neue Form dieser unendlichen Wirklichkeit.« (S. 51) »Gott« ist

für Jäger ein Energiekontinuum jenseits von konkreten Lebensformen. »Gott ist Kommen und Gehen. Gott ist Geborenwerden
und Sterben. Gott ist der Tänzer, der die Evolution tanzt.« (Jäger,
Die Welle ist das Meer, S. 84)

Unter anderem wegen dieser »Evolutionstheologie«, die an
Haeckels »Religion des Monismus« anschließt, hat eine konserva-
tive kirchliche Gruppierung Willigis Jäger in Rom bei der Glaubenskongregation angezeigt. 2000 kam es zu einem Verfahren, in
dessen Verlauf sich sowohl Pater Fidelis Rupert, der Abt von
Münsterschwarzach, als auch der Ortsbischof von Würzburg um
eine Einigung bemühten. Willigis Jäger verließ 2002 den Orden
und bezog 2004 den Benediktushof bei Würzburg, der mit Gel-
dern einer vermögenden Schülerin renoviert worden war. Durch
diese Auseinandersetzung mit Rom gewann Willigis Jäger enorm
an Popularität. Anfang 2009 verließ er den Sanbokyodan, um
eine eigene Zen-Linie zu gründen.

Zen, das Geschenk

Für Niklaus Brantschen, Pia Gyger und Johannes Kopp ist die
Zen-Übung dem Christentum fremd. »Wir dürfen es als etwas
anderes gelten lassen und uns von seiner Andersartigkeit bereichern lassen.« (Brantschen, Auf dem Weg des Zen, S.103) Die
Zen-Übung sei ein Geschenk an die Christen, meint Pia Gyger:
»Die Möglichkeit, dass christliche Ordensleute authentisches Zen
unterrichten dürfen, ist nach meiner Ansicht ein Geschenk des
Zen-Buddhismus an die westliche christliche Welt.« Und diese
hätten durch die Zen-Übung den Schatz ihrer eigenen Mystik-
Tradition wieder entdeckt. Für Johannes Kopp ist Zen »der Boh-
rer, der den in der Tiefe verschütteten gewaltigen Urquell wieder
zum Strömen bringt.« (Kopp, Schneeflocken fallen in die Sonne,
S. 34) Nun könnten die Buddhisten von den Christen etwas lernen, so Pia Gyger und Niklaus Brantschen. (Gyger in: Lengsfeld,
Mystik, S.29)

Niklaus Brantschen

Niklaus Brantschen verbrachte 1976 drei Monate in Japan in Shinmeikutsu bei Hugo Lassalle. Dies geschah auf Vorschlag seines Vorgesetzten, der gemeint hatte, den Abschluss seiner Ausbildung als Jesuit solle er bei Lassalle absolvieren. Brantschen, damals schon Leiter des Bildungshauses in Bad Schönbrunn in der Nähe von Zürich, hatte bereits einige Erfahrung mit klassischen christlichen spirituellen Übungswegen. Als Jesuit hatte er die großen Exerzitien des Ignatius mehrfach durchlebt, und bereits während seiner Studienzeit war er auf das Herzensgebet der orthodoxen Kirche gestoßen und hatte dies zu seiner Übung gemacht. Auch hatte er zwei Jahre lang dem Religionspädagogen Klemens Tilmann bei seinen Kursen assistiert.

Tilmann kam aus der Schule des katholischen Theologen Romano Guardini. Dieser hatte viele Impulse der Jugendkultur und der Lebensreformbewegungen, die seit ca. 1900 in Deutschland an Einfluss gewannen, in seine Theologie aufgenommen. Die Meditationsanweisungen aus Guardinis »Schule der Sammlung« und Erfahrungen der Zen-Übung, wie sie Lassalle beschrieben hatte, waren in Tilmanns Buch »Führung zur Meditation« für den Gebrauch in Schulen und Pfarren umgesetzt, und Tilmann löste mit seinem Buch Anfang der 1970er Jahre in der katholischen Kirche geradezu einen Meditationsboom aus.

Für Brantschen, der aus einer katholischen Schweizer Bauernfamilie stammt, war die Meditationsübung von Anfang an in den Kontext der katholischen Praxis eingebettet. Zudem hatte er sein Theologie-Studium nach dem Zweiten Vatikanischen Konzil (1962–1965) absolviert und gehörte einer neuen Theologen-Generation an, für die andere Religionen Angebote des Lernens darstellten. Mission bedeutete für sie nicht primär Überzeugungsarbeit mit allen Mitteln der Rhetorik, sondern Zeugnis für Christus. (Brantschen, Auf dem Weg des Zen, S. 81)

In seiner Autobiographie beschreibt Brantschen anhand von Tagebuch-Ausschnitten einzelne Stadien seines Zen-Weges, etwa

die Frage nach dem Gebet: Am Ende des ersten längeren Auf-
enthalts in Kamakura hat Brantschen Schwierigkeiten zu beten.
Lassalle, darauf angesprochen, meint: »Ja, wenn man sich Gott
vorstellt, geht es manchmal nicht.« Er rät, weiter zu beten, was
Brantschen tut. Die Schwierigkeiten verschwinden wieder. Die
Gottesfrage enthält für Brantschen – soweit aus seinen Aufzeich-
nungen ersichtlich – kein kritisches Potenzial. Der Ambivalenz
des biblischen und dogmatischen Gottesbildes wird Rechnung
getragen. Einerseits wird die Personalität Gottes betont, aber zugleich auch das Un- und Überpersonale Gottes: »Wo wir geneigt
sind, Gott zu ›definieren‹, und das heißt auch, ihn zu begrenzen
und ihm Namen zu geben, lehrt uns Zen, Zurückhaltung zu
üben.« (S. 31) Brantschen verbrachte seit 1981 die Sommer in
Japan in Kamakura, bei Yamada Roshi. 1988 erteilte ihm Yamada
Roshi die Lehrerlaubnis.

Der Titel seines autobiographischen Buches legt nahe, dass
Brantschen »als Christ Buddhist« sei, also eine multiple religiöse
Identität vertrete. Brantschen distanziert sich zunächst von einem
»transreligiösen« Zen, da die Zen-Übung den religiösen Rahmen
brauche. Dazu zitiert Brantschen den Ausspruch Harada Roshis:
»Zen ohne Religion ist zwar nicht Gift, aber auch keine wirksame
Medizin.«

Seine religiöse Identität beschreibt Brantschen als eine für den
Dialog »offene Identität, keine fundamentalistische, die ängstlich
auf ihren Standpunkt pocht.« Dies sei nur möglich auf der Basis
einer tiefen, spirituellen Erfahrung. Brantschen schreibt, dass ihn
ein Guardini-Zitat begleitet: »Buddha hat das Unfassliche unter-
nommen, im Dasein stehend, das Dasein als solches aus den
Angeln zu heben. Was er mit dem Nirvana gemeint hat, mit dem
letzten Erwachen, mit dem Aufhören des Wahns und des Seins,
hat christlich wohl noch keiner verstanden und beurteilt. Der das
wollte, müsste in der Liebe Christi vollkommen frei geworden,
aber zugleich jenem Geheimnisvollen im sechsten Jahrhundert
vor der Geburt des Herrn in tiefer Ehrfurcht verbunden sein.«
(S. 24).

Brantschen vertritt demnach keine multiple und multikulturelle Identität, sondern folgt der Linie der Jesuiten, seines Ordens. In den »Erklärungen der Generalkongregation« der Jesuiten heißt es: »Heute religiös zu sein heißt interreligiös zu sein, in dem Sinne, dass in einer von religiösem Pluralismus geprägten Welt eine positive Beziehung mit anderen Gläubigen unumgänglich ist.« (Brantschen, Auf dem Weg des Zen, Anmerkung 8)

In welchem Verhältnis Zen und Christentum für ihn stehen, lässt Brantschen offen. Zwar neigt er zur Auffassung, dass Zen sich nicht vom buddhistischen Hintergrund lösen lässt. Doch ist ihm der Vergleich des Buddhismus mit einer Sprache zu wenig – Sprachen seien »bloß ein Verständigungsinstrument«, und man werde mit der Übernahme einer Sprache nichts Neues lernen. »Ich bin aber dabei, etwas Neues zu lernen, und gewinne eine neue umfassendere Sicht der Wirklichkeit.« (S. 101) Dieses Neue war ein Ergebnis der Koan-Praxis: Als Heinrich Dumoulin, Jesuit und Historiker des Buddhismus, bei einem Gespräch in Tokyo zu Brantschen sagte, die Koan könne man nur verstehen, wenn man das Christsein aufgebe, meinte der, es gebe mehr als dieses Entweder-oder: »Einheit und Verschiedenheit! Mit anderen Worten: Durch das Lösen der Koan änderte sich tatsächlich meine Sicht. Sie wird ganzheitlicher und übersteigt den Dualismus. Und trotzdem oder gerade deshalb wage ich es, Gott mit ›Du‹ anzusprechen.« (S. 103)

In seinem ersten Buch, das 1992 erschien, stellt er neben dem Herzensgebet und den Exerzitien des Ignatius auch den Zen-Weg dar. Dazu verwendet er die traditionellen Ochsenbilder[69] in einer gängigen Interpretation, ergänzt durch Hinweise von Yamada Roshi und anderen. Die Zen-Übung selbst ist für Brantschen »wertneutral«. (S. 202) Man lernt, »bei offenen Augen, mit offenen Ohren, mit wachem Geist stille zu sitzen, ohne mich von Geräuschen, Farben, Formen und Gedanken ablenken zu lassen«. Dadurch erwirbt man *joriki*, »Meditationskraft«, die beliebig eingesetzt werden kann. Was die Zen-Übung bringt, hängt von der Motivation ab. Brantschen führt hier leicht abgewandelt die

Stufenleiter von Meister Keizan[70] (1268–1325) ein. Trotz der postulierten Wertneutralität der Zen-Übung ist für ihn Ethik unerlässlich, denn er schreibt, »dass ein Leben gemäß ethischen Grundsätzen und mitmenschlich-sozialer Verantwortung nicht nur Folge, sondern auch Voraussetzung eines echten Zazen ist«. (S. 163)

In seinem Buch »Vom Vorteil, gut zu sein« entwickelt er eine traditionell christliche Tugendethik. Mit der Devise »Mehr Tugend – weniger Moral« vermeidet er die Vorurteile, die einer christlichen Ethik leicht entgegengebracht werden. Für die mit leichter Hand aufbereitete Tugendethik des Thomas von Aquin, die sich wiederum auf Aristoteles stützt, benutzt Brantschen einen Klassiker, nämlich das Buch des Philosophen Josef Pieper über die Tugend. Eine Verbindung zwischen Zen-Übung und Tugendethik sucht man jedoch vergeblich, obwohl sie naheläge.

Pia Gyger

»Es geschah in der Marienkirche in Basel. Ich war 22 Jahre alt und besuchte die Fürsorgerinnen-Schule des St.-Katharina-Werks. Die Schülerinnen nahmen oft am frühen Morgen am Gottesdienst teil. Ich erinnere mich lebhaft an jene Eucharistiefeier. Ich saß an meinem gewohnten Platz. Es war kurz vor der Kommunion, als ich jene ›Stimme ohne Stimme‹ in mir hörte, die ich seit meinem sechsten Lebensjahr kenne und die mein Leben in allen wichtigen Entscheidungen und Übergängen leitet. An jenem Morgen konfrontierte sie mich mit Fragen: ›Und wenn dein Weg dich ins Kloster führen würde? ... Würdest du ja sagen?‹« (Gyger, Mensch verbinde Himmel und Erde, S. 133)

Vier Jahre später, 1967, trat Pia Gyger ins St.-Katharina-Werk ein, eine 1913 in der Schweiz gegründete Schwesterngemeinschaft, die sich vor allem schwererziehbaren Jugendlichen widmet. Das St.-Katharina-Werk ist ein »Säkularinstitut«, also eine Gemeinschaft, in der Frauen nach den Gelübden von Armut, Keuschheit und Gehorsam leben, aber mehr Freiraum haben als in traditionellen Frauenorden. Doch auch die Säkularinstitute müssen diesen Freiraum durch Regeln (eine »Konstitution«) organisieren. Anfang der 1980er Jahre hatte Pia Gyger bei Hugo Lassalle Zen-Kurse besucht, da ihr die psychohygienische, entspannende Wirkung der Übung einleuchtete. 1982 wurde sie zur Zentralleiterin des St.-Katharina-Werks gewählt. Der rasche Kultur- und Wertewandel, der sich seit Mitte der 1960er Jahre vollzog, machte eine neue Konstitution für die Frauengemeinschaft nötig. Zur Vorbereitung dieser Aufgabe intensivierte Pia Gyger ihre Zen-Übung; auch riet ihr Lassalle, nach Kamakura zu Yamada Roshi zu gehen. Dort lernte sie Niklaus Brantschen kennen, mit dem sie seither zusammenarbeitet. Nach Yamada Roshis Tod ging Pia Gyger nach Hawaii, wo sie in der Sangha von Robert Aitken Roshi übte und von ihm 1996 als Zen-Lehrerin bestätigt wurde. Danach wechselte sie wiederum die Sangha und wurde drei Jahre später, 1999, zusammen mit Niklaus Brantschen von Bernie Glassman als Roshi bestätigt. Einige Zeit später gründete sie zusammen mit Brantschen eine eigene Zen-Richtung, die »Glassman-Lassalle Zen-Linie«.

Durch die Erneuerungen, die Pia Gyger im St.-Katharina-Werk durchführte, öffnete sich das Säkularinstitut auch für Männer und Ehepaare, die dem »inneren Kreis« angehören wollen und den »Evangelischen Räten« Armut, Gehorsam und Jungfräulichkeit folgen wollen. Wer dem »äußeren Kreis« angehört, muss sich nicht so weitgehend binden. Hier können sich auch evangelische Christen anschließen. »Die Mitglieder engagieren sich in spirituell-politischen und interreligiösen Projekten, die auf die Initiative von Pia Gyger hin entwickelt wurden«, heißt es in einem Prospekt dazu. Friedenscamps mit Jugendlichen, Besuche im ehemaligen Jugoslawien und ein Projekt in einem der Slums von Manila gehören zu diesen Projekten.

In der Neuorientierung des St.-Katharina-Werks, aber auch in ihrer Auffassung des Zen geht Pia Gyger von der Annahme eines Wandels der Menschheit von der »mentalen« zur »integralen Bewusstseinsstruktur« aus. Dabei steht ein Dreigestirn Pate: der

Jesuit Pierre Teilhard de Chardin, der Schweizer Kulturphilosoph
Jean Gebser und der US-amerikanische Theoretiker Ken Wilber.[71]

Die traditionelle Herz-Jesu-Verehrung, die das St.-Katharina-
Werk geprägt hatte, weitete sich unter dem Einfluss der Theologie Teilhard de Chardins zu einer Vision des »Universalen Christus« aus, der durch Evolution in der Welt verwirklicht werden
muss. Kirchliche Dogmen genauso wie die buddhistische Tradition sollen »evolutiv« gedeutet werden – also unter dem Gesichts-
punkt einer Evolution des Universums, das sich in Christus »per-
sonalisiert«, wie Teilhard de Chardin sagt. Die Grundannahme
ist, dass sowohl die christliche Mystik als auch die Zen-buddhistische Tradition Formen der *philosophia perennis* seien und daher
auswechselbar. Damit tritt die Zen-buddhistische Tradition hier
an den Rand und dient eher der Legitimierung als der Interpretation des spirituellen Weges, den Pia Gyger anbietet. Sie bezieht
sich dafür auf eine Stelle bei Paulus (Kol 1,15), wo »alle Religionen, die vor dem Erscheinen des geschichtlichen Christus auf
diesem Planeten entstanden sind, in IHM erschaffen« sind. Interreligiöser Dialog mit Hinduismus, Buddhismus und Judentum ist
in dieser Perspektive eine Ehrung Christi. (Gyger, Hört die Stimme des Herzens, S. 153)

Gyger entwickelt eine eigene Christologie, indem sie zwischen
dem »kosmischen«, dem »geschichtlichen« und dem »eucharis-
tischen« Christus unterscheidet. Letzterer ist der Impuls für die
Verwandlung der Welt, denn »unter dem Einfluss des eucharis-
tischen Christus wird der ganze Kosmos in die ›Gestalt des Sohnes‹ verwandelt«. Es geht um die Transformation der Welt in eine
»neue Schöpfung« – ein Bild der Hoffnung auf eine neue, friedliche und gerechte Welt, das sich bereits bei den Propheten der
hebräischen Bibel findet.

Die Transformation der Welt ist für Gyger auch in den klassischen Mariendogmen sichtbar: Maria, von Sünde unbefleckt
empfangen und selbst jungfräulich gebärende Mutter Gottes, die
mit Leib und Seele in den Himmel aufgenommen worden ist. Für

Gyger sind die Marien-Dogmen »Leitbilder für das menschliche Potenzial«, »Türen ins integrale Bewusstsein«, und die Zen-Übung der Weg zur Verwirklichung dieses Potenzials. Die Bilder der christlichen Tradition – von Engeln, Himmel und Hölle usw. – interpretiert sie mit Hilfe von verschiedensten Konzepten der Psychologie: »Intuition, Kreativität, Präkognition, Luzide Träume, Erweiterung der Ichgrenzen, Synchronizität der Gehirnsphären, Fragen nach der Vergeistigung des Psychischen und der Physikalisierung des Geistigen«. In der Zen-Übung spielen derartige Phänomene nur am Rand mit hinein, sie können auftreten, haben aber keine besondere Bedeutung.

Pia Gyger selbst sind außeralltägliche Bewusstseinszustände seit jungen Jahren bekannt: »die innere Stimme«, die sie leitet, oder Texte, die sich »automatisch« oder »inspiriert« in ihrem Schreiben manifestieren. Die Impulse für die meisten ihrer Aktivitäten kommen aus Visionen und »Tiefenträumen«, ob es sich dabei nun um die Konstitutionen des St.-Katharina-Werks handelt oder den Entschluss, Zen in Japan zu üben.

Die Werke

Niklaus Brantschen und Pia Gyger lernten einander 1984 in Kamakura kennen, wo sie beide Schüler Yamada Roshis waren. 1995 gründeten beide das »Institut für Spiritualität und Politik in der Wirtschaft« (ISPW), das später in »Lassalle-Institut – Zen.Ethik.Leadership.« umbenannt wurde. Organisatorisch wurden sowohl das ISPW als auch später das »Lassalle-Institut« vom St.-Katharina-Werk und vom Bildungshaus Bad Schönbrunn getragen. Das ISPW sollte »eine interreligiöse Spiritualität und Dialogkultur entwickeln und gleichzeitig deren politische, wirtschaftliche und ökologische Dimension zum Tragen bringen«, wie es in einem Tagungsprospekt des Instituts von 1996 heißt. Wenig später wurde das ISPW umbenannt: Der Fokus der Arbeit richtete sich jetzt auf Angehörige des gehobenen Managements und freie Unternehmer. Sie sollen in den angebotenen Kursen

Führungskompetenz durch Spiritualität erwerben, zugleich aber
lernen, wie Zen »in Verbindung mit dem christlich-abendlän-
dischen Erbe zu einem verantwortlichen Handeln und zugleich
zu nachhaltigem Erfolg führen kann.« Motiviert werden soll hier
zu »firmeneigenen Verhaltenscodes für soziales und ökologisches
Handeln zum Wohle aller«, um durch die Unternehmenskultur
die Motivation der Mitarbeiter zu fördern. Eine Untersuchung,
die das Lassalle-Institut zum Thema Ethik in Schweizer Betrieben
in Auftrag gegeben hatte, zeigte, dass die Ethik ein Randthema
darstellt. Das sucht das Lassalle-Institut zu ändern, allerdings mit
einer Einschränkung: »Gewinn muss sein, sonst hat es die Ethik
schwer.« (Brantschen, Auf dem Weg des Zen, S. 206)

Zu den Aktivitäten des Lassalle-Instituts zählen auch Grup-
penreisen zur UNO nach New York und Projekte zur Reform der
UNO unter dem Stichwort »Selbstorganisation der Menschheit«.
(Gyger, Maria, Tochter der Erde – Königin des Alls, S. 72) Ein
weiteres gemeinsames Projekt ist die »Via Integralis«, ein christlicher Versenkungsweg, der das Setting aus der Zen-Tradition
nutzt. Es ist »ein spirituelles Projekt des St.-Katharina-Werks«,
das unter dem Label »Lassalle-Kontemplationsschule« geführt
wird.[72] Niklaus Brantschen, Pia Gyger und Hildegard Schmitt-
full (aus dem Leitungsteam des St.-Katharina-Werks) entwickeln
»koan-ähnliche Schlüsselworte für einen christlichen Einwei-
hungsweg«. In einer dreijährigen Ausbildung kann man sich zum
Kontemplationslehrer ausbilden lassen, »intensive Erfahrungen
auf dem spirituellen Weg« vorausgesetzt.

Nach der Ernennung zum Roshi durch Bernhard Glassman
haben Brantschen und Gyger das Konzept von Glassmans »Zen
Peacemaker« in eine eigene Gruppierung, die »Lassalle-Peace-
maker«, umgewandelt. Die Zusammenarbeit mit der Gruppe Zen
Peacemaker Schweiz, die mit Bernie Glassman verbunden ist,
ist eher lose.

Das jüngste Projekt ist in Jerusalem angesiedelt: Angeregt
durch Seminare mit Glassman Roshi in Jerusalem, wollen sich
Brantschen und Gyger hier vorrangig der Friedensarbeit im Heili-

gen Land widmen und sind deswegen nach Jerusalem übergesiedelt. Ihre Schüler sind aufgefordert, sich an andere Zen-Lehrer aus dem Lassalle-Institut zu wenden.

Johannes Kopp

»*You must realize that Jesus Christ is in you*«, sagte Yamada Roshi zu dem Palottinerpater Johannes Kopp im Dokusan, und für diesen war die Aufforderung eine Bestätigung seiner Grundeinstellung. Auch er hatte das Zen Anfang der 1970er Jahre durch Hugo Lassalle kennengelernt und 1974 das erste Mal an einem Sesshin in Kamakura teilgenommen. Johannes Kopp war um diese Zeit bereits Priester. Zen bedeutet für ihn von Anfang an, »diese Christuswirklichkeit zu realisieren, die sich mir bereits schon vor meiner ersten Berührung mit Zen als eine unendliche Möglichkeit gezeigt hatte.« (Kopp, Schneeflocken fallen in die Sonne, S. 35) Den Weg des Zen geht er, wie er nicht müde wird zu betonen, aus dieser Christuserfahrung heraus, die sein Leben prägt.

Die Sichtweise des Sanbokyodan, dass die Zen-Erfahrung wie Tee sei, der allen gleich schmeckt, ermöglicht Kopp zu sagen, dass Zen keine Religion und von jeder religiösen Form abgekoppelt sei. Zen sei der Weg zur Realisierung der numinosen Qualität von Religion. Das bestätigte sich für Kopp durch seine Begegnungen mit Yamada Roshi. Zum Beispiel erzählte er dem Roshi bei einer abendlichen Einladung zum Tee vom Gründer der Palottiner, dem Italiener Vinzenz Palotti (1795–1850): »Der hl. Vinzenz Palotti schrieb in seinem Tagebuch: ›Meine Lieblingsbeschäftigung ist, das Alles im Nichts zu sehen‹. Sofort richtete er seinen Meisterstab auf mich und sagte: ›*This is kensho*‹ – Das ist Erleuchtung! Es klingt zwar kurios, aber ist es falsch zu sagen, dass Vinzenz Palotti in diesem Erfahrungsbereich zum ersten Mal von einem Menschen verstanden wurde, und zwar von einem buddhistischen Zen-Meister?« (S. 106) Die Liebe zum Nichts, die für Palottis Zeitgenossen so irritierend war, dass die Veröffentlichung seiner Texte verboten wurde, ist für den Zen-Meister Yamada

Koun ein klares Zeichen der Erleuchtung. Das zeigt die Chancen der Zen-Übung für Christen: Mit den Begriffen der scholastischen Theologie lässt sich der heilige Vinzenz Palotti nicht verstehen, stellt Johannes Kopp fest und folgert: »Das Zen-Licht erhellt unsere Keller, und in der Zen-Kraft können unermessliche, noch verborgene Schätze gehoben werden.« (S. 107)

Dazu braucht es einen »Wertetransfer« aus dem Buddhismus ins Christentum. Was zunächst eine Art Kulturschock ist, kann sich als eine »neue Pädagogik für Glaubenserfahrung« (S. 39), vermittelt durch den Heiligen Geist, herausstellen. »Die größte Herausforderung ... besteht darin, wenn Buddha und Christus nicht als Gegensatz, sondern als Forderung zum Einsatz und als gegenseitige Realisierung gesehen werden. ... Brücken ... über die die wertvollsten Güter der Menschen endlich und unendlich zur Mitteilung kommen.« (S. 37) Dabei können sich Christen von Buddha helfen lassen. Kopp verweist auf den Theologen Guardini, der meinte, dass Jesus Christus vielleicht nicht nur Johannes den Täufer als Vorläufer in der jüdischen Welt hatte, sondern auch Sokrates bei den Griechen und Buddha in Indien. Und Kopp weist auf die mittelalterliche christliche Legende von Barlaam und Josaphat hin, die dazu führte, dass Christen Jahrhunderte lang den Buddha inkognito in der Allerheiligen-Litanei anriefen. »Nach jahrhundertelanger Verehrung des legendären Heiligen wird Buddha in unserem Jahrhundert zum größten Herausforderer der Christen auf ihr eigentliches Christus-Verständnis hin« (S. 115), stellt Kopp fest. Das Verhältnis von Christentum und Buddhismus scheint in seiner Wahrnehmung antagonistisch zu sein, also zusammenhängend und gleichzeitig gegeneinander arbeitend, wie das bei Muskeln der Fall ist oder – in anderer Weise – beim Paartanz.

Man muss den anderen – den Buddhisten – kennenlernen wie in einem Tanz; und wie beim Tanzen jeder der beiden Partner in der eigenen Mitte bleiben muss, um das gemeinsame Gleichgewicht zu wahren, führt dieser Tanz der Begegnung in »eine tiefere Begründung im eigenen unendlichen Grund.« (S. 54) Ein Buddhist wird tiefer Buddhist, ein Christ tiefer Christ: »Und zwar in der Weise, dass er immer mehr ein Christ sein will und auch erfährt, dass er es kann und im Grad seiner Erfahrung erkennt, dass er es muss. Und je tiefer er sein Christsein realisiert, umso mehr bedarf er der Aufmerksamkeit, um den sublimen Möglichkeiten des Verrats zu entgehen.« (S. 54) Die Gastfreundschaft im interreligiösen Dialog vollzieht sich demnach auf gefährlichem Boden, denn es droht der Verrat der Treue zu Christus. Die Zenbuddhistische Tradition spielt in der Darstellung des Zen, die Johannes Kopp gibt, keine Rolle. Benutzt werden bestimmte Begriffe, die zur Übung gehören – Zazen, Koan, *dai-shinkon* (der große Glaube), *dai-gidan* (der große Zweifel), *dai-funshi* (der große Entschluss), *michi* (der konkrete Pfad) und *do* (der Weg). Diese Begriffe aber werden christlich interpretiert. Das »natürliche Koan« ist der Mensch selbst, »wenn er sich mit nichts erkennbar Vorläufigem begnügt«. Ein weiteres Koan ist das »Kreuz des Lebens«, das Unabwendbare, das man annehmen muss; und dann gilt ihm der Gekreuzigte selbst als Koan. Das ist das tiefste Geheimnis des Christseins: »Auch in der tiefsten Erleuchtung ist die Erkenntnis Jesu, des Gekreuzigten, nicht schon mitgegeben.« (S. 73) Jesus Christus ist für Johannes Kopp der »Name der unendlichen Wirklichkeit«, ein Name, »der alles entgrenzt« und deswegen auch kein Name und auch kein Gegenüber: »Wie könnte ich dem Unendlichen gegenüber sein! Ich würde mich aus dem Unendlichen herausnehmen und damit das Unendliche begrenzen und zerstören. ... Welch wunderbare Möglichkeit ... mich in die unendliche Wirklichkeit einzulassen, wie eine Schneeflocke in die Sonne: Mein Koan ist Jesus Christus. ... Das ist meine unendliche Möglichkeit für meine unendliche Möglichkeit.« Dieses Koan, so Kopp, ist das innigste Beten und zugleich ein »Selbstvergessen, in dem es kein Koan und kein Beten mehr gibt.« (S. 58/59)

Für diesen Prozess findet sich eine Metapher aus dem Neuen Testament: Wenn das Weizenkorn nicht in die Erde fällt und stirbt, dann bringt es keine Frucht, heißt es im Johannes-Evan-

gelium. Dieses klassische christliche Bild gibt die Wirklichkeit des
Übens mit einem Koan, des Übens auf dem Zen-Weg, wieder. Es
geht um das Sterben, »Sich-entäußern«, wie es in einem Hymnus
im Brief des Apostels Paulus an die Philipper heißt. Dieser Hymnus (Phil 2, 6–11) ist ein Schlüsseltext im buddhistisch-christ-
lichen Dialog:

> »Über göttliche Gestalt verfügend
> hielt Christus die Gottgleichheit doch nicht wie ein
>   glückliches Los fest;
> sondern entäußerte sich selbst aller Vorrechte
> und nahm die Gestalt eines versklavten Menschen an,
> wurde den Menschen gleich
> und seine ganze Erscheinung zeigte: Er war ein Mensch
>   wie du und ich.
> Er erniedrigte sich selbst
> und war dem Auftrag Gottes gehorsam
>   bis zum Tode,
> dem Sklaventod am Kreuz.
> Darum hat Gott den Erniedrigten erhöht
> und ihm den Namen verliehen,
> der über jeden Namen erhaben ist,
> damit im Namen Jesu
> sich alle Knie beugen sollen im Himmel und
>   auf der Erde und unter der Erde
> und jede Zunge bekennen soll,
> dass Jesus Christus der Herr ist zur Ehre Gottes.«

Als Christ zu leben bedeutet, den Weg Jesu, den Weg der Selbstentäußerung, zu beschreiten. Dazu kann als Parallele das Diktum
des japanischen Zen-Meisters Dogen zitiert werden: »Den Weg
des Buddha zu studieren bedeutet, das Selbst zu studieren. Das
Selbst zu studieren bedeutet, das Selbst zu vergessen. Das Selbst
zu vergessen bedeutet, von den Myriaden Dingen aktualisiert zu
werden.«[73]

Johannes Kopp transponiert diesen Gedanken ins Christliche. Dann heißt es so: Christus-Erkenntnis ist ein Erkennen ohne Definieren, eine Nicht-Erkenntnis des Unendlichen. Der Zen-übende Christ »realisiert« diese Entäußerung in der Beziehung zu den konkreten anderen. Kopp schreibt: »Wenn ich mich in Christus erkenne, dann erkenne ich alles und alle in Christus, und zwar in seiner namenlosen, anonymen, aber wirklichen und schöpferischen Präsenz.« Diese Wirklichkeit des Menschen – jedes Menschen, unabhängig von Herkunft, Religion usw. – »in seinem Geheimnis« umfasst alle Beziehungen, sodass es kein Außerhalb dieser Wirklichkeit des Christus-Geheimnisses gibt.

Für die Beschreibung der Übung greift Kopp auf ein Buch zurück, das positivistisches Denken mit buddhistischem verbindet: das bis heute viel gelesene Werk »Zen-Training« von Sekida. Zunächst erinnert er an die Ermahnung von Harada Roshi, dass man bei der Zen-Übung das Hara* fokussieren solle: »Sie müssen realisieren, dass die Bauchhöhle der Mittelpunkt des Weltalls ist.« (S. 150) Hara ist für Johannes Kopp »selbstverständlich integrierte Leiblichkeit«, eine »leibintegrierte Innerlichkeit«. Die muss sich bewähren in der Verantwortung für die Welt. Dies ist die Stärke des Christentums.

Es geht um das Erbarmen mit dem Leiden der Welt: Auf Hebräisch heißt Erbarmen »rachamim«, von *rächäm*, Gebärmutter. Barmherzigkeit ist in der hebräischen Anthropologie im Bauch angesiedelt, und wenn vom barmherzigen Gott die Rede ist, dann ist der mütterliche Schoß Gottes, die »Gebärmutterhaftigkeit« Gottes, gemeint – Gott als Schützende, Nährende, Wachstum Fördernde. Zen zu üben heißt daher: »Sich in seinem Leibe aufrichten und sich in seinen Gedanken lassen. (...) Sich setzen heißt sich erbarmen.« (S. 154) Johannes Kopp knüpft bei Karlfried Graf Dürckheim an, der den leiblichen Aspekten der Zen-Übung genau nachspürt. Der »leibhafte Vollzug« der Übung – zu dem dann auch die Koan-Übung zählt – ist für Kopp eingelassen in eine christliche Spiritualität. In der Praxis kommt das zum Ausdruck durch das »Grundgebet«, mit dem die Übung eingerahmt ist: »Im Namen des Vaters, der uns in unendlicher Liebe erschaffen hat, und des Sohnes, der uns in unendlicher Liebe erlöst hat, und des Heiligen Geistes, der uns in unendlicher Liebe heiligen und verherrlichen will, in Ewigkeit. Amen.« (S. 290/1) Das Gebet wird mit einer großen Geste des Kreuzzeichens begleitet. Für Johannes Kopp sind Demut – der »Dritte Grad der Demut« nach Ignatius von Loyola, also von andern um Christi willen als Narr angesehen zu werden – und die Eucharistie die entscheidenden »Klicks«, wie er schreibt, an denen Zen ins christliche Leben integriert wird. Es scheint daher konsequent, dass Johannes Kopp nicht von Zen, sondern von Zen-Kontemplation spricht. Für ihn ist dieser Übungsweg klar im katholischen Christentum verortet, und zugleich weltoffen. Er betont jedoch den inklusivistischen Charakter des Christentums: »So ist auch die Sprache, die sich in den Jahrhunderten buddhistischer Tradition gebildet hat, für den Christen keine Fremdsprache. Auch sie ist Ausdruck eigener Wahrheit ...« (Kopp, Die Weltfriedenskirche als Symbol, S. 21)[74]

Eternalismus oder
Auf dem Gipfel der Religionen

Bei der Begegnung mit Neuem und mit Fremden ziehen Menschen immer Kategorien heran, die sie bereits kennen. Auch Willigis Jäger, Johannes Kopp, Niklaus Brantschen und Pia Gyger nutzen ihnen bekannte Versatz-Stücke, um das Neue der Zen-Übung zu verstehen und mit dem, was ihnen bekannt und vertraut ist, zu verbinden.

Für Johannes Kopp steht in der Begegnung mit Yamada Koun die Bestätigung der Genuität der eigenen christlichen Herkunft durch den japanischen Zen-Meister im Vordergrund. Yamada Roshi, der andere, der Fremde, attestiert dem Gründer des Palottiner-Ordens aufgrund von Äußerungen wie »Meine Lieblingsbeschäftigung ist, das Alles im Nichts zu sehen« Kensho, also

Erleuchtung. Für Johannes Kopp weist diese Bestätigung des heiligen Vinzenz Palotti durch den Zen-Meister Yamada Koun auf die spirituellen Chancen, Schätze und Dimensionen hin, die im Christentum noch ungehoben warten. Auch Pia Gyger und Niklaus Brantschen betonen die vergessenen spirituellen Weiten im Christentum, die durch die Zen-Praxis neu entdeckt und zugänglich werden können. Die Zen-Übung ist für beide eine Bestätigung und zugleich eine Erweiterung dessen, was sie als christliche Praxis verstehen. Willigis Jäger entdeckt die christliche Mystik durch die Zen-Übung ebenfalls neu, doch geht es für ihn nicht primär um christliche Praxis.

Alle vier – Brantschen, Gyger, Jäger und Kopp – reihen sich in die Zen-Tradition ein und betrachten diese als Legitimation für ihre Arbeit. Immer wieder erzählen sie von ihren »Lehrjahren« und Erfahrungen in Kamakura bei Yamada Koun Roshi. Nach einer ausführlichen Beschäftigung mit dem Buddhismus und den fast tausend Jahren Zen-Tradition sucht man in den veröffentlichten Texten jedoch vergebens. Hie und da finden sich verstreut Bezüge. Niklaus Brantschen etwa interpretiert in einem Buch, in dem er neben dem Herzensgebet und den ignatianischen Exerzitien auch Zen vorstellt, die »Ochsenbilder«[75]. Er folgt dabei sehr weitgehend einer auf Deutsch erschienenen Interpretation des Zen-Meisters Ohtsu aus den 1920er Jahren.

Johannes Kopp wiederum verwendet die traditionelle Einteilung von Großem Zweifel *(dai-gidan)*, Großem Glauben *(dai-shinkon)* und Großer Entschlossenheit *(dai-funshi)*. Anhand dieser drei Ausdrücke entwickelt er seine eigene Theologie der Zen-Übung, die sehr stark auf den leiblichen Aspekt der Übung fokussiert ist. Kopp sucht nach einer angemessenen christlichen Sprache für die leibliche Seite der Zen-Übung, geht aber im Übrigen auf die Zen-Tradition nicht weiter ein.

Auch Pia Gyger ist sehr sparsam mit Bezügen auf die buddhistische Tradition im Allgemeinen und die Zen-buddhistische Tradition im Besonderen. Meist dient ihr die buddhistische Tradition als Kontrast zu christlichen Anschauungen. Einmal erwähnt sie unter der Überschrift »Das große Mahl im Zen-Buddhismus« die Begegnung des späteren Zen-Meisters Dogen (1200–1253) – er begründete in Japan die Soto-Tradition – mit dem Koch eines Zen-Klosters. Man sei selbst der Koch seines Lebens, zitiert sie danach Glassman Roshi und fügt daran Auszüge aus dem Kann Ro Mon, dem »Tor des Nektars«, einem buddhistischen Ritual der Sorge für die »hungrigen Geister«. Die »hungrigen Geister«, die im Kreislauf der Wiedergeburten eine eigene Welt darstellen, werden von Pia Gyger umstandslos als abgespaltene Persönlichkeitsanteile interpretiert. Das bildet dann den Übergang zu ihrer eigenen Vision vom »großen Mahl«. Damit meint sie die Eucharistiefeier. Sie zitiert die kosmische Interpretation des Jesuiten Teilhard de Chardin, »der in seinen kosmischen Gebeten die Worte Jesu ›das ist mein Leib, das ist mein Blut‹ täglich zum großen Mahl für alle großen Dimensionen der Wirklichkeit wandelte«. Daran anschließend stellt sie fest: »… es dürfte deutlich geworden sein, dass mein Wissen um die kosmische Bedeutung des ›großen Mahles‹ aus christlicher und buddhistischer Tradition gespeist wird.« (Gyger, Hört die Stimme des Herzens, S. 151) Für Willigis Jäger stehen Buddhismus und Zen-Tradition nicht im Vordergrund, sondern sehr verschiedenartige Ansätze, die er unter »transkonfessionellem Zen« einordnet.[76]

Berufen können sich Brantschen, Gyger, Jäger und Kopp auf die im Sanbokyodan vertretene Auffassung, dass »Tee«, d. h. die Zen-Erfahrung, für Christen wie Buddhisten gleich »schmecke« und dass Zen zwar aus dem Buddhismus komme, doch nicht ausschließlich ein Teil des Buddhismus sei. Die »Erfahrung« wird dabei als unabhängig von Sprache und Kontext verstanden. Eine Auseinandersetzung mit dem Problem, ob Tee wirklich für alle immer und überall gleich schmeckt, das Ruben Habito im Gespräch mit Yamada Roshi bereits Mitte der 1980er Jahre aufgeworfen hatte, kommt bei keinem der vier vor.

Die »Zen-Erfahrung« gilt als ein unmittelbares Erfassen der Wirklichkeit und wird als Kontrast zum vermitteltem Erfassen durch Sprache und Denken gesehen. Darin folgen alle vier den

Darstellungen etwa von D. T. Suzuki und Masao Abe, aber auch anderen Denkern der Kyoto-Schule[77]. Auch westliche Autoren, die sich für Zen interessieren, wie der Psychoanalytiker Erich Fromm, sind dieser Darstellung gefolgt und haben die Sprache als eine Art Entfremdung von der »letzten Wirklichkeit« dargestellt. Entsprechend schreibt Willigis Jäger in einem seiner Schülerbriefe: »Es geht in den spirituellen Wegen nicht um eine Konfession, nicht um Theologie, sondern um die Erfahrung einer Wirklichkeit, die hinter jeder Begrifflichkeit zu finden ist und die nur Eine sein kann.« (Jäger, Aufbruch in ein neues Land, S. 17) Da das Denken eingrenzt (S. 18), verhindere es die Erfahrung der »einen Wirklichkeit« (S. 26/27). Denken und die »eine Wirklichkeit« schließen einander nach dieser Auffassung aus. Erfahrung ist unmittelbar, und alles, was sie vermittelt, ist nicht mehr die Erfahrung selbst, so das Argument. Daher wird die Rolle von Sprache, Denken und kulturellem Kontext nicht beachtet. Im Zen, so formulierte D. T. Suzuki, gehe es darum, sich von der »affektiven Verseuchung zu reinigen und sich vom Dazwischentreten des Verstandes und des Bewusstseins zu befreien«, wenn man ein »Leben der Freiheit und Spontaneität« ohne Angst wünscht. (Suzuki in: Fromm/Suzuki/de Martino, Zen-Buddhismus und Psychoanalyse[78], S. 32/33)

Das wahre Selbst »manifestiert sich in jedem Atemzug, in jeder Bewegung, im Sitzen und Stehen, im Kommen und Gehen, im Essen und Trinken, in Arbeit und Gebet, im Umgang mit Natur und Mensch, kurz: in all unserem Tun und Lassen«, schreibt Niklaus Brantschen in seinem Kommentar zu den »Ochsenbildern« – und lässt ebenfalls Sprechen und Denken außer Acht. Ähnlich sehen das Pia Gyger und Johannes Kopp. Auch sie gehen davon aus, dass »Zen-Erfahrung« die Wirklichkeit schlechthin realisiere. Heikel ist diese Position deshalb, weil die jeweils Sprechenden/Schreibenden als Zen-Lehrer die »Deutungshoheit« über die »Erfahrung« ihrer Schüler für sich beanspruchen.

Auch eines der »großen Worte« der buddhistischen Tradition, nämlich *shunyata*, »Leere«, kommt erstaunlich selten in all die-

sen Diskursen vor. Willigis Jäger ersetzt *shunyata* explizit durch
»Einheitserfahrung«. In der Via Integralis, die Brantschen und
Gyger begründet haben, in der »die Erfahrungsströme ... der
christlichen Mystik und des Zen-Buddhismus« zusammenfließen
sollen, spricht man von der »große(n) LEERE, die alle Gestalten
dieser Schöpfung durchsichtig machen auf den göttlichen Grund
hin, von dem sie ausgegangen sind.« (Stappel, Bernhard, Das
kontemplative Gebet der Via Integralis, in: katharina aktuell, Mai
2008, S. 10) Die Leere entspringt hier also zusammen mit den
Dingen aus dem »göttlichen Grund«, der die letzte Instanz ist.

In der buddhistischen Tradition dagegen sind die Phänomene
der Welt und die Welt im Ganzen »leer«, *shunya*, weil alles einander bedingt und voneinander abhängt. Man kann daher nicht von
einem »Grund« sprechen, von dem die Erscheinungen ausgehen.
Die buddhistische Logik hat das ausführlich durchdacht. Daher
lautet etwa der letzte Vers im Hauptwerk des bedeutenden indischen buddhistischen Denkers Nagarjuna: »Alle Wahrnehmung
hört auf, die Vielfalt kommt zur Ruhe, und es herrscht Frieden.
Nirgends ist irgendwem irgendeine Lehre des Buddha verkündet
worden.« (Mulamadhyamakakarika XXV, 24, in: Frauwallner,
Die Philosophie des Buddhismus, S. 199) In den chinesischen
Zen-Texten »Shinjinmei« von Meister Sosan (?–ca. 606) heißt es
entsprechend: »Zwei existiert abhängig von dem Einen, aber man
darf auch nicht bei dem Einen verharren. Wenn sich kein Geist
erhebt, sind die zehntausend Erscheinungen ohne Fehler.« (in:
Die Meißelschrift vom Glauben an den Geist, S. 20)

Allen vier – Brantschen, Gyger, Jäger und Kopp – ist das Bemühen um eine »große Erzählung« gemeinsam, die alle Facetten
der Welt in einem großen Entwurf deuten möchte. Die Sehnsucht nach der »einen Weltdeutung« hat im römisch-katholischen
Denken, dem sie alle vier verpflichtet sind, ein Gegenstück: die
philosophia perennis katholischer Prägung. »Ewige Philosophie«
war eines der Schlagworte der neuscholastischen Theologie in
ihrer Auseinandersetzung mit der Aufklärung und den Naturwis-
senschaften. Das päpstliche Dekret von 1914, das die Neuscho-

lastik als verbindliche Theologie festzulegen sucht, stellte den Anspruch auf Verkündung der »ewigen Wahrheit«. Die Neuscholastik, die im 19. Jahrhundert versuchte, die Lehren des Thomas
von Aquin aus ihrem mittelalterlichen Kontext in die Kontroverse zwischen Theologie, moderner Wissenschaft und Gesellschaft zu verpflanzen, bestimmte bis Anfang der 1970er Jahre die
Religionsbücher und den Religionsunterricht für alle Alters-
stufen. Die Neuscholastik interpretierte die Welt als hierarchisch
abgestufte Wirklichkeit, die in dem »Einen«, nämlich in Gott,
gipfelte. Dieser hierarchische Aufbau wird bei allen vier Lehrern
auf unterschiedliche Weise weitergeführt.

Johannes Kopp sieht im Bezug auf Christus die unbedingt
notwendige Voraussetzung für die Zen-Übung von Christen
und fürchtet »Verrat«, falls es hier Zweifel geben sollte. (Kopp,
Schneeflocken fallen in die Sonne, S. 54)

Die »große Erzählung« von Pia Gyger forciert die Evolution
der Welt im Ganzen hin zum »kosmischen Christus«. Die anderen Religionen werden als Teil der Entwicklung des »mystischen
Leibes Christi« gesehen. »Wo immer wir eine andere Religion
ehren, ihre Mitglieder respektieren und uns an der Art, wie sie
das göttliche Geheimnis ausdrücken, freuen, da ehren wir, in pau-
linischer Ausdrucksweise, den Erstgeborenen der Schöpfung.«
(Gyger, Hört die Stimme des Herzens, S. 151) Dass dies eine Vereinnahmung bedeutet, ist ihr klar. Doch hat sie »im interreligiösen Dialog erfahren …, wie selbstverständlich Buddhisten von
der Buddha-Natur aller Menschen sprechen«. Im Übrigen meint
sie, dass im interreligiösen »Erfahrungsdialog« ganz neue Begriffe »emergieren« würden, um die »letzte Wirklichkeit« auszudrücken.

Jedoch kommt man auf diese Weise über die übliche Reli-
gionspolitik der Gegensätze und Machtansprüche so schnell nicht
hinaus. Die wirken untergründig weiter, wenn etwa Niklaus
Brantschen von einer möglichen mehrfachen religiösen Identität
spricht, doch sich bei genauerer Lektüre erweist, dass es am Ende
doch um die christliche Identität geht – allerdings mit einem

wichtigen Unterschied zu traditionalistischen Zugängen: Die Frage »Wer bin ich?« darf explizit gestellt werden. Dass etwa in dem Buch »Vom Vorteil, gut zu sein« klassische katholische Autoren wie Josef Pieper und C. S. Lewis klug aktualisiert werden, ist begrüßenswert. Doch die Frage bleibt offen, was dies mit der Zen-Tradition zu tun hat.

Willigis Jäger wiederum entwickelt sein Konzept der »Transreligiosität« und der »Einen Wirklichkeit«, um eine Vereinnahmung des Zen durch das Christentum zu vermeiden. Dabei bezieht er sich jedoch auf die »große Erzählung« von einer evolutionären »Urkraft«, die stark an Ernst Haeckels Monismus erinnert. Die Religionen laufen alle, so Willigis Jäger, auf das Eine, die Gipfelerfahrung, hinaus. Hier wird Komplexitätsreduktion geboten, denn die Unterschiede zwischen den Religionen und den Kulturen sind da nicht mehr wichtig. Das entlastet auch angesichts ganz konkreter tagespolitischer Fragen, etwa wie man mit den ca. vier Prozent Muslimen in Europa umgehen soll.

Der »transkonfessionelle« Gott am Gipfel des Berges der Spiritualität ist europäisch. »Das Numinose«, »das Absolute«, »die Wesensnatur« etc. – Worte, die Willigis Jäger am häufigsten benutzt – findet man in Büchern von Religionswissenschaftlern und Philosophen des 19. und 20. Jahrhunderts. Diese von Hegel beeinflussten Denker postulierten einen einzigen höchsten Ort der Erfahrung und viele Stufen, die zu diesem höchsten Ort führen; nach ihrer Ansicht hat sich die universale Erfahrung, der »absolute Geist«, vor allem in Europa und im europäischen Denken verkörpert. Diese »Bewusstseinsentwicklung« entspricht dem Selbstverständnis des aufgeklärten und gebildeten europäischen Bürgertums dieser Zeit.

Das »Gipfel-Konzept« tritt seit dem 19. Jahrhundert in verschiedenen Varianten auf, auch außerhalb Europas. So haben etwa die japanischen Philosophen der Kyoto-Schule, die die Zen-Praxis in eine moderne Form japanischen Denkens umformen wollen, dieses Bild übernommen. Das Charakteristische der »Gipfel-Metapher« ist, dass jeweils alle anderen in das eigene

System als niedrigere Stufen eingebaut werden – ein typisches Charakteristikum für Inklusivismus. Das Bild vom »Gipfel der Einen Einsicht« wird heute von Ken Wilber verbreitet, der von Hegel gelernt hat, wie man aus den Fußnoten seines ersten Werkes erkennen kann. Wilber wendet das hierarchische Stufenschema auf die Entwicklung des »spirituellen Bewusstseins« an. Dazu verknüpft er Fragmente asiatischer Meditationstraditionen mit Einsichten der Entwicklungspsychologie nach Piaget und Konzepte verschiedener psychotherapeutischer Richtungen zu einer »großen Geschichte«, die vom Aufstieg zum Gipfel der »Einen Wirklichkeit« erzählt. Auch Einsichten der modernen Physik können in dieses Konzept integriert werden.

Wilber erfüllt damit das Bedürfnis vieler Menschen nach einer einheitlichen Weltdeutung im Zeitalter der Wissensexplosion. Dass sein Denkschema sehr traditionellen Bahnen und kolonialistischen Deutungsmustern folgt, macht es zusätzlich eingängig. So dominiert die Vorstellung der industrialisierten Welt, dass die Welt auf Fortschritt angelegt ist, über die Wahrnehmung der asiatischen Religionen, dass sich die Welt in einem Verfallsprozess befindet. Dieser Teil der asiatischen Traditionen wird von Wilber und jenen, die ihm folgen, ausgeblendet.

Auch die »Westöstliche Weisheit«, wie Willigis Jäger seinen Schulungsweg seit einigen Jahren nennt, versteht sich als ganzheitliches Konzept, das alles integriert. Folgt man seinen Ausführungen, entdeckt man rasch gewisse Parallelen mit den Schriften von Karlfried Graf Dürckheim. Während des Zweiten Weltkriegs lebte Dürckheim als deutscher Kulturattaché in Japan. Nach seiner Rückkehr wurde der ehemalige Professor für Gestaltpsychologie eine der Schlüsselgestalten für die Verbreitung des Zen-Buddhismus im deutschen Sprachraum. Seine »metaphysische Anthropologie« der Zen-Übung, die er entfaltete, hat für eine ganze Generation von Zen-Interessierten die Begrifflichkeit für das Sprechen über Zen vorgegeben. Wenn man seine Bücher – etwa »Hara« oder »Der Alltag als Übung« – liest, entdeckt man rasch, dass er sich weder auf den Buddhismus noch auf Japan bezieht, sondern von »dem Westen« und »dem Osten« spricht – als ob es sich dabei um klar bestimmbare Größen handelte.

Doch »der Westen« und »der Osten« sind emotional hoch aufgeladene Vorstellungen, die im Zeitalter des Kolonialismus in Gebrauch kamen. »Der Westen« gilt darin zum Beispiel als rational, »der Osten« als irrational; »der Westen« als effizient, »der Osten« als nicht fähig, effizient zu arbeiten; »der Westen« gilt als materialistisch, »der Osten« als spirituell usw. Diese Gegensätze sind sehr geläufige Stereotype, die sich je nach Situation mit anderen Bewertungen verbinden und auf Idealisierungen und Vorurteilen beruhen. Diese kolonialistische Sprechweise prägt nicht nur die Darstellung von Jägers »transkonfessioneller Spiritualität«, sondern findet sich durchgängig auch bei Brantschen, Gyger und Kopp.

Dürckheims »Ganzheitsmetaphysik« verknüpft sich bei ihnen mit der »Gipfel-Metapher«, und das Ergebnis kommt einer Negation der Freiheit des Einzelnen gleich. Die Vielfalt des Universums verschwindet in dem »Hier und Jetzt des Einen Lebens«. Bei Willigis Jäger werden die Menschen zu »Wimpernschlägen des Universums«, zu flüchtigen Ereignissen, denen kein Gewicht zukommt.

Dabei gerät bei dieser »ganzheitlichen« Betrachtung aus dem Blickfeld, dass das Menschenleben nach christlicher und buddhistischer Auffassung etwas Einmaliges und Besonderes ist. Diese Qualität gewinnt das Leben eines Menschen in beiden Traditionen aus dem Bezug zur Transzendenz: Nach der Lehre des Buddha kann nur ein Mensch zum Nirvana erwachen, und die Wahrscheinlichkeit, ein Leben als Mensch zu erlangen, ist äußerst gering. Im Christentum ist das Leben eines Menschen etwas Einmaliges, und als einmalige Person ist jeder Mensch Ebenbild Gottes, das sich selbst als Ebenbild gestalten kann und soll.

Für Jäger aber ist alles, was ist, eine Form der Urkraft, die sich manifestiert. Sein Einheitsdenken macht ihn blind für den Umstand, dass Menschen von Natur aus Kulturwesen sind und es daher grundlegende Unterschiede zwischen Naturereignissen und

Ereignissen gibt, die aufgrund menschlicher Handlungen stattfinden. Wenn zwischen einem Tsunami und einem Terroranschlag kein Unterschied mehr besteht, weil beide die Manifestation der göttlichen Urkraft sind, dann ist ein wichtiges Kriterium
menschlicher Existenz verloren: nämlich die Fähigkeit, sich für
oder gegen eine Handlung zu entscheiden. Weder der Buddhismus noch das Christentum nehmen an, dass die Handlungen
von Menschen völlig determiniert sind oder dass Naturereignisse
einer deterministischen Kausalität folgen[79]. Daher ist in beiden
Traditionen die Ethik ein integraler Aspekt von Spiritualität.
Doch Jäger opfert die Ethik der Faszination der »großen Erzählung« von der »transkonfessionellen Einheitserfahrung«, die alle
Unterschiede nivelliert.

Auch Gyger, Brantschen und Kopp sprechen von Ganzheitlichkeit. Doch weil ihre »große Erzählung« aus der katholischen
Tradition motiviert ist, geht der »Sog« der Ganzheitlichkeit bei
ihnen in Richtung Inklusivismus. Die Zen-Übung wird ohne
weitere Fragen in einen mehr oder weniger traditionellen katholischen Kosmos eingebettet. Bei Johannes Kopp ist dieser Inklusivismus sehr deutlich, wenn er meint, dass die Sprache des Buddhismus die »eigene Wahrheit« der Christen sei. Eine ähnlich
eindeutige Haltung vertritt auch Pia Gyger, während Niklaus
Brantschen sich vorsichtiger äußert. Gyger und Brantschen suchen zudem eine enge Verbindung von gesellschaftlicher und
wirtschaftlicher Führungsschicht und Zen-Übung zu fördern.
Ihre Absicht ist, auf diese Weise mehr Ethik in die Wirtschaft zu
bringen. Die Zen-Praxis wird dadurch zu einer nützlichen Methode, um eine wünschenswerte Haltung zu erzeugen. Dass es
problematisch ist, Zen für bestimmte Ziele einzusetzen, zeigte
sich in Japan. Das nationalistische und militaristische »Samurai-
Zen« ging nahtlos in ein »*Corporate Zen*« über, wie man in Brian
Victorias Buch nachlesen kann.[80] Ob Zen als Weg zu »Wertschätzung und Wertschöpfung«, wie das Lassalle-Institut dies unter
Leitung von Pia Gyger und Niklaus Brantschen propagiert, auf
längere Sicht in seiner Integrität bewahrt werden kann, ist offen.

ZEN, POLITIK UND HEILER:
DIE PHILIPPINISCHE ERFAHRUNG

————◄о►————

Zen unter der Marcos-Diktatur

Die Philippinen sind das einzige katholische Land Asiens: Von 1565 bis 1898 spanische Kolonie, wurde der Archipel nach dem Krieg von 1898 von Spanien an die USA abgetreten, inklusive der unabhängigen muslimischen Sultanate. 1942 besetzten die Japaner das Inselreich, und nach 1945 richteten die USA eine Demokratie ein. Anfang der 1970er Jahre verwandelte Ferdinand Marcos das »Land der 7000 Inseln« in eine Präsidialdiktatur. In dieser Zeit wurde Sister Elaine McInnes, eine kanadische Nonne, aus Japan auf die Philippinen versetzt.

McInnes, die klassische Geige studiert hatte, war 1961 nach Japan gekommen und unterrichtete dort an der Elisabeth-Musik-Schule in Hiroshima – denn die Japaner lieben klassische europäische Musik, und Unterricht in klassischen europäischen Instrumenten ist gefragt. In Hiroshima kam sie mit Hugo Lassalle in Kontakt und lernte »die Schönheiten und Wahrheiten im größten Geschenk des Buddhismus an die Welt kennen: dem Zen-Weg«. (McInnes, Elaine, Teaching Zen to Christians, S.3/4) Das war für sie wie eine Art von Gegenleistung für die klassische Musik, die sie den Japanern nahebrachte, schreibt sie. Sie begann im Enkoji-Tempel, einem Rinzai-Tempel in Kyoto, mit Zen-buddhistischen Nonnen zu üben und wurde Anfang der 1970er Jahre Schülerin bei Yamada Koun Roshi.

Sr. Elaine wurde 1976 bald nach ihrer Ankunft auf den Philippinen gebeten, Zen zu lehren. Ihr Engagement entsprach dem neuen Bild der Mission, das seit dem Zweiten Vatikanischen Konzil galt. Missionare sollten nicht mehr Menschen um jeden Preis zum Christentum bekehren. Der neue Auftrag lautete, in Dialog zu kommen und den »Strahl der Wahrheit« zu finden, den es in allen Religionen gibt. Dazu sollten sie sich für die Eliminierung der Armut und für nachhaltige Entwicklung einsetzen und so für Frieden und Gerechtigkeit arbeiten. Seit dem Zweiten Vatikanum war man in den asiatischen Ländern auf der Suche nach einer eigenständigen christlichen Spiritualität. Die Zen-Übung, die ihren Ursprung in Asien hat und durch Hugo M. Enomiya-Lassalle für das Christentum entdeckt wurde, erschien dafür interessant.

Das Zen Center for Oriental Spirituality, wie es heute heißt, wurde im Herbst 1976 eröffnet, zunächst im Kloster der Good Shepherd Sisters in Quezon City, heute die Zwillingsstadt von Manila. In jenem Jahr begann der Widerstand gegen die Diktatur von Präsident Marcos Form anzunehmen. Marcos hatte 1972 das Kriegsrecht verhängt und, gestützt auf das Militär, alle öffentliche Gewalt in seiner Hand konzentriert. Massenverhaftungen waren an der Tagesordnung, Bürger- und Menschenrechte außer Kraft gesetzt. Die Presse unterlag einer strengen Zensur. Gleichzeitig gewann die kommunistisch geführte Befreiungsbewegung *National Democratic Front* immer mehr Anhänger und Terrain. 1978 wurde die *People Struggle Movement* unter der Führung von Ninoy Aquino gegründet, und die bürgerliche Opposition setzte sich gegen die Marcos-Diktatur zur Wehr.

In diesem Umfeld begann Zen auf den Philippinen Wurzeln zu schlagen. Das erste Sesshin des Zendo auf den Philippinen fand 1977 statt. Yamada Koun Roshi war eigens dafür nach Manila gekommen, und die Jesuiten-Universität Ateneo de Manila, eine der größten und wichtigsten Bildungsinstitutionen des Landes, stellte Räumlichkeiten zur Verfügung. Bis 1981, als Sr. Elaine die Lehrerlaubnis erhielt, kam Yamada Roshi jedes Jahr auf die Philippinen. Dies war auch eine Geste der Bitte um Versöhnung: Die Gräueltaten der Japaner auf den Philippinen zwischen 1942 und 1945 waren bei der Bevölkerung unvergessen.

1979 fand das jährliche Sesshin mit Yamada Koun Roshi auf der Insel Leyte statt. Hier waren 1944 die US-amerikanischen

Truppen gelandet und hatten zusammen mit den Filipinos die Japaner zurückgedrängt. In der Zeitschrift des Zendo heißt es: »Yamada Roshi, der ein großer Mann des Friedens ist, träumte, dass sich Japaner und Filipinos wieder in Leyte treffen würden, diesmal nicht kämpfend, sondern Seite an Seite sitzend, Zazen übend.« (Pineda, This very mind, the Zendo, S. 26)

In diesen Anfangsjahren traf sich die Zen-Gruppe um Sr. Elaine sonntags in der Kapelle der Good-Shepherd-Schwestern. Die Sitzbänke mussten aus der Kapelle getragen, Sitzkissen usw. aus einem Depot-Raum geholt werden, und alles musste vor 9 Uhr früh fertig sein, bevor »das Sitzen« begann. »Jeder hatte vor und nach dem Sitzen etwas zu tun. Niemand gab Anweisungen. Jede Person ging einfach mit dem Fluss, tat, was zu tun war.« (S. 29)

1983 leitete Sr. Elaine, die inzwischen die Lehrerlaubnis bekommen hatte, das erste Mal ein Sesshin während der Karwoche in Baguio, einer Stadt am Fuße der philippinischen Kordilleren, rund sechs Busstunden von Manila entfernt. Die Stadt war zu Anfang des 20. Jahrhunderts um ein Camp der US-Truppen aus dem Boden gestampft worden. Die Stammesangehörigen, denen dieses Land gehörte, wurden enteignet, und ihre Kinder und Enkel führen deswegen zum Teil bis heute Prozesse gegen die USA. Die Karwoche ist in den überwiegend katholischen Philippinen eine religiös und spirituell sehr bedeutsame Woche; und daher kam dem Karwochen-Sesshin in Baguio große Bedeutung zu. Im Oktober desselben Jahres bekam die Sangha um Sr. Elaine eine große Summe von dem Vater eines Sangha-Mitglieds; seine Tochter, eine Ordensfrau, war per Schiff unterwegs zu Exerzitien in einen Sturm gekommen und ertrunken.

Mit zusätzlichem Geld von Pia Gyger und dem St.-Katharina-Werk in der Schweiz konnte die Gruppe im Frühjahr 1984 in dem Stadtteil Marikina ein Grundstück mit Haus kaufen. 1985 wurde das Zendo eingeweiht – vom Kardinal von Manila, Jaime Sin, dem Primas der katholischen Kirche der Philippinen und einer der wichtigen politischen Gestalten des Landes.

Zu den Aktivitäten des Zendo gehört das sonntägliche Sitzen, die Sesshins und das Ango*, die dreimonatige Trainingsperiode, die Anfang Januar beginnt und mit dem Karwochen-Sesshin endet. Das Haus, das in einem Villenviertel der mittleren Oberschicht liegt, wird durch Spenden und durch kulturelle Aktivitäten in Stand gehalten.

Dies alles geschah in den Jahren des Kriegsrechts, das Präsident Marcos 1972 verhängt hatte. Die Kredite, die Marcos im Ausland aufnahm, stürzten das Land in eine tiefe wirtschaftliche Krise. Der Führer der Opposition, Ninoy Aquino, musste ins Exil in die USA. Unmittelbar nach seiner Rückkehr im Mai 1983 wurde er – so, wie viele befürchtet hatten – am Flughafen von Manila hinterrücks erschossen. Den beginnenden Massenprotesten schlossen sich auch Mitglieder des Zendo an. Viele ihrer Freunde wurden von Regierungskräften verhaftet und in Lager für politische Gefangene gebracht. Dort befand sich schon seit längerem Horacio »Boy« Morales. Er war bereits 1982 inhaftiert und mehrfach gefoltert worden, mit Schlägen, Elektroschocks und der »Wasserkur«. Durch Zufall erfuhr er im Gefängnis von Zen und bat Sr. Elaine, ihn zu besuchen und ihn Zazen zu lehren. Sr. Elaine fragte zunächst deswegen beim kanadischen Botschafter an, der meinte, sie würde wohl innerhalb einer Woche des Landes verwiesen werden, wenn sie einen politischen Gefangenen besuchte. Doch dann hatte der Botschafter eine Idee: General Ver, einer der führenden Gefolgsleute von Präsident Marcos, hatte erst vor Kurzem von ihm einen Gefallen erbeten – einen Studienplatz für ein Familienmitglied an einer kanadischen Universität. Also rief der Botschafter den General an, und der übernahm die Garantie für Sr. Elaines Sicherheit.

Ihre Besuche im Gefängnis waren kompliziert. Alle wollten helfen, aber niemand wollte dabei gesehen werden, um nicht in Schwierigkeiten zu geraten. Sie musste auf Umwegen zum Gefängnis, sodass man ihr nicht folgen konnte; zum Beispiel ging sie durch die Vordertür einer Kirche hinein, aber zur Hintertür wieder hinaus.

Die Wachen waren unfreundlich, weil sie Sr. Elaine verdächtigten, Nachrichten aus dem Untergrund zu bringen. Und die Situation der politischen Gefangenen war angespannt – Boy Morales hatte wegen seiner Folter Klage beim Höchsten Gericht erhoben, BBC News berichtete über die Untergrundaktivitäten, Kameraden waren aus dem Hinterhalt erschossen worden, und die Folter hatte Spuren hinterlassen. Rund zwölf Häftlinge nahmen am Zazen teil – einige, um die Zeit totzuschlagen, andere aus Neugier. Sie saßen vor einer Betonmauer im Zellentrakt, und Sr. Elaine gab gelegentlich Teishos im Besuchertrakt; dazu brachte Boy Morales sein Transistorradio mit und drehte es voll auf, damit es wenigstens eine Art von Privatsphäre gab und nicht alle alles mithören konnten. Einige Male nahm sogar der Kommandant des Bago Bantay Detention Centers am Zazen teil und fand die Übung interessant.

Das Gefängnis bot in gewisser Weise eine ideale Übungssituation – nicht wenige der politischen Gefangenen erfuhren in relativ kurzer Zeit Kensho. So auch Boy Morales. Er schreibt: »Ich kann mit Sicherheit sagen, dass ich Einheit ›sah‹ und Intimität und Harmonie und Angemessenheit. Das ließ mich Glück und Schönheit in allem sehen; doch in diesem Moment war die Welt in meiner Gefängniszelle, und auch Sr. Elaine, die sich krank in Kanada aufhielt, war nicht getrennt von mir.« (Cuyugan, Tina, In a Perfect Place, Zen in a political prison, in: Pineda, This very mind, the Zendo, S. 54) Er war sichtlich entspannt, und Freunde bemerkten deutliche positive Änderungen in seinem Verhalten anderen gegenüber.

1986 mussten auf Druck der USA vorgezogene Präsidentschaftswahlen stattfinden, die Präsident Marcos im Amt bestätigten, doch die Opposition sprach von Wahlbetrug. Kardinal Sin rief über den Rundfunk zu friedlichen Demonstrationen auf. Millionen folgten dem Aufruf und versammelten sich auf der EDSA, der großen sechsspurigen Straße, die mitten durch Manila führt. Ihre Führer hatten im Untergrund zuvor bei Vertretern des Internationalen Versöhnungsbundes, bei den Österreichern

Jean Goss und seiner Frau Hildegard Goss-Mayr, in Seminaren den gewaltfreien Widerstand geübt. Als die Panzer auf die EDSA rollten, knieten die Aktivisten, viele von ihnen Ordensfrauen und Priester, vor den Panzern nieder, beteten den Rosenkranz und wichen nicht vom Fleck. Die friedliche »Rosenkranz-Revolution« hatte Erfolg, Marcos musste das Land verlassen, und die Frau des ermordeten Ninoy Aquino übernahm die Regierung. Die politischen Gefangenen wurden entlassen, und manche von ihnen übernahmen Regierungsämter, unter ihnen auch Boy Morales. Das sei nichts Besonderes, und er übe auch immer noch Zen, meistens nachts und manchmal im Büro, heißt es in einem Artikel in der Tageszeitung Philippine Daily Inquirer[81] von 1998 über ihn.

1986 übernahm Sr. Elaine McInnes die Leitung der Sektion Oriental Spirituality der Philippine Mission Society. Durch die Unterstützung von Bischof Julio Labayen, einem der bedeutenden Befreiungstheologen der Philippinen, wurde die Zen-Übung in die Formation, also die spirituelle Ausbildung des philippinischen Klerus und der Frauenorden, integriert. Sr. Maria Rosario Battung von den Good Shepherd Sisters, Befreiungs- und feministische Theologin, war von Anfang an Mitglied der Sangha und wurde von Yamada Roshi als Zen-Lehrerin bestätigt. Die Leitung des Zendo hatte seit 1988 Anthony Perlas, von Beruf Professor für Psychiatrie und eine gewichtige Stimme in der Gesundheitspolitik der Philippinen.

Sr. Elaine verließ die Philippinen 1993 und setzte ihre Arbeit für Gefangene im Rahmen des Prison Phoenix Trust in Oxford, England, fort. Als Tony Perlas 2002 starb, übernahm zunächst Nenates Pineda Roshi die Leitung des Zendo. Um diese Zeit hatte Sr. Elaine in Kanada eine Zen-Gruppe aufgebaut, musste aber nach England zurück. Also bat sie Nenates Pineda, die kanadische Gruppe zu übernehmen, was diese tat. In einem Land, in dem mehr als 10 Prozent der Einwohner als Gastarbeiter im Ausland arbeiten, sei das nichts Ungewöhnliches, meint Elda Perez in einem Gespräch im Januar 2008 in Manila. Sie leitet heute zusammen mit Sr. Rosario Battung und Rolli de Rosario das Zendo in Marikina auf kooperativer Basis. Daneben gibt es eine ganze Reihe weiterer Zen-Treffpunkte, die über Manila verteilt sind. Dazu kommen Gruppen in anderen Teilen des Landes – etwa in Baguio in den philippinischen Kordilleren oder in Zamboanga, im Süden der Philippinen.

Neben dem Zen Center for Oriental Spirituality in Marikina gibt es noch eine zweite Gruppe, Bahay Dalangin, die sich um Sr. Sonia Punzalan gesammelt hat. Die studierte Theologin und Literaturwissenschaftlerin begann 1976 in der Gruppe um Sr. Elaine zu üben, ging zwischen 1983 und 1988 jeweils für drei Monate nach Japan und wurde 1988 von Yamada Roshi zur Zen-Lehrerin ernannt. Ihr Zen-Name Soni-an bedeutet »Lehrerin in der Einsiedelei«, und Yamada Roshi kommentierte den Namen mit den Worten: »Bringen Sie Zen zu den Armen«. Begonnen hat die Gemeinschaft Ende der 1980er Jahre in einem Privathaus in Mandaluyong, einem Stadtteil von Manila. 1994 wurde die Gemeinschaft als Zen-Gemeinschaft Bahay Dalangin (»das Haus, das betet«) institutionalisiert. Da Manila eine Megacity mit 20 Millionen Einwohnern ist, hat auch diese Gruppe in mehreren Stadtteilen Meditationszentren, in denen an verschiedenen Wochentagen Zen geübt werden kann. Eines der Zendos befindet sich in Quezon City, im 13. Stockwerk des Senders ABS-CBN, denn der Gründer des Nachrichtenimperiums, Eugenio Lopez Jr. (1928–1999), übte selbst seit 1987 Zen und richtete hier ein schönes und vollklimatisiertes Zendo im japanischen Stil ein. Er wollte damit auch seinen Angestellten die Möglichkeit der Zen-Übung bieten. Weitere Gruppen gibt es in Cebu; in einem Wasserschutz-Gebiet errichteten hier Zendo-Mitglieder eine Art Einsiedelei, die aber zugleich soziale und ökologische Funktionen übernimmt.

Die miteinander verwobene Welt

Die meisten Filipinos sind – mit Ausnahme der Muslime im Süden und einiger weniger Indigenen – katholisch, und daher sind auch die allermeisten Mitglieder der Sanbokyodan-Gruppen auf den Philippinen katholisch. Die drängenden Fragen der »Westler«, wie denn Zen und Christentum zusammenpassen könnten, treten auf den Philippinen in den Hintergrund. Das hat eine Reihe von Gründen. Das Zweite Vatikanische Konzil hatte die Katholiken ermutigt, von anderen spirituellen Traditionen zu lernen. In Asien bedeutete das eine neue Wertschätzung der jeweiligen Herkunftskultur der Christen, denn die asiatischen Christen bzw. Katholiken sind – außer auf den Philippinen – überall religiöse Minderheiten von weniger als fünf Prozent der Bevölkerung. Ihre Herkunftskultur – die ganz selbstverständlich ihr Leben, ihre Beziehungen usw. bestimmt – ist durch den Islam oder durch Hindu-Traditionen oder den Buddhismus oder durch Primärreligionen geformt, selbst wenn sich diese durch Industrialisierung und kommerzielle Globalisierung zu verändern beginnen. Dazu kommt, dass gerade die wortlastigen europäischen Gebetsformen Asiaten eher fremd sind. Aus all diesen Gründen betonte die Asiatische Katholische Bischofskonferenz in Kalkutta 1978 »die Notwendigkeit der Inkulturation des Gebets der asiatischen Christen«. Das heißt, asiatische Katholiken wurden aufgefordert, nach genuinen asiatischen Gebetsformen zu suchen. Das entsprach auch der Intention von Lassalle, der im Zen eine Gebetsform für japanische Christen sah.

Dass die Zen-Übung für asiatische Christen eine »orientalische Gebetsweise« ist, war für philippinische Christen, die Zen praktizierten, selbstverständlich. Dazu kam, dass viele durch ihre Biographie die Zen-Übung direkt mit der philippinischen Theologie der Befreiung verbanden, denn sie hatten sie in der Zeit des Kriegsrechts kennengelernt. Zumindest zeitweilig Zen Übende sind etwa die international bekannte feministische Befreiungstheologin Mary John Mananzan, seit Kurzem Priorin der bedeu-

tenden Benediktinerinnen-Abtei St. Scholastika in Manila, oder
Mina Ramirez, die Präsidentin des Asian Social Institute, einer
Graduate School und Forschungsinstitution der philippinischen
Bischofskonferenz, an der man in »Angewandter Kosmologie«
promovieren kann. Das Asian Social Institute führt beispiel-
gebende große und langfristige Sozialprojekte durch und ist eine
wichtige Ausbildungsstätte für asiatische christliche Führungsper-
sönlichkeiten.

Auch Bischof Julio Labayen, einer der führenden Befreiungstheologen der Philippinen, gehört zu diesem Kreis. Er führte die
Integration von Zen in die Ausbildung des philippinischen Klerus
ein; in seiner Diözese Infanta gehört zur »Grundausbildung« der
Mitglieder von Basisgemeinden die Achtsamkeitsmeditation. Dazu lud er eigens einige buddhistische Mönche der Theravada-Tra-
dition aus Thailand ein. Außer Julio Labayen wird auch vielen
weiteren Bischöfen der Philippinen ein Interesse an Zen nachge-
sagt; vermutlich sind das ungefähr jene 40 Prozent der Bischöfe,
für die vor allem soziale Fragen bei ihrer Arbeit im Vordergrund
stehen und die sich auch in der Öffentlichkeit gelegentlich kritisch äußern.

Yamada Koun Roshi gab den Filipinas und Filipinos, die in
Kamakura Zen übten, einen Auftrag mit: »Damit die Philippinen
einmal wirklich ein unabhängiges Land werden können, haben
wir viele philippinische Schwestern, die hier im Zendo arbeiten.
Ich sage ihnen immer wieder, sie müssten zurückkehren in die
Philippinen und die armen Menschen lehren, die noch nie ein
englisches Wort sprechen konnten. Die Armen und nicht die
Oberschicht, die ausgebildet ist und die Dinge verstehen kann …
diese armen Menschen, die wirklich in den Slums leben. Wenn
wir diese Menschen das Sitzen lehren, dann werden in hundert
bis zweihundert Jahren alle im Land stärker und wirklich unabhängig sein. Ich will, dass alle Länder in der Welt unabhängig
sind.« (Koun Yamada, Über das Christentum, über die Welt und
über die Zukunft, in: Stachel, G. (Hg.): Übung der Kontemplation, S. 172)

Um die Dimensionen dieser Aufgabe einschätzen zu können, muss man die Situation der Philippinen erläutern. Auf den Philippinen leben rund 60 Prozent der Bevölkerung (das sind ca. 50 Millionen Menschen) von weniger als zwei US-Dollar pro Tag. Die Firmen, die den fünfzehn reichsten Familien des Landes gehören, erwirtschaften rund die Hälfte des Bruttoinlandsprodukts; diesen Familien gehören auch Schlüsselunternehmen im Bereich Wasser, Strom, Fernsehen usw. Dazu kommt, dass die Philippinen den Vorgaben der WTO folgen: Das bedeutet eine nahezu uneingeschränkte Privatisierung von Wasser, Bildung, Gesundheit plus einer unbeschränkten Öffnung für ausländische Firmen in der Industrie und auch im Dienstleistungsbereich. Rund ein Viertel der Bevölkerung, also ca. 25 Millionen, hat keinen Zugang zu sauberem Wasser und hygienischen Toiletten. Nur 13 Prozent der Menschen über 60 bekommen eine Rente, die durchschnittlich etwa 1300 Pesos beträgt, also ca. 26 Euro. 80 Prozent der Filipinos können sich keine Gesundheitsversorgung leisten. Soziale Mobilität ist in den Philippinen die Ausnahme und nicht die Regel. Wer unten ist, bleibt unten, und wer oben ist, oben. Oben sind rund fünf Prozent, die doppelt so viel verdienen wie die unteren 50 Prozent zusammen usw. usw.

Im Marikina Zendo in Manila kommen sehr viele Mitglieder aus dem Mittelstand, einige wenige sind sehr vermögend. Die meisten Zen-Lehrer des Zen Center for Oriental Spirituality in Marikina sehen soziales Engagement als selbstverständliche Ergänzung der Zen-Praxis. Die Berufung auf ein »reines Zen«, bei dem auch die Ethik ausgeblendet wird, ist die Ausnahme. Was soziales Engagement konkret bedeutet, ist jedem Einzelnen überlassen. Für die Zen-Lehrerin Sr. Rosario Battung hat der Einsatz für benachteiligte Gruppen Priorität, vor allem für Indigene, die in der philippinischen Gesellschaft als Menschen zweiter oder dritter Klasse gelten. Auch sucht sie nach traditionelle Heilmethoden, die vor allem den Armen zugutekommen.

In der Zen-Gemeinschaft Bahay Dalangin gehört soziales Engagement unabdingbar zur Zen-Praxis und ist Teil des Prozes-

ses der Personalisierung, sagt Sr. Sonia Punzalan Roshi bei einem
Gespräch in Manila im Januar 2008. In ihrer Dissertation »The
Zen Way« über die Zen-Praxis als Weg der persönlichen und sozialen Transformation versucht sie, diesen Prozess zu reflektieren.
Ihre Schüler kommen, wie sie berichtet, vielfach aus unteren und
mittleren Schichten – Ausnahmen sind etwa der verstorbene
Eugenio Lopez Jr. und manche Angehörige seiner Familie. Nach
ihrer Beobachtung bringen jene, die auf Subsistenz-Niveau leben,
die besten Dispositionen für Kensho mit. Wer so arm ist, dass der
tägliche Lebensunterhalt ein Problem ist, hat zu wenig Zeit für
die Zen-Übung; und jene, die sich um Geld und Besitz kümmern
müssen, werden davon deutlich abgelenkt.

Für einen Slum-Bewohner auf der untersten Sprosse der sozialen Leiter bedeutete die Zen-Erfahrung eine komplette Neube-
wertung seiner Existenz, wie er sagte: »Es sollte nicht so sein –
aber es fühlt sich so an … soll ich sagen ›Ich bin Gott‹, Selbst ist
Gott. Diese Energie, die aus mir herausquillt, ist Gott.« (Punzalan, The Zen Way, S. 261) Ähnlich äußerte sich auch Eugenio
Lopez Jr.: »Könnte man Gott Energie nennen?«, fragte er nach
einem Jahr Zen-Übung. Lopez, der zu einer der politisch und
wirtschaftlich mächtigsten Familien auf den Philippinen gehört,
hat, wie Sr. Sonia berichtet, durch die Zen-Praxis seine Geschäfts-
philosophie neu gewichtet. Nicht Gewinn, sondern Dienst an der
Allgemeinheit stand im Vordergrund; seine Dienstboten wurden
so bezahlt, dass sich alle ein eigenes Häuschen leisten konnten,
ebenso kam er für ihre medizinische Versorgung auf. Auf den
Philippinen ist die Sorge für das Haus-Personal, für das es natürlich keine Versicherung gibt, keineswegs die Regel. Auch bemühte sich Eugenio Lopez persönlich um die Versorgung von Slum-
Bewohnern, bis die giftigen Dämpfe des Pasig-Flusses, an dem die
Slums stehen, seine Lungen schädigten.

Ihren Schülern aus den besseren Schichten der Gesellschaft
empfiehlt Sr. Sonia, eine Zeitlang mit den Armen zu leben – oder
auch in der »Einsiedelei«, einer Gegend, in der es weder Strom
noch Geschäfte gibt. Celso, ein angehender Priester, der bei den

Agtas lebte, einem indigenen Stamm, beschreibt seinen Lernprozess: »Ich erfuhr, wie schwierig es ist, mit leerem Magen viele Stunden auf einen Berg zu steigen. Aber ich weiß, dass es für die armen Leute, mit denen ich lebe, viel schwieriger ist als für mich. Denn sie haben keine Alternative zu diesem Leben. ... Die Armen und an den Rand der Gesellschaft Gedrängten brauchen deine Fürsorge, Liebe und Zuneigung, deine Zuverlässigkeit, deinen Glauben und dein Tun. Für mich ist das Wenigste, das ich tun kann, ›so einfach zu leben, dass andere einfach leben können‹. Lust, mit zu tun?« (S. 217)

In Manila wird nicht nur am Pasig-Fluss Müll abgelagert. Ganze Stadtviertel mit mehreren Millionen Einwohnern wie zum Beispiel Tondo leben im, auf und vom Müll. Recycling-Projekte und andere Modelle der Produkt-Entwicklung für Menschen ohne Ausbildung, für Behinderte oder Gefängnis-Insassen werden von Zendo-Mitgliedern initiiert und begleitet. Das Leben neben dem Müll schädigt durch Gifte, die die Luft verpesten oder das Grundwasser verseuchen, die Gesundheit der Armen, die sich jedoch keine medizinische Versorgung leisten können. Mitglieder des Zendo bieten neben konventioneller Medizin auch alternative Heilmethoden an – Akupunktur, Prana-Heilung und Heilung durch Gebet.

Auf den Philippinen ist Heilung durch Gebet ein anerkannter Faktor im öffentlichen Leben – wohlgemerkt, nur maximal 20 Prozent der Bevölkerung können sich eine ärztliche Betreuung überhaupt leisten. Katholische Priester, in deren Gottesdiensten Heilungen geschehen, machen Schlagzeilen, auch in einer kritischen Zeitung wie dem Philippine Daily Inquirer. Unter der gebildeten Avantgarde gibt es zurzeit eine Art Wiederbesinnung auf indigene Traditionen vor der Ankunft der Kolonisatoren; dazu gehört auch die Wiederentdeckung schamanischer Heil-Rituale. In der Begegnung mit Schamanen entdeckte Sr. Sonia, dass das natürliche seelische Heilungspotenzial durch die Zen-Übung – also durch »bildlose Meditation« – aktiviert werden kann. (S. 271 ff.)

Die indigenen philippinischen Heiler erleben den Heilungsprozess als eine Liebe, die bis zur persönlichen Aufopferung geht.
Die Heiler sind »Opfer der Liebe«, schreibt Sr. Sonia: »Wir nehmen den Schmerz der anderen in unsere Herzen, in unser wahres Selbst.« Das berichtet auch der Zen-Lehrer Fr. Efren Borromeo, ein Schüler von Sr. Sonia, der durch Zen seine heilerischen
Fähigkeiten entdeckt hat. Seine Heilungen lässt er durch Ärzte
überprüfen und bestätigen. Im Augenblick arbeiten Sr. Sonia und
Fr. Efren Borromeo an einer umfassenden Studie über das Verhältnis von schamanischer Heilung und Zen. Seine hellsichtigen
Fähigkeiten setzt Fr. Efren Borromeo für Slumbewohner ein, die
sich keine Röntgen-Untersuchung und schon gar keine Com-
putertomographie leisten können, um zu einer Diagnose ihrer
Krankheit zu kommen. »Mitgefühl beinhaltet eine Begegnung
mit und ein gemeinsames Ertragen von quälenden Fragen: warum Leiden, warum Altern, warum Armut, warum Tod? Warum
Ungleichheit, Unrecht und Gewalt? Das Dunkel der Fragen
erhält Licht durch die Inkarnation des Gott-Selbst. Aus der Nacht
des christlichen Glaubens tönt – auf die Frage, ›Wer ist Gott
gegenüber dem Stöhnen der Menschen und der Schöpfung‹ – die
Antwort: Jesus, das Mitgefühl Gottes.« (S. 276)

In den Slums leben ca. 40 Prozent der 20 Millionen Bewohner
Manilas. Sehr viele können ihr kärgliches Auskommen nur von
Tag zu Tag und unter größter Anstrengung sichern und finden
daher keine Zeit für Zen-Meditation. Ein weiteres Hindernis für
die Verbreitung von Zen unter den Armen ist die Sprache, berichtet der Michael Tan, Universitätsprofessor für Anthropologie und
Kolumnist des Philippine Daily Inquirer. Die Anleitung zur Zen-
Übung wird meistens in Englisch gegeben. Das ist zwar Amtssprache auf den Philippinen, aber wird nur von jenen verstanden,
die mehr als nur ein paar Klassen in der Schule besucht haben.
Die Mehrheit der Filipinos spricht die zweite Amtssprache Tagalog, und sehr viele sprechen auch noch eine andere der mehr als
hundert Sprachen des Archipels. Auch dieser Umstand reflektiert
500 Jahre westlicher Kolonialherrschaft.

Bei der Ankunft der Spanier konnten nahezu alle Frauen und Männer die einheimischen Sprachen lesen und schreiben, stellt die feministische Theologin Mary John Mananzan fest. Das irritierte die Kolonisatoren, denn unter Europäern war dies keineswegs der Fall. Irritierend für die Kolonialherren war auch, dass Frauen und Männer gleichberechtigt waren. Während »vierhundert Jahren im Kloster und hundert Jahren in Hollywood« – so wird die Geschichte des Archipels manchmal zusammengefasst – hielten sich indigene Sprachen, Riten und Gebräuche nur in abgelegenen Regionen, in die die Kolonialherren nicht vordringen konnten. Die Zen-Lehrerin Sr. Rosario Battung stammt selbst aus einer indigenen Kultur, der der Ibanag. Sie sucht an die verlorenen Traditionen anzuknüpfen und hat gerade eine ausführliche historische Arbeit abgeschlossen. Sie hat einen alten spanischen Kodex gegen den Strich gebürstet, um dadurch aus den Darstellungen der Spanier, die von »Götzendienern« und »Teufelsanbetern« sprechen, die alten indigenen Rituale zu rekonstruieren. Sie betont, dass viele Phrasen aus den indigenen Sprachen zeigen, dass »Meditation« zum traditionellen Leben der Filipinos dazugehört hat.[82] So gibt es oft nur ein Wort für Atem und Leben, wie etwa *inango* in Ibanag, ihrer Muttersprache. Das Lebensprinzip der Ibanag: »*Megafu ta Inango anna alo na Yafu, maginango ittam ngamin*« bedeutet: »Aus dem Atem Gottes leben wir, atmen und pulsieren wir, dank der Liebe Gottes«. Aus dieser Erfahrung spricht Sr. Rosario von »*cosmic interwovenness*«, einem »kosmischen Miteinander-Verwoben-und-Verflochten-Sein«. Das ist mehr als ein Bild: Weben und Flechten gehören zu den ältesten Kulturtechniken. In manchen indigenen Kulturen auf den Philippinen stellte man alles, selbst Wasserbehälter und Kochgeschirr, aus Flechtwerk her. Bis vor ein, zwei Generationen waren diese unglaublich präzisen und ästhetischen Behältnisse noch in Gebrauch. Heute findet man sie meist nur noch im Museum. Die Erfahrung einer miteinander verflochtenen Welt drückt sich in Phrasen aus wie »*Taki na baggi, taki na illi*« – »der Schmerz des Körpers ist der Schmerz der Gemeinschaft«; in einem Filipino-

Sprichwort heißt es: »Der Schmerz des kleinen Fingers wird im ganzen Körper gespürt.«

Die indigenen philippinischen Kulturen erfahren Gott als Raum alles Lebendigen oder als Mutter, an deren Brüsten die Menschen liegen und genährt werden. Wie in vielen anderen indigenen Kulturen wird nur so viel von der Natur genommen, wie nötig ist. Heute gibt es zwar ein Gesetz, das den indigenen Völkern das Recht auf ihr »ancestral land« zugesteht, aber die Realität sieht anders aus: Die indigenen Völker müssen mit dem philippinischen Staat und transnationalen Bergbau- und Agrarmultis um das Land ihrer Väter kämpfen. Für sie ist dieses Land buchstäblich die Quelle ihres Lebens. Das ist nicht spirituell-romantisch, sondern politisch-spirituell, wie zum Beispiel in einem Gebet der indigenen Manobo, die im Süden des Archipels, in Surigao del Sur, leben: »Wir teilen den Segen der Erde durch unseren Atem und unsere gemeinsame Existenz mit Luft, Bergen, Seen, Wäldern und vor allem dem Land, in dem wir leben und aus dem wir die Geschenke unseres täglichen Lebens bekommen.«

Als Mitglied von EATWOT, Ecumenical Association of Third World Theologians (Ökumenische Vereinigung von Theologen der Dritten Welt) hat sich Sr. Rosario Battung dem Streben des Volkes nach einer gerechten Gesellschaft verpflichtet. Die EATWOT-Theologie soll Leben spenden und Hoffnung geben. Indigene philippinische Werte wie Würde, Dankbarkeit und Solidarität, Wertschätzung und Gemeinschaft, Freiheit, gemeinsamer Widerstand gegen Unrecht sind christliche Werte – sie sollen so ausgedrückt werden, dass alle Menschen sich angesprochen fühlen. Davon zeugt das Buch »Theologie des Kampfes«, das Sr. Rosario Battung herausgegeben hat und das die wichtigsten philippinischen Theologen vorstellt.

Im Bemühen um eine asiatische Theologie hat sich Anfang der 1990er Jahre auf den Philippinen ein eigener Ausdruck für »auf den Atem zentrierte Kontemplation und Achtsamkeit« herausgebildet: *hingalangin,* das aus den Tagalog-Worten *hininga,* Atem, und *dalangin*, Gebet, abgeleitet wird. (Battung, Rosario, The Way of the Breath where the Verdant Grass grows, in: Pineda, This very mind, the Zendo, S. 22–23)

In der Diözese von Bischof Labayen haben Priesterseminaristen und Theologie-Studenten daraus ein eigene Form der gemeinsamen Übung entwickelt: »Keine Worte werden benutzt, aber die Lebensweise und die Haltungen ändern sich.« *Hingalangin* ist in Basis-Gemeinschaften sehr verbreitet. Die Übung hat für Filipinos ihre eigene Überzeugungskraft. Sr. Maria Angeles Paredes, eine spanische Missionarin, die seit 40 Jahren auf den Philippinen lebt, leitet die Zen-Gruppe in Zamboanga im Süden der Insel Mindanao. Einige Jahre lang war sie Direktorin einer großen Schule, eines Colleges in der Stadt Ipil auf Mindanao. Einige Lehrer interessierten sich für das Sitzen in Stille, Sr. Angeles erklärte ihnen, wie es zu üben ist, und saß jeden Morgen mit diesen Lehrern eine Viertelstunde lang. Im Laufe der Zeit schlossen sich die anderen Lehrer – ungefähr dreißig – an, und man traf sich jeden Morgen regelmäßig, um *hingalangin* zu üben. Einige Schüler fragten nach, was die Lehrer machten, da sie sahen, dass ihre Lehrer eine Viertelstunde still im Kreis saßen. Dann gab es Unterweisungen für die interessierten Schüler, die wiederum erzählten es weiter. In der Zwischenzeit ist Sr. Maria Angeles Paredes längst nicht mehr Direktorin der Schule, sondern lebt mit ihren Mitschwestern in einer kleinen Gemeinschaft in dem rund 100 km entfernten Zamboanga und betreut Slumbewohner. In dem College aber wird immer noch morgens in Stille gesessen. Zunächst treffen sich die Lehrer und üben miteinander eine Viertelstunde. Dann versammeln sich die Schüler zum üblichen Flaggenappell, gehen danach sofort in ihre Klasse, wo ihre Klassenlehrer mit ihnen zehn Minuten *hingalangin* üben – ohne Druck. Dann beginnt der Unterricht.

GLEICHHEIT IN VERSCHIEDENHEIT:
RELIGIÖSE ZWEISPRACHIGKEIT

Das Licht des Erwachens

Ruben Habito, geboren 1947 auf den Philippinen, trat nach Abschluss der Schule in den Jesuitenorden ein. Nach Abschluss seines Theologiestudiums wurde er 1970 zu weiteren Studien nach Japan geschickt, erwarb an der Sophia-Universität in Tokyo, der Jesuiten-Universität, die zu den großen Universitäten Japans zählt, ein Doktorat in buddhistischer Philosophie und unterrichtete später selbst dort. In dieser Zeit lernte er auf Einladung eines japanischen Freundes in einem Rinzai-Tempel in Kamakura die Zen-Übung kennen und wurde Schüler von Yamada Roshi, der ihm 1988 die Lehrerlaubnis erteilte. Im Jahr darauf siedelte Ruben Habito, der inzwischen aus dem Jesuiten-Orden ausgetreten war und geheiratet hatte, in die USA über. Er lehrt an der Southern Methodist University Religionswissenschaft und spirituelle Traditionen. 1991 gründete er das Maria Kannon Center in Dallas (Texas). Mit seiner Frau Maria Reis Habito, die Direktorin des Elijah Interfaith Institute und des angeschlossenen Museums der Weltreligionen ist, hat er zwei Söhne.

Seine philippinische Identität hat Habito nach all den Jahren in den USA nicht aufgegeben. Zusammen mit Sr. Rosario Battung RGS reist er immer wieder in den Norden von Luzon, der Hauptinsel der Philippinen, um Menschen zu besuchen, die den unteren Schichten der philippinischen Gesellschaft angehören. Mit diesen Gruppen ist Sr. Rosario seit Langem verbunden. In der Beziehung zu diesen Menschen findet Habito immer neu seine Identität, in »vielen denkwürdigen Begegnungen ..., die mir nach wie vor zu verstehen geben, wer ich bin«. (Habito, Living Zen, S. 189)

Als Jesuit war er bereits einen intensiven und manchmal schwierigen Schulungsweg gegangen, als er 1971 in Kamakura das erste Mal an einem Sesshin teilnahm. Die Zen-Übung setzte für ihn den Weg der ignatianischen Exerzitien nahtlos fort. Auch hatte er die Unterstützung seines Spirituals Fr. Thomas Hand SJ, der selbst bei Yamada Roshi übte. Yamada Roshi gab Habito – wie allen seinen Schülern – das Koan »Mu«[83]: »Ein Mönch fragte Joshu: ›Hat ein Hund Buddha-Natur?‹ – und Joshu antwortete: ›Mu‹.« (Mumonkan, Fall 1)

»Wenige Wochen danach wurde ich buchstäblich von einem die Erde erschütternden Blitz getroffen, während ich still in meinem Zimmer saß, und mich erfüllten noch einige Tage danach Gelächter und Tränen.« (Habito, Total Liberation, S. 2)[84] Yamada Roshi und Yasutani Roshi bestätigten unabhängig voneinander, dass dies eine genuine Kensho-Erfahrung war. »Genährt durch weitere Koan-Praxis fuhr im Laufe der Jahre diese selbe Erfahrung fort, alles, was ich heute bin, zu informieren, da sie das Licht ist, in dem ich den Sinn meines christlichen Glaubens und meiner ganzen Existenz verstehe.« (S. 2) Christlicher Glaube und buddhistische Tradition stehen einträchtig und eigenständig nebeneinander, und Habito fällt es leicht, die verschiedenen Kontexte zu aktualisieren, in denen er lebt – die Kontexte USA und Philippinen, aber auch die buddhistische und christliche Sprach- und Denkwelt.

Die philippinischen Christen stellten ihm wegen seiner Zen-Praxis einige Fragen, die sich in erster Linie auf die Relevanz der Zen-Übung beziehen. Denn in einem Land wie den Philippinen, in dem der überwiegende Teil der Bevölkerung nicht genug zum Leben hat, erscheint es als überflüssiger Luxus, sich stunden- und manchmal tagelang schweigend zurückzuziehen. Daher stellte die feministische Befreiungstheologin Sr. Virginia Fabella MM, philippinisches Mitglied von EATWOT, Ruben Habito sechs Fragen:

1. Was ist Zen überhaupt?
2. Was ist sein Wert für Christen?

3. Welche Rolle könnte Zen in Gottes befreiendem Handeln in der Geschichte spielen?
4. Warum mangelt es vielen Zen-Übenden offensichtlich an Interesse an Fragen der Gerechtigkeit und sozialen Problemen im Allgemeinen?
5. Wie sieht Zen das letzte Sein, den persönlichen Gott, Sakramente usw.?
6. Kann Zen einen positiven Beitrag für eine asiatische Theologie liefern, wenn man bedenkt, dass erstens viele Menschen in Armut, Ausbeutung und Ungerechtigkeit leben und dass es zweitens unter Asiens Völkern eine vielgesichtige und tiefverwurzelte Frömmigkeit gibt?

Manche der Fragen beantworteten sich im philippinischen Kontext teilweise von selbst. Mindestens während der Zeit der Marcos-Diktatur und danach war ein größerer Teil der Zen-Gruppe sehr wach für Gerechtigkeit und soziale Fragen, beteiligte sich am Aufstand des philippinischen Volkes und engagierte sich auch später für soziale Anliegen. Die Ansätze zu einer asiatischen Theologie der Befreiung, die daraus entstehen (siehe vorhergehendes Kapitel, vor allem den Abschnitt über Maria Rosario Battung), versuchen auf der Basis des Zen auf Armut, Unrecht und Unterdrückung zu antworten; und nicht nur theoretisch, sondern auch durch Projekte, die manchmal mühsam um Finanzierung kämpfen müssen.

Antworten auf die Fragen von Sr. Fabella entstammen einem intensiven *intra*religiösen Dialog, der Ruben Habitos Zen-Praxis begleitet und aus ihr genährt und von einem intensiven Studium der christlichen und der buddhistischen Tradition unterstützt wird. Habito sieht diese Traditionen nicht als erratische *Blöcke*, sondern als gesellschaftlich und geschichtlich geprägte *Prozesse*. Die Christen sehen sich selbst meist ungeschichtlich, schreibt er auf seiner Website[85]. Doch selbst so ein »traditionell christliches Element« wie das Weihnachtsfest ist nicht christlichen Ursprungs, sondern das adaptierte Fest eines orientalischen Lichtgottes, der in Rom verehrt wurde. Daher lässt sich aus historischer Perspektive mit Recht die Frage stellen, was überhaupt aus der buddhistischen Tradition ins Christentum übernommen werden kann.

Ruben Habito übersieht nicht, dass aus der Sicht einer »Theologie der Religionen«[86] der Buddhismus einen universalen und inklusivistischen Anspruch stellt. Das kommt zum Beispiel deutlich in der »Dreifachen Zuflucht« zu Buddha, Dharma und Sangha zum Ausdruck. Denn nach buddhistischer Lehre haben *alle* Wesen Buddha-Natur und sind alle in die Suche nach dem Dharma (der Wahrheit) und in die Sangha (die Gemeinschaft) mit eingeschlossen. Gewöhnlich wird die Dreifache Zuflucht während eines Sesshin rezitiert. Für Christen, die eine buddhistische Praxis aufgenommen haben, stellt sich dann gelegentlich die Frage, ob die Rezitation der »Dreifachen Zuflucht« ein Verrat am Christentum ist. Eine Freundin, so erzählt Habito, verharrte während der Rezitation der »Dreifachen Zuflucht« in ihrer buddhistischen Übungsgruppe immer in respektvollem Schweigen. Denn für Buddhisten sei die »Dreifache Zuflucht« dasselbe wie für Christen das Apostolische Glaubensbekenntnis. Diese Frau zieht damit eine Trennlinie zwischen sich und den anderen, zwischen Christen und Buddhisten, schreibt Habito. »Diese Haltung ist die Wurzel der religiösen Konflikte auf der Welt, und bringt uns dazu, innere oder äußere Gewalt gegen einander anzuwenden.«

Zen ist ein Prozess des »Leerens«, aus dem befreiende Weisheit entspringt. In Habitos Büchern finden sich verschiedene Schichten der Interpretation dieses Leerens. Das Nichts, auf das Meister Joshu den Mönch in dem Koan Nr. 1 des Mumonkan hinweist, findet Habito im Licht seiner eigenen Erfahrung in einer klassischen theologischen Formel. Die *creatio ex nihilo*, die Erschaffung der Welt aus dem Nichts, wird gewöhnlich als philosophische Doktrin verstanden und interpretiert. Doch durch die Zen-Übung wird aus der scholastischen Theorie eine lebendige Erfahrung. »Nun erblickte ich darin einen ganz suggestiven Ausdruck eines allgegenwärtigen Erstaunens darüber, dass jeder Atemzug, jeder Schritt, jedes Lächeln …, jedes Blatt, jede Blume, jeder Regentropfen buchstäblich als nichts als das von Gnade erfüllte Geschenk der unendlichen und ewig fließenden göttlichen Liebe verwirklicht werden! … Alles im gesamten Universum – Blätter, Steine, Berge, alle Lebewesen – ist einfach und ursprünglich nichts anderes als das freiwillige Geschenk aus einer göttlichen Quelle, jeden Augenblick zum Dasein erweckt durch das Wort, den Logos …« (Habito, Living Zen, loving God, S. 28), wie es im Prolog des Johannes-Evangeliums heißt.

Den Verdacht, dass es sich hier um Pantheismus handle, entkräftet Habito durch den Hinweis auf die traditionelle christliche Lehre von »Gottes Gegenwart in allen Dingen« (wie Ignatius von Loyola sagte). Das Wort »Gott« wird hier als Hinweis verstanden, als »Finger«, der auf das zeigt, was Vorstellungen und Begriffe überschreitet – auf eine Dimension jenseits von Atheismus und Theismus, die *beide* auf der Ebene von Begriffen und Vorstellungen operieren. »Anscheinend müssen wir unsere einseitigen Vorstellungen von Gott überwinden, nämlich, dass er ein Supermensch da oben ist, so etwas wie ein weißbärtiger Großvater im Himmel, der alles sieht, und zugleich müssen wir begreifen, dass Gott eine Nicht-Person, der Grund aller Dinge ist. Wir befassen uns hier zwar mit zwei Begriffen, nämlich Person und Nicht-Person, aber wir müssen auch beide ablehnen. Wir müssen immer wieder auf den Erfahrungsgrund unserer theologischen Sprache zurückkommen.« (Habito, Total Liberation, S. 90)

Dann werden die Übergänge zwischen buddhistischem und christlichem Denken fließend. Aussagen aus dem Neuen Testament verbinden sich für Habito mit Leichtigkeit mit der Logik der »Vierfachen Negation«[87] des buddhistischen Philosophen Nagarjuna: »Alles steht in seiner Besonderheit in einer Beziehung der absoluten Abhängigkeit von der unendlichen Quelle all dessen, was ist. Ferner existiert überhaupt nichts außerhalb dieser unendlichen Quelle. (…) Kurz, in dieser unendlichen Quelle ›leben, weben und sind wir‹. (Apostelgeschichte 17, 28)« (Habito, Living Zen, loving God, S. 28)

Immer wieder macht Habito darauf aufmerksam, dass er »*dirty language*« benutze, jedenfalls vom Standpunkt des Zen aus. Begriffe, seien sie buddhistisch oder christlich, verdunkeln den klaren Himmel des Erwachens. »Weil es allzu sonnenklar ist, braucht es lange zum Begreifen«, heißt es in der Koan-Sammlung Mumonkan. »Wer Augen hat zu sehen, der sehe«, parallelisiert Habito den Vers des chinesischen Zen-Meisters Mumon Ekai mit einem Zitat aus dem Evangelium. »Aber um sehen zu können, bedarf es einer totalen Veränderung des Herzens, einer *metanoia* (Mk 1,15), jenes totalen Leerens des Selbst, das in seiner wahren Fülle im Licht von Gottes Gnade dient.« (S. 52/53)

»Zeig mir dein ursprüngliches Antlitz, bevor deine Eltern geboren wurden«, fordert ein Koan auf. Das ist möglich, wenn es gelingt, sich auf die eigene Verletztheit und Zerbrochenheit einzulassen und die falschen Ich-Ideale aufzugeben. Wer sich von den »Pseudo-Konstrukten«, mit denen das Leben angefüllt ist, und den Ängsten und egoistischen Verkrampfungen lösen kann – zumindest für einen Augenblick –, der kann befreiende Weisheit und das »ursprüngliche Gesicht« erfahren. Der Buddhismus spricht von »Buddha-Natur«; christlich gesprochen ist dies eine Aktualisierung des Dogmas der *creatio ex nihilo,* der Schöpfung aus dem Nichts. »Das Angesicht Gottes ist das ursprüngliche Angesicht, nach dessen Bild wir erschaffen wurden. … Dieses Gesicht können wir erst erkennen, wenn wir zum Nicht-Sein unseres Wesens zurückkehren.« (S. 107)

Er erzählt von einer katholischen Nonne, die bei einem Zen-Retreat eine so tiefgründige Erfahrung machte, dass sie in Tränen der Freude ausbrach und aus ihr die Worte kamen: »Ich bin unschuldig.« Das »ursprüngliche Gesicht« des Zen könnte – theologisch gedacht – der »Christus-Natur« entsprechen, meint Habito vorsichtig. Oft setzt Habito die Erfahrung des »ursprünglichen Gesichts« auch mit einem Ausdruck parallel, der zu den Schlüsselbegriffen des Neuen Testaments gehört: »Reich Gottes«. Der Weg dazu führt über die *metanoia*, über die »Umkehr«, wörtlich das »Umdenken«, wie Jesus immer wieder sagt. »Diese einfache

Botschaft anzunehmen kann die Ursünde aufheben, die uns von Gott trennt«, stellt Habito lapidar fest. (ebd., S. 100)

Das Reich Gottes hat einen Doppelcharakter: Es ist schon da, und es liegt zugleich vor uns. Es ist verborgen und zugleich offenbar. Dasselbe kann man für die Buddha-Natur oder das »ursprüngliche Antlitz« sagen. »In Hinblick auf die Erleuchtung als Prozess ist ›Leeren‹ ein passender Ausdruck, der auf Bewegung verweist, auf den Eintritt in das apostrophierte Reich. Im Hinblick auf Erleuchtung als Zustand der Erkenntnis oder des Erlangens ist der Begriff ›Leere‹ höchst treffend angewandt«. (S. 43) Die starke philosophische Aufladung des Begriffs »Leere« oder »Leeren« kann jedoch darüber hinwegtäuschen, dass es um konkrete Erfahrung geht. Habito zieht – wie auch Johannes Kopp – den Hymnus im 2. Philipperbrief heran, in dem es heißt, dass Christus sich von aller Göttlichkeit entblößt hat und »ein Mensch wurde, einem Sklaven gleich«. Auf Deutsch wird *Kenosis* meist als »Selbstentäußerung« wiedergegeben, ein sperriger Terminus, den Habito als »Entleeren des Selbst« wiedergibt. *Kenosis* bedeutet, sich von allen Konstruktionen und Interpretationen des Selbst zu lösen, mit deren Hilfe man das Leben festhalten möchte. Positiv formuliert, geht es um einen umfassenden Heilungsprozess, der alle ausgegrenzten und verdrängten Aspekte der Person umfasst, beginnend mit dem Körper, der in den dualistischen und patriarchalen Kulturen als Teil der Natur beherrscht und kontrolliert wird – genauso wie die Natur im Ganzen[88]. Auch »das Weibliche«, das oft als dunkel und gefährlich erscheint, wird in diesem Prozess miteinbezogen, ebenso wie der »Schatten« – beides Teile der Persönlichkeit, die oft negativ wahrgenommen werden.

Das treibende Moment der Veränderung ist dabei der Atem. In einem tiefgreifenden Prozess lösen sich allmählich Blockaden und Kontrollen. Ein Zen-Lehrer ist in diesem Prozess wie eine Hebamme, die darauf achtet, dass die Bedingungen für das Entstehen neuen Lebens günstig sind. (Habito, Healing Breath, S. 48). »Letztendlich ist es die Aufgabe des Lehrers, dem Schüler zu helfen, vom Atem gezähmt zu werden, sich dessen heilender und verwandelnder Kraft völlig zu überlassen.« (S. 50). Dabei kann Habito auf die Erfahrungen der philippinischen Kultur zurückgreifen, auf die Wertschätzung des Atems: Das Tagalog-Wort *Pahinga* bedeutet »Ausruhen, Atmen«. Dem Atem mit »buchstäblich ganzem Herzen und ganzem Geist« zu folgen ist die Grundübung des Zen. »Jeder volle Atemzug wird mit einer neuen Frische empfangen, hier und jetzt gelebt.« (S. 45)

Der Prozess der Heilung durch den Atem ist wie ein Nach-Hause-Kommen. »Wir realisieren, wir sind zu Hause, wenn wir zu unserem wahren Selbst erwachen, das mit allem im Kosmos verknüpft ist. Wir haben das Zuhause niemals verlassen, und doch lernen wir es zum allerersten Mal kennen.« (S. 142) Diese Erfahrung speist sich aus einer in Worten und Begriffen nicht erfassbaren Quelle. »Erst die Erkenntnis des eigenen wahren Selbst, diese blitzhafte Einsicht in die eigene ursprüngliche Natur, befreit einen wahrhaft von jeder grundlegenden Egozentrik und führt dazu, dass man die leere Natur aller Dinge und die Vernetztheit aller Dinge in ihrer Leere erkennt.« (S. 150)

Es geht nicht nur um Erkenntnis, sondern um die Erfahrung, in jedem Augenblick des Lebens aus einer dynamischen Bewegung der Liebe zu leben. Der buddhistische Begriff »Leere« lässt sich in die Sprache christlicher Theologie als »Liebe« übersetzen. »Die unbekannte Quelle ist das Eine, das liebt, das Eine, das als Abba, Vater oder Mutter aller angesprochen wird. Das Manifeste ist das, was geliebt wird, das ewige Bild jener Quelle, das auch Erstgeboren vor aller Schöpfung ist und auf das sich das Sein all der Myriaden von Dingen des Universums gründet. Und dieses Meer des Mit-Leidens ist die Liebe an sich, der Atem Gottes, der das ganze Universum zusammenbringt und mit Leben erfüllt.« (Habito, Living Zen, loving God, S. 165)[89]

Der Prozess des Leer-Werdens wird vor allem in der japanischen Zen-Tradition als »großer Tod« bezeichnet, aus dem das »große Leben« entspringt.[90] Diese Erkenntnis befreit grundlegend von der Angst vor dem Tod. Für Christen heißt das in den Worten des

Neuen Testaments: Teilnahme an Tod und Auferstehung Jesu, »und zwar in unserem eigenen Leib. Das neue Leben in Christus zu leben (2. Kor 5,15,17) heißt, am göttlichen Leben in uns selbst teilzuhaben.« (S. 29) Damit sind die Grenzziehungen zwischen »mir selbst« und »den Anderen« aufgehoben. »Leib Christi« ist keine Metapher, sondern eine Erfahrung mit ungeheuren Auswirkungen »auf die sozialen, kulturellen, politischen und wirtschaftlichen Regionen unseres Lebens, denn nun gibt es niemanden und nichts mehr, der und das kein wesentlicher Teil unseres wahren Selbst ist. [... da] wir nämlich die Gesamtheit dessen sind, was die Welt ist – und umgekehrt. Die Welt ist die Gesamtheit dessen, was wir sind.« Das Leid, die Qualen und der Schmerz aller Lebewesen »sind *mein* Schmerz und *meine* Leiden«. (S. 30).

Auf diese Weise wird die Zen-Übung zur Nachfolge Christi, wenn »man den Weg geht, den Jesus ging, und die gleichen grundlegenden Entscheidungen trifft, die er traf. Es bedeutet auch, dass man das eigene Leben als dem Atem geöffnet lebt, indem man das Evangelium den Armen verkündet, den Gefangenen predigt, dass sie frei sein sollen, und den Blinden, dass sie sehen sollen, und den Zerschlagenen, dass sie frei und ledig sein sollen. (Lk 4, 18–19).« (S. 31)

Nachfolge Christi ist ein Weg der Aufhebung der Strukturen der Gewalt. Das Kreuz Jesu hat eine doppelte Symbolik: Es ist Marterwerkzeug und Symbol der Auferstehung. Es fordert dazu auf, die historischen und sozialen Situationen wahrzunehmen und sich mit den Frauen, Kindern und Männern zu identifizieren, die Gewalt erleiden, egal ob das physische, psychische oder strukturelle Gewalt ist. Aus der Solidarität mit diesen Menschen erwächst die Kraft, »ganz aufzugehen in den speziellen Aufgaben der Befreiung von Menschen in speziellen historischen Zusammenhängen.« (S. 32) Genau hier, in den konkreten Strukturen der Gewalt, ereignet sich Auferstehung. Die politische Situation der Philippinen bietet reichlich Gelegenheit für solche Erfahrungen.

Habito erzählt von einem Treffen mit Bauern und ihren Familien während der Marcos-Diktatur. Zehn von ihnen waren vom

Militär aufgegriffen und gefoltert worden; bis auf drei hatte man sie wieder nach Hause geschickt. Die Leichen der drei fand man später bis auf die Knochen verbrannt in einem Massengrab. Die Leute wussten, dass das Militär wiederkommen würde. Sie waren in einem Dilemma – sollten sie die von der Behörde gesuchten Familienmitglieder ausliefern? Was dann mit ihnen passieren würde, war offensichtlich. Taten sie es nicht, würde das Militär sie weiterhin schikanieren, und sie würden nicht auf ihren Feldern arbeiten können und die Grundlagen ihres Lebens verlieren. Es gab keinen Ausweg. »Sie waren mit einem lebendigen Koan konfrontiert, einem Koan auf Leben und Tod.« Sie hatten buchstäblich nichts mehr zu verlieren. »Und genau in dieser Situation, in der sie von allem entleert waren, verspürten alle eine neue Freiheit, ein neues Licht. Einer von ihnen fasste es mir gegenüber in die Worte: ›Gott ist bei uns. Wir brauchen keine Angst zu haben.‹ Und darin drückte sich nicht bloß ›Hoffnung‹ oder ›Glaube‹ aus, sondern eine erlebte Wirklichkeit, die in der Ruhe ihrer Gesichter aufschien, in der Unbeschwertheit und dem Freiheitsgefühl, die sich genau in diesem Augenblick einstellte.« (S. 72)

Der Prozess des Leerens aktualisiert sich in den Drei Kleinoden, Buddha, Dharma und Sangha. Sangha bedeutet zunächst die Gemeinschaft der Buddha-Mönche, doch im Mahayana-Buddhismus hat das Wort ein breites Bedeutungsspektrum bekommen. An diese Interpretation hält sich Ruben Habito, indem er Schritt für Schritt erschließt, was bzw. wer Sangha ist: die Familie, die Freunde, mit denen man gemeinsam auf einem spirituellen Weg unterwegs ist, schließlich alle Menschen zu allen Zeiten und überall. »Sangha« meint: Im Kreis des Miteinander-Verknüpft-Seins ist niemand und nichts ausgeschlossen. »Es können wirklich Tränen der Dankbarkeit kommen und uns überwältigen. Wir entdecken die Sangha, wenn wir uns fragen: ›Wer bin ich?‹ Wenn ich dazu geführt werde, wahrzunehmen, wer meine Sangha ist, realisiere ich, dass ich nicht allein bin, niemals allein bin in diesem Leben.« Die ganze Gemeinschaft der Erde ist unsere Sangha –

diese Wahrnehmung rührt zu Tränen des Schmerzes – denn da sterben jede Minute Kinder an Hunger und Armut, Menschen erfahren Unrecht, werden diskriminiert, getötet. Doch auch jene, die Unrecht tun, die andere diskriminieren, quälen, ermorden, sind Teil dieser Sangha – »sind wir«.[91]

Die befreiende Weisheit ist nichts ohne Mitgefühl. Dies entspricht der buddhistischen Tradition, die Weisheit und Mitgefühl, Weisheit und Liebe immer zusammen denkt. Es geht nicht um ethische Maximen; es ist ein Verhalten, das aus der Erfahrung des Erwachens folgt. In der buddhistischen Tradition symbolisiert dies Avalokiteshvara Bodhisattva, der in Indien eine männliche Gestalt hat und in China und Japan unter dem Namen Guan Yin bzw. Kannon in weiblicher Gestalt verehrt wird. Der Überlieferung nach hörte Avalokiteshvara im Übergang zum Nirvana die Schreie der leidenden Wesen. Da hatte er (oder sie) plötzlich elf Köpfe und tausend Arme, um überall zu helfen, wo es vonnöten ist. Mit diesem Bodhisattva beschäftigt sich auch eine Geschichte des Bi-Yän-Lu, der »Aufzeichungen des Meisters vom Blauen Fels«, einer chinesischen Koan-Sammlung aus dem 13. Jahrhundert: Yün-Men fragte Tau-Wu, wozu der Große Bodhisattva der Barmherzigkeit so viele Augen und Hände brauche. Tau-Wu antwortete: »Das ist so wie bei einem Menschen, der mitten in der Nacht mit der Hand nach hinten greift, um nach dem Kissen zu tasten«, also etwas, das er völlig selbstverständlich tut.

Habito zitiert diese Koan-Geschichte als Parallele zum Gleichnis vom Barmherzigen Samariter (Lukas 10, 25–37). Jesus erzählt es als Antwort auf die Frage, wie man das ewige Leben finde. Der Samariter findet auf einer Überlandstraße einen Mann, der von Räubern überfallen wurde. Vor ihm waren schon ein Tempelpriester und ein Tempelgehilfe an dem Mann vorbeigegangen. Der Angehörige des Volkes der Samariter, der als Nicht-Jude gilt, hilft dem, der von Räubern niedergeschlagen und ausgeraubt wurde, sehr konkret; Er versorgt seine Wunden und bringt ihn zu einem Gästehaus, wo er Geld hinterlässt, mit dem Auftrag, den Verletzten zu pflegen. Er handelt ohne viel Aufhebens, eben wie jemand, der in der Nacht nach seinem Kissen greift, es unter den Kopf zieht und dann wieder einschläft. »Das ist Mitgefühl«, sagt Habito; das ist Nächstenliebe. (S. 122)

Mitgefühl ist die Art und Weise, wie sich das Erwachen, wie sich »Buddha« manifestiert – in einem Leben, das von tiefem inneren Frieden und zugleich von Demut und liebender Güte für alle Lebewesen erfüllt ist. Dies ist Ausdruck der Realität, dass wir von unserer Geburt an mit allen lebenden Wesen verwandt sind. »Dazu erwacht man in der Erfahrung der Erleuchtung«.

»Dharma«, die dritte »Kostbarkeit«, heißt wörtlich »Lehre« und bedeutet, zu akzeptieren, dass unser Leben durch die drei Merkmale von Vergänglichkeit, fehlender Autonomie und Unzufriedenheit gekennzeichnet ist – und dass der Weg aus dieser Unzulänglichkeit heraus erfordert, die Ich-Zentriertheit unseres Denkens und Wahrnehmens aufzugeben. Im Mahayana-Buddhismus wird von *shunya,* »leer«, gesprochen, ein Wort, das mit dem Sanskrit-Wort für »Null« verwandt ist.[92] »Diese ›Nullheit‹ ist die Grundlage unseres Lebens.« Je geringer das Ego wird, desto großherziger wird die Person, und desto tiefer die Umarmung der Wirklichkeit und der Quelle der Wirklichkeit.

Die wahre Leere – das Wunder der Dinge

Ana Maria Schlüter Rodés, geboren in Barcelona, entstammt einer spanisch-deutschen Familie. Ihre Mutter war katholisch, ihr Vater Protestant, und in der Familie wurden Toleranz und Selbstverantwortung betont. Ihre ersten Lebensjahre verbrachte sie zum größten Teil mit ihren Eltern bei den väterlichen Großeltern in Berlin. Aus dieser Zeit stammen die ersten tiefen Erfahrungen: etwa *sah* sie plötzlich eine kleine gelbe Blume im Garten und vergaß diesen Augenblick nie wieder.

Noch eine zweite Erfahrung wurde prägend für sie: Bei einem Besuch in Barcelona bei den Großeltern mütterlicherseits im

Jahr 1943 fuhr die Familie auf den nahe gelegenen Montserrat, den heiligen Berg Spaniens. Beim Eintritt in die Basilika öffnete sich plötzlich ein geheimnisvoller hochgewölbter Raum, der in dem achtjährigen Mädchen den intensiven Wunsch weckte, immer »darin« zu leben.

Wegen der Bombardierung Berlins wurde die Familie in den letzten Kriegsjahren in ein Dorf in Niedersachsen evakuiert. Im nahegelegenen Göttingen lernte Ana Maria Schlüter Rodés erstmals den evangelischen Gottesdienst kennen. Ihre Erstkommunion fand in der katholischen Kirche in Göttingen statt – in einer Kirche, die ärmlich und still war, erfüllt von der Atmosphäre des Martyriums, da die Nazis den Kaplan der Pfarrei in Berlin hingerichtet hatten.

1949 kehrte die Familie aus Berlin nach Barcelona zurück, in das Spanien der Militärdiktatur des Generals Franco. Durch die Übersiedlung mit all ihren Umstellungen wurde Ana Maria Schlüter Rodés deutlich, dass sie in zwei Kulturen lebte, der deutschen und der spanischen.

Sie studierte in Barcelona, Hamburg und in Freiburg im Breisgau Philosophie und Geisteswissenschaften. Während ihrer Zeit in Freiburg erfuhr ihr Leben eine grundsätzliche Vertiefung. Die Zweiundzwanzigjährige kniete nach den ersten Vorlesungen am Morgen in der letzten Bank einer Kirche. »Die Kirche war weiß und einfach, und ich schaute in die Richtung des Tabernakels auf dem Altar. Da sah ich auf einmal – aber nicht mit den leiblichen Augen – Licht voller Liebe. Es war Christus. Es war ein sehr stiller Augenblick, sehr tief, sehr einfach und ganz normal, einfach gut. Alle Glaubenszweifel, die ich bis dahin in den letzten Jahren gehabt hatte, verflogen im Nu, und ich habe nie wieder welche gehabt. ... Seit diesem Augenblick glaubte ich nicht, ich wusste. Ich hatte es erfahren. Ich spürte ein großes Verlangen, allen Menschen zu sagen, dass sie geliebt werden. ... Wir sind nur blind, aber es ist da, wirklich.« (Schlüter Rodés, Ana Maria, Freiheit, in: Stachel, G. [Hg.] Übung der Kontemplation, S. 64 ff.)

1958 trat sie in Holland in die Kongregation der »Frauen von Bethanien« ein, in ein 1919 gegründetes Säkularinstitut, das sich mit sehr großer Offenheit in der Ökumene und für soziale Gerechtigkeit engagiert. Danach begann sie ihr Studium der Theologie in Nijmegen.

Ihre pädagogische Doktorarbeit beschäftigte sich mit den pastoraltheologischen Folgerungen einer Frage, die sich u. a. aus ihrer Erfahrung in der Freiburger Studentengemeinde ergab: »Warum sehen die einen, und die anderen nicht?« Dieses Thema kehrt in den Evangelien immer wieder, wenn es um die Erkenntnis des auferstandenen Christus geht. Das bekannteste Beispiel ist die Erzählung im Lukas-Evangelium (Lk 24, 10–35) von den beiden Jüngern, die sich nach dem Tod Jesu auf dem Weg in das kleine Dorf Emmaus machen und unterwegs einem Unbekannten begegnen, der sie begleitet und ihnen anhand der Bibel erklärt, warum Jesus sterben musste, dass dies aber nicht das Ende ist. Sie laden ihn zum Abendessen ein, und erst, als er das Brot mit ihnen teilt, »gehen ihnen die Augen auf«, und sie sehen, dass der Unbekannte der auferstandene Christus ist, der in dem Augenblick verschwindet.

Seit 1966 lebte Ana Maria Schlüter Rodés wieder in Spanien und unterrichtete von 1968 bis 1987 an den Universitäten Madrid und Granada ökumenische Theologie. In diesen Jahren wohnte sie in San Blas, einem Arbeiterbezirk in Madrid, und beteiligte sich unter anderem an Nachbarschaftskomitees, eine von der Militärdiktatur unerwünschte Aktivität. Deswegen wurde sie in den letzten Jahren der Diktatur auch von der Polizei überwacht. 1975 starb General Franco zwar, doch die Verhältnisse änderten sich nicht so rasch. Im Winter 1975 reiste sie nach Österreich zu einer Studien-Tagung der »Frauen von Bethanien«, und anschließend nahm sie in Deutschland an einem Sesshin mit Hugo Lassalle teil – ihrem ersten. Als sie danach nach Madrid zurückkam, erfuhr sie, dass die Polizei um Mitternacht bei ihrer Hauswirtin angeklopft hatte, um sie zu suchen. Am nächsten Tag wurde sie von der Polizei einem langen Verhör unterzogen, doch mehr geschah nicht. Da sie direkt aus dem Sesshin kam, erlebte sie das alles *con mucha serenidad,* mit großer Gelassenheit. Später assistierte sie Lassalle bei seinen Sesshins in Spanien und übersetzte bis 1985 für ihn. 1981 wurde sie Schülerin von Yamada Koun Roshi und erhielt 1985 von ihm die Lehrerlaubnis. Im nächsten Jahr gründete sie das Zendo Betania in Brihuega, einer kleinen Stadt in der Provinz Guadalajara, rund 90 Kilometer von Madrid entfernt. Zunächst fanden die Sesshins in provisorischen Verhältnissen statt. Der Grundstein für das Zendo wurde 1988 gelegt. Eigens dafür kam Hugo Lassalle noch einmal – zwei Jahre vor seinem Tod – nach Spanien. 1994 erhielt Ana Maria Schlüter Rodés von Kubota Roshi den Titel *Junshike,* Associated Zen Master. 1997 erklärte sie das Zendo Betania zu einer unabhängigen, jedoch mit dem Sanbokyodan in Verbindung stehenden Zen-Schule.

Sehen – Urteilen – Handeln:
Die Kunst der Zen-Übung

Yamada Koun Roshi und Hugo M. Enomiya Lassalle sind für Ana Maria Schlüter Rodés die entscheidenden Impulsgeber: der eine für eine kompromisslose Zen-Praxis, der andere für den Brückenschlag zwischen Zen-Buddhismus und Christentum. In der Tradition der spanischen Mystik und ganz besonders in den Schriften des großen spanischen Mystikers Johannes vom Kreuz (1542–1591) findet Ana Maria Schlüter Rodés Grundlagen und sprachliche Formen, die dem Zen-Weg entsprechen. Die praktischen Anweisungen, die Johannes vom Kreuz gibt, können bruchlos auf die Zen-Übung übertragen werden – etwa wenn es darum geht, an nichts zu haften und den konsequenten Weg in die »dunkle Nacht der Seele« zu gehen, um zur Quelle zu kommen, »die entspringt und fortfließt, auch wenn es Nacht ist. Die Ewigkeitsquelle hier, verborgen – sie quillt hervor, das weiß ich sicher, auch wenn es Nacht ist. Den Ursprung weiß ich nicht, denn sie hat keinen. Doch weiß ich: Allem Ursprung gibt sie Herkunft, auch wenn es Nacht ist«, wie es in dem berühmten Gedicht des Johannes vom Kreuz heißt.[93]

Ebenso intensiv wie auf Johannes vom Kreuz bezieht sich Ana Maria Schlüter Rodés auf die großen Meister des chinesischen Ch'an und des japanischen Zen, deren Biographien sie in Kontext der jeweiligen historischen und sozialen Umstände darstellt, soweit sich dies ermitteln lässt. In Wochenend-Workshops bietet sie ihren Schülern die Möglichkeit, sich mit der Geschichte und Kultur des Zen-Buddhismus vertraut zu machen. Gelegentlich besteht auch die Möglichkeit, an einem Internetlehrgang über den historischen und philosophischen Hintergrund des Zen teilzunehmen.[94] Darüber hinaus publizierte sie Kommentare zu drei klassischen Texten des Ch'an, dem Shinjinmei, dem Sandokai und dem Hokyozanmai, denen sie Teishos von Yamada Koun Roshi zu Grunde legte.[95] Zudem hat sie, was zunächst überrascht, zwei Bücher mit Kommentaren zu Grimms Märchen publiziert, »Weg zum Erwachen in den Märchen« und »Licht der Seele, der verborgene Schatz in den Märchen«. Dahinter steht die Einsicht, dass die Erfahrung des Erwachens nicht »chemisch rein« dargestellt werden kann, sondern dass es immer ein Medium der Darstellung braucht. Das muss nicht notwendigerweise ein religiöses Darstellungssystem sein, da es sich um eine grundlegende menschliche Erfahrung handelt. Auch in den Märchen, wie zum Beispiel jenen, die die Brüder Grimm zu Anfang des 19. Jahrhunderts gesammelt haben, lässt sich der Weg des Erwachens nachzeichnen. Am Beginn der Märchen steht eine Notsituation, die die Heldin oder den Helden dazu zwingt, das Vertraute zu verlassen. Es folgt die Konfrontation mit dem Ego und dem »Schatten«, und am Ende des Weges steht der befreiende Wandel in eine andere Dimension. Im Märchen von der Frau Holle entdeckt die Goldmarie zum Beispiel, dass sie die weiße Wolle, die sie spinnt, befleckt hat. Sie möchte die Wolle reinigen und fällt dabei in den Brunnen. Durch den dunklen engen Schacht kommt sie in eine lichte Weite. Auf ihrem weiteren Weg ist sie offen für die Bedürfnisse anderer – etwa für den Apfelbaum, der gepflückt werden will, oder für das Brot, das aus dem Ofen möchte. Nach ihrer Arbeitszeit bei Frau Holle steht dann am Ende beim Durchschreiten des Tores in den Alltag der Goldregen, der ihr Leben von Grund auf ändert.

Dies und andere Märchen schildern einen Wandlungs- und Reifungsprozess, an dessen Ende immer der Rückweg in den Alltag steht – auch wenn dieser nur angedeutet wird. Der Prüfstein ist furchtloses, nicht-egozentrisches Verhalten, das sich dann am Ende als Schlüssel zur Verwandlung erweist. In den Märchen tritt »das Licht der Seele« (Schlüter Rodés, La luz del alma) in Erscheinung, und insofern ist es auch nicht verwunderlich, dass in der Zen-Tradition immer wieder Märchenmotive eine Rolle spielen, zum Beispiel in der Geschichte von Seijo, Mumonkan Nr. 35.

Ch'an/Zen ist eine »Überlieferung von Herz zu Herz, jenseits von Buchstaben und Schriftzeichen«. Dieser Ausspruch wird dem Begründer des Ch'an/Zen, dem indischen Mönch Bodhidharma, zugeschrieben. Im Westen und vor allem in der Rezeption im christlichen Umfeld ist Zen jedoch oft als Methode oder Technik bezeichnet worden. Davon setzt Schlüter Rodés sich ab. »Die Zen-Übung ist vor allem eine Kunst oder ein Weg, keine Methode«. Zen ist für Ana Maria Schlüter Rodés eine Schule des Sehens und eine Umwandlung der Wahrnehmung im umfassenden Sinn. Doch nicht nur die Zen-Übung, auch die Jahre im Madrider Stadtteil San Blas und die Erfahrungen von Unrecht und Gewalt während der katholischen Franco-Diktatur haben die Haltung von Schlüter Rodés geprägt. Sehen allein ist nicht ausreichend, auch Urteilen und entsprechendes Handeln sind notwendig: Dieser Dreischritt »Sehen-Urteilen-Handeln« wurde zuerst innerhalb der katholischen Arbeiterbewegung im Frankreich der 1950er Jahre als Methode des sozialen und politischen Engagements aus christlicher Spiritualität entwickelt. Später hat die Befreiungstheologie diese Methode übernommen. »Sehen« bezieht sich auf die gesellschaftlichen Strukturen, aus denen soziale Ungerechtigkeiten und daraus folgend Gewalt entstehen. Dies sind für die

Befreiungstheologie »strukturelle Sünden« oder »strukturelle Gewalt« in der Terminologie des Friedensforschers Johan Galtung. Aus dem »Sehen« entspringt das »Urteilen«, also eine klare Analyse der Situation, und daraus das »Handeln«. Durch ihres Engagement in der sozialen Bewegung wurde Ana Maria Schlüter Rodés klar, dass es für diesen Dreischritt einer »doppelten Radikalität« bedarf. Aus der Zen-Perspektive muss sich »Sehen« auch auf die Tiefendimensionen sozialer Konstellationen beziehen – und damit notwendigerweise auf die eigene Person. »Man muss die Situationen an ihren strukturellen Wurzeln anpacken, aber gleichzeitig auch an der Wurzel im eigenen Herzen, statt sich nur von bloßen Parolen oder Aktivismus bewegen zu lassen und sich auf diese Weise schließlich auszubrennen.« (in der Zeitschrift »Pasos« Nr. 100, S. 14) Zudem sind aus Aktivismus entwickelte Lösungen oft einseitig oder unzulänglich und führen zu einer Verlängerung des Konflikts. »Es ist nicht möglich, Lösungen zu finden, wenn wir es nicht schaffen, wirklich zu *sehen*.« (Schlüter Rodés, El verdadero vacío, S. 214).

»Sehen – Urteilen – Handeln« integriert Wahrnehmung und ethische Haltung, und der Schritt von einer Theologie der Befreiung zur klassischen chinesischen Zen-Tradition ist nicht groß, denn »wenn die Zen-Übung gut geleitet wird, befreit sie von egozentrischen Beweggründen des Handelns, von Hass, Gier und Verblendung, und wandelt sie in Wohltaten für alle um.« (in »Pasos« Nr. 100, S. 14) Das ist heutzutage unter Zen-Lehrern jedoch nicht selbstverständlich, merkt Schlüter an.

Eine neue Sprache

Die Schule des Zendo Betania von Ana Maria Schlüter Rodés knüpft im Unterschied zu anderen aus dem Sanbokyodan kommenden Lehrern beim Plattform-Sutra des Sechsten Patriarchen des Ch'an, Hui-neng (jap. Eno, 638–713) an. Für Hui-neng ist die Umwandlung der »Tore der Sechs Sinne« durch das Erwachen von essenzieller Bedeutung und für Ana Maria Schlüter

Rodés daher programmatisch. Sie zitiert aus dem zweiten Kapitel des Plattform-Sutras: »Was uns nottut, ist die Reinigung unseres Herzens/Geistes, damit die sechs Bewusstseinsfaktoren, die von Sehen, Hören, Riechen, Schmecken, Tasten und der Denktätigkeit abhängen, beim Durchschreiten der sechs Tore (Sinne) nicht verdorben werden und nicht an den sechs äußeren Gegenständen der Sinne hängen bleiben. Wenn unser Geist ohne Hindernisse funktioniert und frei ist, zu kommen und zu gehen, dann erreichen wir das Samadhi (Versenkung) der Weisheit, die uns befreit und freimacht.« (Schlüter Rodés, Freiheit, in: Stachel [Hg.], Kontemplation, S. 71/2)

Die klassischen Ch'an-Klöster wurden so angelegt, dass sie ein Übungsfeld darstellten, in dem diese »drei Gifte«, wie der Buddha Gier, Hass und Verblendung nennt, umgewandelt werden können. Die Anlage der Ch'an-Klöster war daher das Vorbild für die Anlage des Zendo in Brihuega. (S. 69) Das Zendo ist der Ort, an dem während des Sesshin alle Teilnehmer ihren »Lebensmittelpunkt« in Form von Sitzkissen und Schlafmatte haben. Der kleine Speiseraum trägt den europäischen Gepflogenheiten, beim Essen am Tisch zu sitzen, Rechnung; dazu kommt eine kleine Kapelle. Hinter dem kleinen Altar im Zendo steht ein Kreuz, denn: »Unser Weg ist in Christi Sterben und Auferstehung aufgenommen.« (S. 75)

Von einem »christlichen Zen« distanziert sich Ana Maria Schlüter Rodés: Es geht nicht an, die Zen-Tradition ihrer Eigenheit und ihrer religiösen und kulturellen Wurzeln zu berauben. Ein Christ, der Zen übt, lernt eine neue Sprache und eine neue »Kosmovision«, die eine neue Wahrnehmung der Herkunftstradition ermöglicht. Die Eucharistiefeier ist daher nur für jene, die dies wollen, Teil des Sesshin. Die jeweiligen Lesungen werden dabei kurz von Schlüter Rodés kommentiert – als »Wort aus dem Schweigen«.

»Eine Frucht der Zen-Übung ist – wie man auf Japanisch sagt – *chi-e*, Weisheit. Man genießt, man schmeckt die Wirklichkeit in einer neuen und lebendigeren Weise. Das kann eine Landschaft sein, ein Musikstück, Texte, Personen oder Gesten. Die heilige Teresa [von Ávila] sagt, dass es bei einer kontemplativen Haltung genügt, mit einem einfachen Blick [*con una sencilla vista*] zu schauen, damit sich ein Text des Evangeliums tief und langhaltig einprägt. ... Die mystische Dimension der Bibel leuchtet auf in der Stille des Herzens, das horcht.« (Schlüter Rodés, La palabra desde el silencio, S. 12)

Ana Maria Schlüter Rodés spricht in ihren Veröffentlichungen von Zazen und nicht von Meditation, wie das im deutschen Sprachraum mittlerweile üblich geworden ist[96]. Im Spanischen hat der Begriff *»meditación«* seine mittelalterliche und frühneuzeitliche Bedeutung des »Nachdenkens« bewahrt und kommt in dieser Bedeutung auch bei den spanischen Mystikern vor. »Meditation« ist in der alten Bedeutung des Wortes eine Tätigkeit der Sinne, des Gefühls und des Verstehens, also das genaue Gegenteil der Zen-Übung. Denn Zazen entspricht der *contemplación* der spanischen Mystik, in der weder die Sinne noch der Verstand aktiv sind. So lautet die Anweisung des Johannes vom Kreuz, allein mit einer allgemeinen diffusen und dunklen Wahrnehmung *(con la noticia general, confusa y oscura)* zu verbleiben. Übersetzt in die Sprache der Zen-Tradition heißt das nach Schlüter Rodés: »Sich setzen ganz allein mit dem Geheimnis.« Es geht um ein Erfassen der Wirklichkeit, wie das sino-japanische Zeichen *Kensho,* also »Erwachen, Erleuchtung«, nahelegt: *Ken* bedeutet »Sehen«, und *sho* bedeutet »Wirklichkeit«. Insofern stimmt für Schlüter Rodés die Metapher von Yamada Roshi, dass Tee für Christen und Buddhisten gleich schmecke. Und doch ist das für sie nicht ganz exakt: »Es stimmt, dass der Tee der gleiche ist, aber der Geschmack, den der Einzelne im Mund hat, ist es nicht – es kommt darauf an, ob man vorher etwas Süßes gegessen hat oder nicht.« (S. 10)

Die Erfahrung der »Dimension der transzendenten Wirklichkeit« macht das Herz der Religionen aus. Mystiker wie Johannes vom Kreuz sprechen von einer dunklen und doch unmittelbaren

Erfahrung, die keinen Zweifel zurücklässt. Glaube bedeutet, die Wirklichkeit zu sehen, wie sie ist. Glauben in diesem Sinn ist nicht »für wahr halten«, sondern wissen, selbst wissen. Daher lautet etwa der Titel eines der klassischen Zen-Gedichte »Die Fels-Inschrift vom Herz des Glaubens« (Shinjinmei). Die transzendente Wirklichkeit ist jedoch vom kulturellen und religiösen Kontext, in der sie »geschmeckt« wird, zu unterscheiden. Zen ist im Buddhismus entstanden und führt seine Tradition auf das Erwachen des Buddha Shakyamuni zurück. »Der Buddha erreichte das Erwachen plötzlich, als er beim Erblicken des Morgensterns sah, was man nicht sehen kann, während Jesus Christus, als er im Jordan getauft wurde, erfuhr: ›Du bist mein geliebter Sohn‹.«[97] Die Zen-Übung mit ihrem buddhistischen Hintergrund hat ihre spezifische Sichtweise der Wirklichkeit: »Die Erfahrung der Leere, des Geheimnisses« und das Ziel des Zen-Weges ist, zu dieser grundlegenden menschlichen Erfahrung zu erwachen. Im Christentum geht es um die ebenso grundlegende menschliche Erfahrung der Liebe und der Beziehung.

Beide Traditionen sprechen daher verschiedene Sprachen, doch mit wachsender Klarheit sehe sie, so Schlüter Rodés, »dass man diese beiden Sprachen respektieren und kultivieren kann, und keine der beiden kann die andere vereinnahmen oder von der anderen absorbiert werden, außer um den Preis einer großen Verarmung.«[98] Wer eine andere Sprache erlernt, lernt dadurch auch eine andere Weltsicht von innen kennen und verstehen. Das gilt für den gewöhnlichen Spracherwerb, aber auch für die Sprache der Religion. Wenn jemand, dessen Muttersprache Deutsch ist, zum Beispiel Englisch oder Hindi lernt, wird deswegen nicht Engländer oder Inder, erweitert jedoch seine Sicht der Welt. »Nach meiner Erfahrung lernt ein Christ, der Zen praktiziert, nicht nur einen neuen Weg, sich dem Geheimnis zu nähern, indem er lernt, die Grenzen des objektivierenden Denkens zu übersteigen. Er lernt auch eine neue Sprache, die neue Möglichkeiten des Realisierens und Formulierens eröffnet und dadurch neue Horizonte öffnet. Eine neue Sprache bietet nicht nur neue

Möglichkeiten, Erfahrungen auszudrücken, sondern schafft auch neue Möglichkeiten der Wahrnehmung, während sie gleichzeitig ein neues Instrument anbietet, um zu verhindern, dass in Vergessenheit fällt, was realisiert wurde.«[99]

Das Herz, das in Frieden ist

Das Herz-Sutra, ein Text des Mahayana-Buddhismus, legt dar, worum es in der Übung des Zen geht: »Form ist Leere, Leere ist Form. Form ist nichts anderes als Leere und Leere nichts anderes als Form«, heißt es darin. Die »Form-Seite« der Welt – die einzelnen Menschen, Tiere, Pflanzen, Berge, Häuser usw. – ist offensichtlich. Doch für die »andere Seite«, die Seite der *shunyata,* der Leere, oder der *essential world,* der »wesentlichen Welt«, wie in der Sanbokyodan-Schule oft gesagt wird, sind die meisten Menschen mehr oder weniger blind. »Wenn man nur an der Form hängt, in der die Wesen wahrgenommen werden … dann fällt man in Dualismus. (…) Die Konsequenzen können sehr gravierend sein, denn alles, inklusive der Personen, werden in Objekte verkehrt, die man aus Egozentrismus beherrschen, ausbeuten oder manipulieren möchte« (Schlüter Rodés, El verdadero vacío, S. 101).

Die Erfahrung der »Welt der Leere« führt über diesen Dualismus hinaus. Die »wesentliche Welt«, so der Vergleich von Yamada Koun Roshi, den alle Lehrer der Sanbokyodan-Schule gebrauchen, ist dabei wie der Nenner in einem Bruch: Während die Welt des Erwachens, die Welt der Leere, unter dem Bruchstrich steht, finden sich über dem Bruchstrich die Phänomene des Lebens – Menschen, Tiere, Pflanzen, Ereignisse, was auch immer. »Die Übung der Kunst des Zen führt dazu, die wesentliche Welt zu sehen.« (S. 25) Allerdings kann das Erwachen zur »wesentlichen Welt« nach einiger Zeit zu einer anderen Art von Blindheit führen, die man die »Verblendung der Erleuchtung« nennen kann. Diese neue Form der Verblendung ist auf die Welt der Leere, die »wesentliche Welt« fixiert, blendet die konkrete Welt als »dualistisch« aus und verfällt dadurch selbst einer dualistischen

Weltsicht. Dies ist eine »Zen-Krankheit«, an der Leere festzuhalten und zu übersehen, dass die Leere die andere Seite von Dualität oder genauer gesagt, der unerschöpflichen Vielheit der Welt ist. Hier werden Dualität und Dualismus verwechselt: »Dualität ist nichts Negatives ... wenn man die Dualität eliminiert, hat das nichts mit Zen zu tun, es ist eine Form der Verzerrung.« Bleibt man an der Leere haften, »sieht man keine Formen, und das Resultat ist, dass alles dasselbe ist; jemanden töten ist dasselbe wie jemandem zu essen geben, da es in der Leere kein Töten gibt und niemanden, der tötet oder getötet wird.« (S. 101) Wer der »Verblendung der Erleuchtung« verfällt, verliert nicht nur die Form-Seite, sondern damit geht zugleich die Ethik verloren, und das Ergebnis ist eine Perversion des Zen.

Ähnliche »spirituelle Krankheiten« hat es vielfach auch in der Geschichte des Christentums gegeben. Gerade in der Gegend von Guadalajara, der Provinz, in der das Städtchen Brihuega und das Zendo Betania von Ana Maria Schlüter Rodés liegen, gab es im 16. Jahrhundert eine Reformbewegung, die *Recogidos* (»die Gesammelten«), die sich gegen die oberflächliche Religiosität der Zeit auflehnten und zum Evangelium und zur Innerlichkeit zurückkehren wollten. Man nannte sie auch *Illuminados* bzw. *Alumbrados* (= »Erleuchtete«) oder *Dexados* (= »Lockere, Lässige«). Sie lehnten oft die üblichen kirchlichen Rituale ab, kümmerten sich nicht um Ethik und hielten sich selbst aber für heilig. Neuere Forschungen legen nahe, dass es oft Menschen waren, denen das intellektuelle Rüstzeug und eine gute Begleitung fehlten, um die mystische Erfahrung zu integrieren. Die Inquisition griff ein, doch nicht nur die *Illuminados*, sondern auch Mystiker wie Teresa von Ávila oder Johannes von Kreuz wurden der Häresie verdächtigt, da die kirchliche Obrigkeit so wenig wie die *Illuminados* unterscheiden konnte, wer authentisch war und wer nicht.

»Auch heutzutage fehlen oft in vielen Fällen die Kriterien der Unterscheidung« (S. 102) stellt Schlüter Rodés mit Blick auf die Art und Weise, wie manchmal Zen praktiziert wird, aber auch auf das Verhältnis von manchen kirchlichen Institutionen und spirituellen Bewegungen fest. Obwohl einige Diözesen, darunter auch Sigüenza, in dessen Diözese Brihuega liegt, dem Zen großes Vertrauen entgegengebracht haben, wird in manchen anderen spanischen Diözesen die Zen-Übung sogar unter die Sekten gerechnet.

Von einer Verblendung, die nur Formen sieht, und einer »Verblendung der Erleuchtung«, die nur die Leere sieht, ist eine dritte Form der »Blindheit« zu unterscheiden, die »Blindheit des Erwachens«, wobei der egozentrische Selbstbezug der dualistischen Sichtweise wegfällt: Man ist »wie ein Kind, das spielt, ohne sich dessen bewusst zu sein, dass es spielt – das heißt, in der realen Wirklichkeit zu leben. Man kann dies die wahre Blindheit nennen, die Blindheit des Erwachten, der nicht weiß, dass er weiß.« (S. 25)

Es geht in der Übung des Zen nicht um Beherrschung bestimmter Fähigkeiten, sondern um eine grundlegende Umwandlung der Haltung – um einen »Weg«, wie es heißt, eine Metapher, die im Buddhismus zentral ist. So spricht man auch von den japanischen Zen-Künsten als »Weg«, japanisch *do*: Der Blumen-Weg, der Tee-Weg, der Weg der Schriftzeichen oder der Schwert-Weg sind Künste der Kultivierung einer nüchternen Einfachheit und Klarheit, ein künstlerischer Ausdruck der »wesentlichen Welt« in konkreten Formen der vergänglichen Einzigartigkeit aller Erscheinungen. Der Sanskrit-Ausdruck dafür ist *tathata* und wird ins Deutsche im Allgemeinen mit »Soheit« übersetzt. Im Spanischen wird deutlicher, worum es geht: *tathata* ist *talidad* – im Unterschied zu *qualidad* – »leuchtend klar gerade in der Mitte der Nacht«, wie es im »Hokyozanmai« heißt.

»Gerade hier, in der Mitte der Dunkelheit, manifestiert sich der Dharma der Soheit *(talidad)*. Wenn man in der Welt der Gleichheit weilt, erscheinen die Dinge in ihrer Einzigartigkeit.« (Schlüter Rodés, El verdadero vacío, S. 213)

Mit Zen-Augen erscheinen die Phänomene der Welt in ihrer *talidad única*, in einzigartiger Soheit: als unvergleichlich in ihrer augenblicklichen Existenz. Die wahre Leere ist das Wunder der Dinge *(La verdadera vacío – la maravilla de las cosas)*: »Ein alltägliches Leben im Fluss der Soheit zu leben, also die Dinge so zu sehen, wie sie sind, ohne trügerische Illusionen, bedeutet, dem Frieden zu begegnen, gerade hier und jetzt, was immer auch geschieht. Diese Wahrnehmung überschreitet das Ego; so ist es möglich, hier und jetzt dem Frieden zu begegnen, wie auch immer die Situation ist, die einem begegnet; zufriedenstellend oder traurig machend – aber man ist in Frieden; beschäftigt oder erschöpft – aber in Frieden.« (S. 80)

»Buddha mit dem Sonnengesicht, Buddha mit dem Mondgesicht«: So drückt das ein Koan (Nr. 3) im Bi Yän Lu, der »Niederschrift von der Smaragdenen Felswand«, aus. »Im Grunde gibt es hier keine Lehrer und keine Lehrerin, weil es nichts zu lehren gibt. Es gilt zu wecken. Allerdings kann nur wecken, wer wach ist« (Schlüter Rodés, Freiheit, in: Stachel, G. [Hg.] Übung der Kontemplation, S. 67), wer also auf Fehlentwicklungen hinweisen und den Weg zeigen kann.

Die Authentizität eines Zen-Lehrers ist jedoch nicht einfach durch eine Legitimation durch einen anderen Zen-Lehrer garantiert. Selbst bedeutende japanische Zen-Meister haben Zen trügerisch interpretiert und sind der »Verblendung des Erwachens« erlegen. Meister Takuan (1573–1645) sagte zum Beispiel in einer Unterweisung für Samurai: »Das erhobene Schwert will für sich selbst nichts, es ist völlig leer, es ist wie ein Blitz; und die Person, die tötet, ist in diesem Augenblick ebenfalls leer, so wie das Schwert. Du brauchst in deinem Geist nichts wahrzunehmen, wenn du das Schwert erhebst und dich im Tun vergisst und den Feind tötest. Denke nicht an die Person vor dir, aber achte darauf, dass dein Geist leer ist.« (Schlüter Rodés, Guía del Caminante, S. 14). Dieses japanische »Samurai-Zen«, in dem die Ethik vergessen wurde, hat D. T. Suzuki im Westen populär gemacht. Es ist genauso eine Verdrehung der Zen-Praxis wie die Kreuzzüge eine Verdrehung des Christentums sind. Anspruch und Wirklichkeit klaffen dabei weit auseinander. »Gefangen in Worten und Ideen zeigen sie durch ihre Handlungen, dass sie nicht die Realität leben, auf die sie sich mit ihren Worten beziehen.« (S. 15) Diese verfehlte Idealisierung und die Korrumpierbarkeit des Zen-Buddhismus ist erst in den letzten Jahren durch Brian Victoria in seinem Buch »Zen, Nationalismus und Krieg. Eine unheimliche Allianz« aufgedeckt worden. Victoria zeigt darin die aktive Unterstützung des japanischen buddhistischen Klerus für das japanische Militärregime und seine imperialistischen Bestrebungen auf. In dieser Dokumentation erscheinen auch die Gründer-Gestalten des Sanbokyodan, Harada Sogaku Roshi und Yasutani Roshi, als brennende Befürworter nationalistischer Kriegsführung. Die Leiter des Sanbokyodan, Kubota Roshi und Yamada Ryo-un Roshi, haben sich vor einigen Jahren für die Verfehlungen der Japaner während des Zweiten Weltkriegs entschuldigt. Doch die Frage nach der Verbindung von Zen und Ethik ist damit noch immer nicht geklärt.

Vor diesem Hintergrund hat Schlüter Rodés einen »Führer für den Weg« verfasst, der auf Teishos während der Sommertrainingsperiode 2000 zurückgeht. Die buddhistische Ethik lässt sich in »drei reinen Geboten« zusammenfassen: »Nichts Böses tun, das Gute tun, alle Wesen retten«. Diese Ethik des Bodhisattva wird bereits im Palikanon gelehrt; ihr jüdisch-christliches Gegenstück findet sich beim Propheten Amos: »Verabscheue das Böse, liebe das Gute und verteidige die Gerechtigkeit, dann wird der Herr mit euch Mitleid haben.« (Amos 5, 14–15).

Die Unterschiede sind deutlich: Die biblische Ethik hat eine andere Begründung als die Ethik des Zen – sie bezieht sich auf den, »der ist«, der »mit euch ist«, das ist die wörtliche Bedeutung des biblischen Gottesnamens Jahwe. Während für die jüdisch-christliche Tradition ethisches Handeln am Anfang steht und daraus die Erleuchtung folgt, steht für den Buddhismus die Erleuchtung am Anfang, und daraus folgt dann ethisches Handeln. (S. 21) Doch sowohl im Christentum als auch im Buddhismus ist die Orientierung am Guten, am Tun des Guten unerlässlich.

Zwar dominiert das »Samurai-Zen« die Wahrnehmung der Zen-Tradition im Westen; daher entsteht sehr oft der Eindruck, dass Zen und Ethik miteinander nichts zu tun hätten, ja sogar, dass Zen von der Ethik als einer unnötigen Konvention befreit. Doch dagegen kann sich Schlüter Rodés auf den Sechsten Patriarchen berufen, in dessen Plattform-Sutra ein ganzes Kapitel nur der Ethik als unerlässlicher Voraussetzung der Zen-Übung gewidmet ist.

Auch wenn Yamada Roshi die Christen von *jukai,* der formellen Übernahme der buddhistischen Gebote, ausgenommen hat, so sind sie doch ein notwendiger Führer auf dem Weg des Zen. Für Buddhisten ist die dreifache Zuflucht zu Buddha, Dharma und Sangha die Basis; auch dafür finden sich Analogien in der Bibel, etwa im Psalm 15, in dem Gott angerufen wird: »Behüte mich, Gott, ich nehme zu Dir meine Zuflucht.« Der Unterschied ist deutlich, doch das Gemeinsame auch – in beiden Traditionen ist die Basis der Zuflucht in dem, was nicht mehr rational erfasst werden kann – das »Geheimnis« oder die »Leere als Fülle der Möglichkeiten«. Erst aus der Erfahrung des »Sehens der Wirklichkeit« (Kensho) ist es möglich, gut zu handeln, aber auch das Böse wirkungsvoll beim Namen zu nennen. »Das Herz, das in Frieden ist, kann die Wirklichkeit sehen und das Böse ansprechen, wenn die Bedingungen es nötig machen.« (S. 72)

Die Frage nach dem Zen im Westen

Arul Maria Arokiasamy, kurz Ama Samy genannt, wurde 1936 in Burma als Sohn katholischer tamilischer Arbeitsmigranten geboren. Burma war damals Teil der britischen Kronkolonie Indien. Als Kind erlebte er die Invasion der Japaner in Burma 1942; die Eltern kehrten zu Kriegsende 1945, also noch vor dem Ende des »British Raj« und der indischen Unabhängigkeitserklärung 1947, nach Indien zurück. Wieder in Tamil Nadu, dem Bundesstaat im

Südosten Indiens, lebte Ama Samy bei seinem Großvater, der Anhänger eines Muslim-Heiligen war und dessen Schrein betreute. Als der Großvater bei einem Unfall starb, blieb der Junge ohne Unterstützung zurück. Der Pfarrer der katholischen Gemeinde schickte ihn in die Internatsschule der Jesuiten in Madurai. Nach dem Abschluss des Colleges trat er in den Jesuitenorden ein und absolvierte in Pune das Philosophie- und Theologie-Studium. Doch die christliche Spiritualität seiner Ordensbrüder stellte ihn nicht zufrieden. »Als ich ins Noviziat der Jesuiten eintrat, galt mein Verlangen und meine Sehnsucht, Gott von Angesicht zu Angesicht zu erfahren, sozusagen dem Selbst zu sterben und in Christus Jesus wiedergeboren zu werden. Doch die christlichen Wege konnten das Verlangen meines Herzens nicht erfüllen; ich durchlief Jahr für Jahr die Spirituellen Exerzitien der Jesuiten, aber mein Herz fühlte sich noch immer leer.« (Samy, Zen, S. 27)[100]

Er lernte Swami Abhishiktananda (Henri Le Saux) kennen, den Pionier des interreligiösen Dialogs. Dieser französische Benediktiner lebte seit 1947 in Indien und hatte *sannyas*, die Mönchsweihe der Hindu-Tradition, genommen. Swami Abhishiktananda führte ihn zwar in die Lehre von Ramana Maharshi (1879–1950) ein, einem der bedeutendsten Heiligen des 20. Jahrhunderts. Ama Samy begann, Hindu-Ashrams zu besuchen; er übte mit burmesischen Meditationslehrern Vipassana, die Achtsamkeitsmeditation des Theravada; eine Weile lebte er auch als Einsiedler und Bettelmönch. In den 1970er Jahre lernte er durch Hugo M. Enomiya-Lassalle, der immer wieder in Indien Zen-Kurse gab, Zazen kennen. Lassalle setzte sich bei den Oberen von Ama Samy dafür ein, dass dieser nach Japan gehen konnte. Seit 1978 übte Ama Samy Sommer für Sommer und einmal ein ganzes Jahr in Kamakura bei Yamada Koun Roshi Zen und durchlief die Koan-Schulung. 1982 wurde er von Yamada Koun als Zen-Lehrer autorisiert und kehrte nach Indien zurück. 1985 lud ihn Lassalle dann zu einer Reise nach Israel, ins Heilige Land, ein und nahm ihn danach nach Deutschland mit. Seither hält Ama Samy regelmäßig in Europa und den USA Zen-Kurse. In Madras ließ er sich zunächst im Retreat-Haus der Jesuiten, dem Dhyana Ashram, nieder. 1996 konnte er in der Nähe von Kodaikanal – der ehemaligen Sommerfrische der englischen Kolonialherren – in dem Ort Perumal auf einem Grundstück der Jesuiten das Bodhi-Zendo errichten.

Mitte der 1990er Jahre löste er sich vom Sanbokyodan und machte sich selbstständig. 2000 ernannte er den Jesuiten Stefan Bauberger, einen promovierten Physiker, der an der Hochschule der Jesuiten in München Naturphilosophie und Buddhismus lehrt, zu seinem Nachfolger. Die beiden lehren Zen sowohl nach der Rinzai- als auch nach der Soto-Tradition, wie auf Ama Samys Website[101] zu lesen ist.

»Meine Sicht des Zen ist einmalig und speziell: Ich stehe im ›Zwischen‹ von Christentum, Buddhismus, Hinduismus, Zen und Advaita – es ist eine kreative Treue, eine tiefere Treue sowohl zum Christentum als auch zum Zen, ohne sie zu vermischen oder durcheinanderzubringen.« (S. 30) Ein Christ, der Zen übt, muss nicht den buddhistischen Glauben übernehmen, sondern »hinübergehen«, *pass over* in das andere, Fremde, in den Buddhismus. Diese theologische Interpretation für eine Tiefendialog mit anderen Religionen stammt von dem katholischen Theologe John Dunne, der dafür eine englische Metapher benutzt: Das englische Hauptwort *Passover* ist die Übersetzung für »Pessach«, das jüdische Osterfest; zugleich bedeutet *to pass over* »ausliefern, überliefern, übergeben«. Wer als Christ Zen übt, so Ama Samy, liefere sich aus an die ganz andere Tradition des Zen und sterbe gewissermaßen für die eigene Tradition. Man verliere die Selbstverständlichkeit der bisherigen Gewissheiten und Wahrheitsansprüche, um danach verwandelt – »auferstanden« – wieder in die eigene Tradition, ins Christentum, zurückzukommen.

»Suchen – sehnen – forschen – fragen – das ist die wahre Grundlage des Zen-Wegs.« (Arokiasamy, Leere und Fülle, S. 20) Zen soll die Grundübel von Gier, Hass und Verblendung heilen: »Zazen ist eine Übung des Loslassens und Zu-Lassens, man befreundet sich mit den eigenen Emotionen und dem eigenen Körper; akzeptiert sich selbst und das Leben, lässt die anderen die anderen sein; eine Übung des Mitfühlens für sich selbst und alle fühlenden Wesen.« (Samy, Zen, S. 19)

Die Zen-Übung hat sich in den letzten Jahrzehnten in Europa fest etabliert, sowohl als buddhistische Praxis als auch als Übungsweg für Christen oder Gerade-noch- oder Nicht-mehr-Christen. Bei der Inkulturation des Zen ins Christentum sind jedoch Fehlformen festzustellen, konstatiert Ama Samy. »Zen als Vorbereitung für das christliche Gebet« zu sehen bedeutet, Zen als Mittel für etwas anderes zu nehmen und damit das »Herz von Zen« zu verfehlen. Wer die »Zen-Übung als Dialogweg« mit den Buddhisten betrachtet, übersieht, dass Zen ein Weg der Selbsterforschung ist, wie der japanische Zen-Meister Dogen sagte. Die »Zen-Form christlicher Perspektive angepasst« bedeutet, still und in Versunkenheit zu sitzen, jedoch mit christlichem Inhalt – also etwa das stille Sitzen vor dem Allerheiligsten Altarsakrament. Auch »Koans mit christlichem Inhalt« verfehlen die Intention des Zen. »Shikantaza – Nur-Sitzen – ist ideal für das christliche kontemplative und mystische Gebet. Aber sogar dieses Zen-Sitzen ist nur wahres Zen, wenn der Mensch im ›Nirgends‹, im ›Nicht-Geist‹ sitzt, in der Leere, im Loslassen aller Objekt- und Begriffsbildungen.« (Arokiasamy, Leere und Fülle, S. 19) Zusammenfassend meint Ama Samy, wer »Zen als eine Form des christlichen Gebets« betrachte, habe den Sinn von Zen und die Aufgabe einer Inkulturation ins Christentum nicht verstanden.

Als eine wichtige Voraussetzung für eine gelungene Einbettung der Zen-Übung in christliche Praxis nennt er die Klärung der Missverständnisse um den zentralen buddhistischen Begriff »Leere«. Zu beachten sind die verschiedenen Bedeutungsebenen. Erstens bedeutet Leere, »dass alles von allem anderen abhängig ist. Nichts ist vollkommen unabhängig ... [und daher ist alles] leer von substanzieller Selbstheit. (...) Auf einer zweiten Ebene bedeutet Leere daher eine radikale Selbstentleerung: ein Sterben und Entsagen, das alle Ideen, Anhaftungen und Wünsche erfasst.

Es bedeutet auch: loslassen. Dies heißt in der Verwirklichung, dass du eins mit allem bist, dass du in alle anderen fließt, andere in dich fließen. Lass Gier, Hass und Illusion fallen, und dann bist du die Wirklichkeit selbst. Leere ist Fülle. Auf einer dritten Ebene bedeutet Leere höchste Wirklichkeit und kann nicht verstanden werden. … Ein Zen-Meister hat gesagt: ›Töte den Buddha, wenn du ihm begegnest!‹ Das bedeutet, wenn du irgendeine Vorstellung über die Wirklichkeit hast – Gott, Buddha, Selbst –, zerstöre sie, wirf sie weg: Wirf das Anhaften an die Ideen weg und die Idee, dass du die Realität mit solchen Ideen erfassen kannst.« (S. 31)

Ama Samy findet die Parallele zur radikalen Selbstentleerung der Zen-Übung in der christlichen *kenosis*, der Selbstentäußerung Gottes in Christus, der sich aller Herrlichkeit entäußert, »wie ein Sklave wird« und sich bis zum Tod am Kreuz erniedrigt (2. Brief an die Philipper, Vers 5–9)[102]. Eine andere Parallele sieht er in der jüdischen Mystik, die davon spricht, dass Gott sich nach der Erschaffung der Welt zurückgezogen hat, um der Welt Raum zu geben.

»Leere« ist in der buddhistischen Philosophie ein vielschichtiger Terminus mit einer umfassenden Bedeutungsgeschichte – ähnlich wie »Gott« in der Abrahamstradition, also in Judentum, Christentum und Islam kein eindeutiger Ausdruck ist. Auch im Zen-Buddhismus gibt es unterschiedliche Formen des Ausdrucks. Da heißt es etwa: »Zeige mir dein ursprüngliches Gesicht.« Der japanische Zen-Meister Bankei (1622–1693) spricht von der »Verwirklichung des Ungeborenen«; der chinesische Zen-Meister Linchi (jap.: Rinzai, gest. 867) spricht vom »Wahren Menschen ohne Rang, der durch die Sinnestore aus- und eingeht«, es ist von »Buddha-Natur« die Rede, von der »ursprünglichen Natur« oder dem »Wahren Selbst«. Die Erfahrung der Leere übersetzt Ama Samy als »Erwachen zur Fülle der Wirklichkeit«, zur kreativen Kraft, die im ganzen Universum wirkt. Das entspricht der Bedeutung des Wortes »Gott«, doch »weil das Wort Gott einen dualistischen Beigeschmack hat und der Zen-Buddhismus dieses Wort einfach nicht verwendet, sollten wir diesen Unterschied akzeptieren.« (S. 49)

Trotz der sprachlichen Differenz gibt es jedoch eine für Buddhisten und Christen gemeinsame Erfahrung, sagt Ama Samy: »Dies wird wohl am besten ausgedrückt als die Erfahrung des Mysteriums, welches Gnade ist. Das Mysterium, das gnädig ist, fasst sowohl den Zen-Weg als auch die christliche Sicht zusammen.« (S. 21) Höchst kritisch steht Ama Samy jener westlichen Zen-Rezeption gegenüber, die sich gern an das Bild hält, das D. T. Suzuki und andere entworfen haben. Doch das japanische »Samurai-Zen«, das den Krieger idealisiert, kann zu einer narzisstischen Interpretation des Zen führen, die die dunkle und schmerzhafte Seite des Lebens ausblendet. Dies ist eine Reduktion der Zen-Praxis, die heute häufig zu finden ist. »Die Zen-Erfahrung öffnet das Herz und den Geist für die Unterseite des Lebens, für die Realisierung des Nirvana inmitten von Samsara*, und von Samsara als Nirvana. Es gibt jede Menge von Koans und Zen-Geschichten, die sich mit Gewalttätigkeit, Verletzlichkeit, Schmutz, Scheiße und Tod befassen. Aber unglücklicherweise, wie in vielen Schriften über Zen und auch an den heutigen Zen-Studenten zu sehen ist, scheint Zen auf die heroischen Archetypen des Ego fixiert zu sein. Auf absolute Egolosigkeit, Klarheit des Bewusstseins, leidenschaftslose Gleichgültigkeit gegenüber Gefühlen und auf absolute Bewusstheit.« (S. 78)

Wenn sich ein genuines Zen im Westen entwickeln soll, ist es notwendig, zu den Wurzeln des Zen zurückzugehen, den Dialog mit anderen Traditionen und Bewegungen zu suchen und zugleich die Fragen der Zeit im Auge zu behalten. »Es geht nicht vorrangig um Methoden und Techniken, sondern um eine Re-Vision und um neue Bilder und Vorstellungen.« (Arokiasamy, Warum Bodhidharma in den Westen kam, S. 43) Das beinhaltet auch eine kritische Distanz gegenüber den Konzepten, die den Transfer von Zen in die christliche Praxis vermittelt haben. Etwa muss die Idee eines »reinen Zen« hinterfragt werden. Authen-

tisches Zen bewegt sich innerhalb der Tradition des Buddha und
der Patriarchen des Zen, das ist der Rahmen für das Bemühen um
das Erwachen. Doch »im Erwachen wird der Rahmen selbst
transzendiert. Man muss nicht Buddhist sein, um zum Erwachen
zu kommen, und im Erwachen selbst negiert man den Buddhismus oder seine Religion und Institution und geht darüber hinaus.« (S. 128) Das bedeutet nicht, dass Zen mit Buddhismus
nichts zu tun hat oder nicht religiös ist, denn Zen bezieht sich auf
die »kumulative Tradition«[103] des Buddhismus. Doch ein Christ
bezieht sich auch auf die kumulative Tradition des Christentums.
Beide »kumulative Traditionen« bilden für einen Christen den
Hintergrund des Weges zum Erwachen.

Wie dieser Weg aussehen kann, entwickelt Ama Samy in ausführlichen Interpretationen der zehn Ochsenbilder und er be-
fasst sich mit unterschiedlichen buddhistischen Theorien über
das Erwachen. Im Zen spricht man von der Einsicht, dass alle
Wesen Buddha-Natur haben; in der Yogacara*-Schule spricht
man von einem »Umdrehen der Basis«: Illusionen werden in
Weisheit umgewandelt; Leidenschaften in Mitgefühl. Erwachen
ist ein Paradigmenwechsel, ein Prozess, in dem sich die Meta-
phern, mit denen man sich selbst und die Welt versteht, grundlegend verändern. Alle Grundlagen, auf denen jemand das Leben
aufgebaut hat, alle Identitäten, Theorien, Annahmen Zugehörigkeiten lösen sich auf. Der Sinn des Lebens, Gott, alle Antworten
die Frage nach dem Warum erweisen sich als nichtig. »Das Nichts
öffnet sich genau unter deinen Füßen.« (S. 111) Dies ist der Ort
des Erwachens, und Ama Samy verweist auf die Buddha-Reden
im Palikanon über die Realisierung des Ungeborenen, Grund-
losen, Ungewordenen, ohne das es keine Befreiung gibt (S. 115).

Erwachen ist einerseits ein lebenslanger Prozess, in dem verschiedene Dimensionen Schritt für Schritt realisiert werden. Aus
der buddhistischen Tradition zitiert Ama Samy dazu verschiedene Phrasen: »Nicht-Selbst«, »der Eine Geist«, »Blumen blühen,
der Mond leuchtet«, »Großes Erbarmen«, »Töte den Buddha,
wenn du ihn triffst« usw. Auf der anderen Seite ist Erwachen ein

Sprung, eine abrupte Veränderung des Verhältnisses von Welt, eigenem Geist und Absolutem. Ama Samy zitiert den »Kensho-Report« von Yamada Koun Roshi. Dieser war nach einem Sesshin nachts aufgewacht; plötzlich verstand er ein Zitat von Zen-Meister Dogen: »Geist ist nichts anderes als Berge, Flüsse und die große weite Erde, die Sonne und der Mond und die Sterne.« Er begann laut zu lachen, unmenschlich, wie ihm die Familie später sagte. Man muss diese Situation auch von einer sprachlichen, metaphorischen Seite sehen, meint Ama Samy: Zwar sagt Yamada Roshi, »ich bin total verschwunden«, »doch er ist sich dessen bewusst, was ihm geschehen ist; sein Ich ist nicht verschwunden, eher sind sein Selbst und die Welt verändert.« (Samy, Zen, S. 106) Dazu müsse man auch bedenken, dass dieser ganze Prozess in Gespräche mit Yasutani Roshi, seinem Lehrer, mit seinem Freund Nakagawa Soen Roshi und in die Lektüre von Dogen Zenji eingebettet ist.

Anhand von weiteren Beispielen und von Forschungsergebnissen der Buddhismuskunde und der Psychologie analysiert Ama Samy das »Erwachen« als einen metaphorischen Prozess, bei dem sich Sprache, Weltbild und Handlungsspielraum verbinden. Die Koan-Praxis erscheint unter dieser Perspektive als eine Art didaktische Umsetzung des metaphorischen Prozesses des Erwachens. Die großen Koan-Sammlungen, die in der Sung-Zeit zusammengestellt wurden, enthalten dramatische Begegnungen zwischen Meister und Schüler, die Schüler von heute im Dialog mit ihrem Meister realisieren sollen: »Kannst du dich selbst deinem Hier und Jetzt völlig hingeben und dich selbst in Soheit präsentieren?« (Arokiasamy, Warum Bodhidharma in den Westen kam, S. 80) »Das Koan-Training kann dir helfen, deine Emotionen, deine Sensibilität, dein Denken und Verhalten umzuerziehen und in neue Bilder zu bringen.« (S. 83) Die vielfach kolportierte Annahme, dass Zen nicht intellektuell sei, dass Sutren-Studium und intellektuelles Verstehen sogar Hindernisse für das Erwachen sein können, ist für Ama Samy damit widerlegt. Trotzdem stößt die Didaktik der Koan-Schulung an ihre Grenzen. Denn

am Ende ist das eigentlich Koan das eigene Leben – das Genjo-
Koan*.

Als Korrektive für mögliche Fehlentwicklungen auf dem Weg
des Zen nennt Ama Samy auf der einen Seite der Zen-Lehrer und
auf der anderen Seite die Sangha. Diese ist nach Ama Samy »eine
Gemeinschaft von freien Individuen, die um das Buddha-Dhar-
ma versammelt sind. Es ist eine Gemeinschaft der Bedeutung und
geteilten Interpretation.« (S. 26/27) Er nennt die Sangha auch
»Gemeinschaft der Bodhisattvas«, eine Gemeinschaft, die durch
bodhicitta bewegt wird. *Bodhi* bedeutet »Erwachen«, und *citta* bedeutet »Herz-Geist«: »Es ist der Gedanke an Erwachen, das Streben und die Sehnsucht nach dem Erwachen – für sich selbst und
andere.« (S. 35)

Sangha und Zen-Lehrer sind zwei Pole, die zusammengehö-
ren – die Sangha braucht einen Lehrer und der Lehrer eine Sangha. Letztendlich ist es die Sangha, meint Ama Samy, die Zen-
Lehrer aufgrund ihrer Authentizität legitimiert, und nicht so
sehr die Zen-Schule oder Zen-Linie, zu der er oder sie gehört.
Diese Linien seien in gewisser Weise eine Fiktion, denn in der
Geschichte des Zen gibt es viele Brüche der Traditionslinien, und
zudem sind Legitimität und Authentizität der Erfahrung nicht
notwendig miteinander verknüpft.

Die Beziehung zwischen Meister und Schüler ist vor allem für
Zen im Westen ein Ort der Reibungen, meint Ama Samy. In den
spirituellen Traditionen Indiens ist die Gestalt eines spirituellen Lehrers kulturell verankert; modernen westlichen Menschen
dagegen ist die besondere Beziehung zwischen spirituellem Lehrer
und Schüler unvertraut. In der Übertragung traditioneller öst-
licher Übungswege in den Westen ist daher die Gestalt des spirituellen Lehrers eine beständige Herausforderung für beide Seiten,
wie die vielen Konflikte und Probleme – von denen manche sogar
vor Gericht endeten – zeigen. Der spirituelle Lehrer, so Ama
Samy, ist weder ein Gott, wozu ihn manche Gewohnheiten der
Hindus zu machen scheinen, noch ein Freund, wofür ihn Menschen aus dem Westen gerne halten möchten. »Der Lehrer kann

niemanden zu einer radikalen Selbst-Aufgabe oder radikalen Selbst-Transformation zwingen. Die Aufgabe des Meisters ist nur, gegenwärtig zu sein, sein/ihr Sein anzubieten. Der Meister geht nur seinen Weg und erwartet, dass der Schüler folgt.« (Samy, Zen, S. 34/35) Entscheidend sei, was im »Zwischen«[104] von Lehrer und Schüler geschieht – in dem Beziehungsraum zwischen beiden. Das schließt ein gewisses Maß an heftiger und konfliktiver Interaktion mit ein, meint Ama Samy. Beispielsweise scheint sich der Meister nicht mehr an die Probleme des Schülers zu erinnern; oder er schickt ihn weg oder ignoriert ihn: All dies sind, so Ama Samy, »Prüfungen« und Gelegenheiten, zum wahren Selbst zu erwachen. »Man muss in der dunklen Höhle verlassen werden, in dem bodenlosen Loch von Macht- und Hilflosigkeit, aus dem es keinen Weg heraus gibt, um seine eigene Stärke zu finden und zur Auferstehung zu finden.« Die Meister-Schüler-Beziehung ist für Ama Samy weder psychotherapeutisch motiviert noch eine gewöhnliche zwischenmenschliche Beziehung. »Ob der Meister wirklich meint, was er sagt, spielt nicht so eine große Rolle; es ist das Vertrauen, das Verstehen sucht, der Mut und die Bereitwilligkeit, die vom Schüler verlangt werden.« (S. 36)

Der Meister ist eine Brücke, die zum Erwachen führt, aber für den wahrhaft erwachten Schüler gibt es keinen Meister mehr. »Der Meister ist tot, lang lebe der Meister!« (S. 37)

Die Geschichte des Zen zeigt freilich, dass sich mit dem Titel »Zen-Meister« nicht immer ideale menschliche Qualitäten verbinden. Der Historiker Bernard Faure hat dies anhand der Entstehungsgeschichte des Ch'an in China rekonstruiert. Und die jüngere Geschichte der Allianz von Zen und japanischem Militarismus zeigt deutlich: »Viele erleuchtete Meister waren genauso blind, engstirnig und unmoralisch wie irgendwelche unerleuchtete Menschen.« (Arokiasamy, Warum Bodhidharma in den Westen kam, S. 150) Problematisch ist vor allem die Anweisung, den Unterschied zwischen sich selbst und dem anderen in jeder Situation zu vergessen. Ama Samy zitiert als Beispiel einen Ausspruch Harada Roshis, des »Vaters« des Sanbokyodan: »Du solltest immer vollständig eins mit deiner Arbeit werden. Wenn befohlen wird zu marschieren: trab trab, wenn befohlen wird zu schießen: peng, peng. Dies ist der Ausdruck der höchsten Bodhi-Weisheit, der Einheit von Zen und Krieg.« (S. 150)

Solche und ähnliche Aussagen anderer Zen-Meister rühren daher, dass das japanische Zen die Ethik vergessen hat, obwohl *sila* (Ethik) in der Lehre des Buddha zusammen mit *prajna* (Weisheit) und *samadhi* (Sammlung) den Pfad zur Befreiung und zum Erwachen ausmachen. Die Ursache für den Verlust der Ethik liegt in der Verwechslung der phänomenalen mit der absoluten Ebene. Das »Nicht-Selbst« ist der absolute Aspekt, der nicht mit dem empirischen Selbst verwechselt werden darf. Doch genau dies tut die totalitäre Interpretation des Zen. Als japanische Fabrikarbeiterinnen zu Beginn des 20. Jahrhunderts über Müdigkeit klagten, erhielten sie zur Antwort: »Es gibt überhaupt kein Selbst, warum klagt ihr?« (S. 108). Hier werden die »empirische« und »absolute« Ebene verwechselt und damit die Zen-Praxis verdreht. Denn der Sinn der Zen-Übung liegt in »einem möglichst intimen erfahrungsmäßigen Wiedererkennen des Anderen als das eigene wirkliche Selbst.« (S. 106) Die altruistische Haltung entspringt der Leere, und der Andere ist das Kriterium der Authentizität des Erwachens: »Der andere Mensch ist das Gesicht der Shunyata/Leerheit, das sich mir zuwendet ...« (ebd.)

Im Zwischenraum der Zweisprachigkeit

Eines der mentalen Bilder, die seit etwa dem 18. Jahrhundert die Menschen zunächst in Europa und dann auch anderswo beschäftigen, ist die Idee einer nationalen Identität, die sich in Sprache, Kultur usw. äußert und an ein bestimmtes Territorium gebunden ist. Damit verknüpft ist die Vorstellung, nur einem einzigen Territorium und daher nur einer einzigen Kultur zugehören zu können. Was diese Kultur jeweils genau ausmacht, ist jedoch höchst schwierig zu sagen: In der Debatte um die Leitkultur wird hervorgehoben, was von »den anderen« unterscheidet oder was für das eigene Wohlbefinden als unverzichtbar angesehen wird. Doch ob die Leitkultur durch eine bestimmte Wurstsorte, durch Beethovens Klavierkonzerte, eine bestimmte Zeitschrift oder einen bestimmten Baustil, durch eine bestimmte Regierungsform oder ein bestimmtes Getränk bestimmt wird, hängt vom persönlichen Geschmack ab, und der wieder ist durch die soziale Schicht, der jemand angehört, geprägt. Die Unterschiede zwischen den verschiedenen sozialen Schichten sind dabei oft größer als die Unterschiede aufgrund kultureller Zugehörigkeiten.

In den letzten drei, vier Jahrzehnten entstand eine globale Mischkultur des Essens und der Musik: Pizza gibt es lokal adaptiert in den Metropolen und auch in kleineren Großstädten fast überall auf der Welt, ebenso chinesisches Essen; und die Rhythmen des Blues vibrieren in deutschen genauso wie in thailändischen oder chinesischen Pop-Songs. Auch die Sprache der Gegenwartskunst ist mittlerweile global und lokal zugleich. Auf der Documenta in Kassel oder der Biennale in Venedig stehen Arbeiten chinesischer Künstler und Künstlerinnen neben denen indischer, brasilianischer, iranischer, US-amerikanischer und europäischer Herkunft.

Diese Entwicklung wird mit verschiedenen Termini belegt: Manche sprechen von Hybridität, andere von Kreolisierung, wieder andere von Postkolonialismus, je nach Standpunkt und Beurteilung dieses Prozesses, der sich in den letzten Jahrzehnten beschleunigt und manche ängstlich macht. Dass jemand von sich sagt, er sei zugleich in zwei Weltbildern, Religionen oder Kulturen daheim, ist ein sehr neues Phänomen und erst in den letzten Jahrzehnten des 20. Jahrhunderts gehäuft zu beobachten. Zum Beispiel findet sich diese Form der Zweisprachigkeit unter Ärzten, die sowohl das Welt- und Menschenbild der traditionellen chinesischen Medizin als auch der westlichen Medizin kennen und ihre Patienten entsprechend betreuen. Wenn etwa eine Patientin eine akute Thrombose hat, wird sie ein solcher Arzt zur Gefäßambulanz schicken, doch sie unter Umständen gleichzeitig mit chinesischer Kräutermedizin und Akupunktur behandeln. Im Bereich der Religionen ist diese Sichtweise kaum verbreitet. Religionen werden im Allgemeinen als eine Art »mentales Territorium« betrachtet, in dem der Gläubige angesiedelt ist und als »Staatsbürger« oder auch »Untertan« gilt.

Das Modell der religiösen Zweisprachigkeit ist ein Versuch, dieses Territorial-Denken aufzulösen. Dass Ana Maria Schlüter Rodés, Ama Samy und Ruben Habito dieses Modell vertreten, hängt wohl auch mit ihren Biographien zusammen. Sie kommen alle drei aus multikulturellen bzw. multireligiösen Zusammenhängen. Schlüter Rodés ist in einer spanisch-deutschen Familie mit katholischen und protestantischen Vorfahren aufgewachsen, hat ihre Kindheit teils in Deutschland und teils in Spanien verbracht, einen Teil ihres Studiums in Holland auf Niederländisch absolviert und gehört einer holländischen Ordensgemeinschaft mit internationalen Mitgliedern an. Ama Samy hat als Kind katholischer tamilischer Wanderarbeiter seine Kindheit im buddhistischen Burma verbracht, lebte dann im südindischen Bundesstaat Tamil Nadu in einer Umgebung, die der Hindu-Tradition folgt, bei seinem Großvater, der Verehrer eines muslimischen Heiligen war. Seine Muttersprache Tamil ist eine der siebzehn Amtssprachen Indiens; als er ins Jesuiten-Internat kam, war die Unterrichtssprache Englisch. Ruben Habito erlernte als Kind die beiden Amtssprachen der Philippinen, Englisch und Tagalog; danach – während seiner Zeit in Japan – lernte er auch Japanisch; er stammte aus einem philippinischen Dorf, lebte in der Millionenstadt Tokyo und seit mittlerweile mehr als eineinhalb Jahrzehnten in Houston, Texas.

Der Theologe und Religionsphilosoph Raimon Panikkar, als Kind einer spanischen Mutter und eines indischen Vaters teils in Deutschland, teils in Spanien aufgewachsen, hat bereits Ende der 1970er Jahre vorgeschlagen, im Umgang mit verschiedenen Religionen das Modell der Übersetzung aus einer Sprache in die andere heranzuziehen (Panikkar, Intrareligious Dialogue). Parallelen zwischen Religion und Sprache lassen sich deswegen ziehen, weil Religionen als symbolische Systeme, und das heißt analog zu Sprachen, gesehen werden können – als Formulierungen bestimmter existentiell wichtiger Erfahrungen – etwa, dass das Leben der Menschen endlich ist und der Tod unausweichlich oder dass Menschen miteinander auf unterschiedlichste Weise verbunden und voneinander abhängig sind.

Wer zweisprachig ist, bildet neue Wahrnehmungsweisen aus, vergisst und verlässt aber deswegen nicht notwendig die Herkunftskultur. Wenn jemand, dessen Muttersprache Deutsch ist, eine Fremdsprache lernt und gut spricht – etwa Englisch –, dann verlässt diese Person deswegen nicht notwendigerweise ihren Wohnort oder wechselt den Pass und die Staatsbürgerschaft. Was geschieht, ist, dass sich die Wahrnehmung der Welt weitet, weil eine andere Sprache auch einen anderen Blick auf die Welt ermöglicht. Diese Einsicht aus der Untersuchung von Zweisprachigkeit lässt sich auf das Verständnis des Zen-Wegs übertragen. Ana Maria Schlüter Rodés, Ruben Habito und Ama Samy nehmen die religiöse Sprache des Buddhismus bzw. des Zen-Buddhismus in ihrer spezifischen Form auf und legen auch Wert darauf, dies ihren Schülern zu vermitteln. Sie werden aber nicht zu Buddhisten oder verbergen ihr Christentum. Die drei Zen-Lehrer entwickeln auch keine Theorie darüber, *wie* sie das tun, sondern belassen es bei der Feststellung, dass sie Zen-Buddhismus und Christentum wie zwei unterschiedliche Sprachen sprechen – die eine als Muttersprache, die andere als neu erworbene Fremdsprache, in der man heimisch geworden ist.

Sie legen jedoch alle Wert darauf, dass beachtet werden muss, dass beide Sprachen aus unterschiedlichen Zusammenhängen kommen: »… im Zentrum des Zen-Buddhismus steht das Erwachen des Shakyamuni Buddha, in seiner Darstellung der letzten Wirklichkeit als Geheimnis. Im christlichen Glauben ist es die Erfahrung Jesu Christi, seine Wahrnehmung der letzten Wirklichkeit als Geheimnis der Liebe. Daraus entstehen unterschiedliche Sprachen. Doch im Grunde ist es die Erfahrung des einen untrennbaren Geheimnisses, das sie erfahren und das sie in unterschiedlicher Weise ausdrücken. ... Es ist Gleichheit in der Verschiedenheit und Verschiedenheit in der Gleichheit.« (Schlüter Rodés, La Palabra desde el silencio, S. 10)

Dies eröffnet einen »transreligiösen Raum«. Damit meint der Prozess-Theologe John Cobb einen »Zwischen-Raum«, eine kreative Spannung, in der sich neue Möglichkeiten eröffnen. (Cobb, Beyond Dialogue) Die beiden Sprechweisen und Weltbilder des Zen-Buddhismus und des Christentums verlieren in diesem »transreligiösen Raum« ihre gewohnte Charakteristik als absolute Größen, die sich als machtvolle letzte Instanzen der Interpretation von Wirklichkeit darstellen. Es geht im »transreligiösen Raum« nicht um Festlegungen von Wirklichkeit, sondern darum, dass Sprache in ihrer die Welt gestaltenden Funktion ernst genommen wird. Denn ohne Sprache, ohne sprachliche Äußerungen ist menschliches Tun nicht möglich – selbst das Schweigen braucht einen sprachlichen Zusammenhang. Jede Sprache impliziert eine Fülle von bestimmten Handlungsanweisungen und Lebenszusammenhängen – insgesamt das, was der Philosoph Ludwig Wittgenstein als »Sprachspiele« bezeichnet hat. Diese »Sprachspiele« entsprechen »Lebensformen«, in denen sie verstanden und verwendet werden. Daher lässt sich sagen: Auch Wörter, Sätze, Sprachspiele sind *leer*, aber eben deswegen *nicht beliebig*. Das gilt auch für religiöse Sprachen, denn: »Der Buchstabe tötet, aber der Geist braucht den Buchstaben.« (Arokiasamy, Warum Bodhidharma in den Westen kam, S. 107)

Im »transreligiösen Raum« können Sprachspiele und die mit ihnen verknüpften Lebensweisen gleichwertig nebeneinander stehen und neue Verbindungen eingehen. Das entspricht einem postkolonialen Selbstverständnis, Zen-Buddhismus und Christentum so miteinander in Beziehung zu setzen, denn, so schreibt Ama Samy: »Wenn das Erwachen völlig vom Buddhismus getrennt und entwurzelt ist, wird es seine Verankerung verlieren und verdorren. Manche Christen möchten so etwas versuchen, oder sie möchten sagen, dass alles, was wahr und tief ist im Zen, bereits im Christentum ist und dass sie es daher vorziehen, die buddhistischen Symbole und die Sprache abzulegen. Wenn man Zen so behandelt, dann domestiziert man es. Es ist der Stil der Missionare! Es ist ein fehlgeschlagenes Zen.« (S. 134)

Aus den Christen, die zu Zen-Meistern wurden, werden deswegen aber keine Buddhisten. Ruben Habito nennt sein Zentrum »Maria Kannon Zen Center« und verbindet dabei die Gottesmutter Maria und den Bodhisattva Avalokiteshvara, der in China als Kuan Yin und in Japan als Kannon verehrt wird. Ana Maria Schlüter Rodés nimmt die Anlage der chinesischen Ch'an-Klöster zum Vorbild für die Einrichtung des Zendo in Brihuega, und auf dem Altar im Zendo stehen unter dem einfachen Eisenkreuz Bilder des 6. Patriarchen Eno, von Harada Roshi, von Yamada Koun Roshi und Hugo Lassalle. Im Zendo wird während des Sesshin täglich Eucharistie gefeiert, und in der Kapelle neben dem Zendo befindet sich ein Tabernakel, vor dem ein rotes Lämpchen, das »Ewige Licht«, brennt. Auch am Altar des Bodhi-Zendo von Ama Samy steht ein Kreuz; Ama Samy feiert mehrmals in der Woche die Eucharistie, wozu alle eingeladen sind. Die Verbindung der beiden religiösen Sprachen geschieht im alltäglichen Tun der Zen-Lehrer, ohne dass das »Wie« eigens reflektiert wird. Festgehalten wird von allen, dass sie ihr Christentum nicht aufgegeben haben.

Diese neue Form des Zugangs zur christlichen und Zen-buddhistischen Überlieferung setzt voraus, dass die Betreffenden erstens in ihrer eigenen Tradition gut verwurzelt sind, daher zweitens willens sind, sich auf das Fremde einzulassen, um es zu verstehen, und drittens gleichzeitig bereit sind, daraus sich ergebende Veränderungen der eigenen Sichtweise zuzulassen. Viertens bedeutet dies aber auch, beides nebeneinander bestehen zu lassen, ohne die eigene Sichtweise der anderen, fremden unter- oder überzuordnen oder eine Vermischung beider herbeiführen zu wollen. Damit wird eine essenzialistische Sicht von Religion aufgelöst, Sicherheiten werden suspendiert und die damit verbundenen Autoritäts- und Machtansprüche relativiert. Das entspringt einem emanzipatorischen und aufklärerischen Interesse.

Alle drei Zen-Lehrer bemühen sich um eine Dekonstruktion des japanischen Samurai-Zen und des autoritären Gestus, der dazugehört. Ebenso kritisieren sie die Konsum- und Industriegesellschaft der Staaten des Nordens und benennen »strukturelle Sünden«. Schlüter Rodés betont etwa in ihren Ausführungen zur Ethik, dass die Regel »nicht stehlen« auch auf das alltägliche Konsumverhalten angewendet werden müsse. Denn der Konsum, auf dem die Industriegesellschaft beruht, ist eine Form des organisierten Raubes. »Wir leben mitten darin. Aber es geht nicht an, zu sagen, gut, da kann man nichts machen ... das Unpassendste wäre die Resignation.« (Schlüter Rodés, Guiá de Caminante, S. 39) Gefragt ist Veränderung auf allen Ebenen – persönlich und gesellschaftlich.

Ruben Habito geht davon aus, dass befreite Spiritualität eine Integration der Befreiungsbewegungen des 20. Jahrhunderts mit einschließt: die »Heilung des Jetzt« durch die Übung der Achtsamkeit als Grundlage aller anderen Aspekte von Heilung; die »Heilung des Leibes«, womit nicht nur der individuelle Leib des Einzelnen gemeint ist, sondern der Leib der Erde, der Leib der Menschheit; das heißt auch die »Heilung der Natur«, ebenso wie die »Heilung des Schattens«, der seelischen Anteile, die verletzt oder verdrängt sind; und schließlich die »Heilung des Weiblichen«, also ein Ende des Patriarchats und der patriarchalen Herrschaftsformen. An die Stelle von Hierarchie und Kontrolle sollen Kooperation und Partnerschaft treten; statt Unterwerfung und Ausbeutung sollen Fürsorge und Nähren die Beziehungen der Menschen bestimmen. (Habito, Healing Breath, S. 116)

Für alle drei ist die Zen-Praxis entsprechend dem klassischen buddhistischen Verständnis ohne Ethik nicht zielführend: Befreiung zur Selbstlosigkeit entwickelt sowohl ein tiefes Verständnis als auch ein entsprechendes Handeln. Selbstlosigkeit, die sich nicht in vertieftem Mitgefühl und Beziehungsfähigkeit manifestiert, ist ein Irrtum. Die politischen Folgen dieses Irrtums waren im Japan der Zwischenkriegszeit die Unterordnung der Buddha-Lehre unter die Ziele des nationalistischen japanischen Militarismus. Heute haben die politischen Folgen dieses Irrtums verschiedene Gesichter, die es zu sehen gilt – eines ist Konsumismus, ein anderes Resignation oder Zynismus angesichts der ungerechten Verteilung der Güter weltweit. Auch die starke patriarchale Hierarchie im Buddhismus – wie auch im Christentum – sieht Schlüter Rodés kritisch.[105]

Nach Zen-buddhistischer Tradition wird ein Zen-Meister oder eine Zen-Meisterin als »lebender Buddha« betrachtet, dem in der Hierarchie einer Zen-Gruppe eine Führungsposition zukommt. Doch dieser Anspruch wird relativiert: Schlüter Rodés betont, dass es eigentlich keinen Zen-Meister gibt, da der entscheidende Impuls vom »inneren Meister« eines jeden Menschen kommt. Ruben Habito vergleicht den Zen-Lehrer mit einer Hebamme, und wo andere vielleicht sagen würden, dass sie »ein Sesshin geleitet haben«, spricht er davon, »die Ehre gehabt zu haben, Menschen zu begleiten«. Ama Samy wiederum betont, dass die Interaktion – oder psychotherapeutisch gesprochen, die Übertragung zwischen Lehrer und Schüler – ausschlaggebend für den Wandlungsprozess auf dem Zen-Weg ist.

Die Frage, die an dieser Stelle offenbleibt, ist die nach dem Wie der Vermittlung zwischen den Sichtweisen des Zen-Buddhismus und des Christentums. Hier folgen vor allem Ana Maria Schlüter Rodés und Ruben Habito dem Vorschlag von Raimon Panikkar, im Dialog mit der anderen Religion nach »homöomorphen Äquivalenten« zu suchen. Dieses Bild stammt aus der Geometrie, und es besagt, dass etwa ein Dreieck ABC zwar anders aussehen kann als ein anderes Dreieck A'B'C', trotzdem aber eine ähnliche Gestalt haben kann, da zum Beispiel die Winkel der beiden Dreiecke gleich sind. Nur wenn alle Bestimmungsstücke der beiden Dreiecke identisch sind, handelt es sich um zwei gleiche Dreiecke; in allen anderen Fällen sind sie homöomorph. In der Geometrie kann man dafür auf bestimmte Axiome zurückgreifen – etwa, dass die Winkelsumme eines beliebigen Dreiecks immer 180 Grad ergibt.

Wenn es um homöomorphe Äquivalente in den Religionen geht, ist die Lage weit schwieriger, weil es hier keine Axiome gibt, sondern die Fähigkeit gefordert ist, solche Äquivalente wahrzunehmen und herauszuarbeiten. Habito zum Beispiel bringt die christliche Lehre vom dreieinigen Gott mit der Mahayana-buddhistischen Lehre von den »drei Körpern des Buddha« zusammen. Dabei formuliert er eine neue Auffassung dieser traditionellen christlichen Lehre. Die buddhistische Theorie von den »drei Körpern des Buddha« dient ihm als Anregung und Folie dafür. Schlüter Rodés wiederum findet die trinitarische Struktur in den Steingärten der Zen-Klöster wieder. »Da ist eine geharkte ebene Fläche, ohne bestimmte Form; aus ihr erhebt sich die Form verschiedener Felsen, und wenn man diese Landschaft eine Zeitlang in Stille betrachtet, ist das eine Wohltat und wird man von Frieden erfüllt. *Tao*, die Wirklichkeit, so wie sie ist, ist immer *Wu-Yu*, Leere-Form, und ihre Auswirkung ist *Te*, etwas Wohltuendes, Heilendes. Aus der Schreibweise des Ideogramms *»Te«* kann man ablesen: (durch das Leben) gehen, (indem man, den) einen Geist, *Shin*, in alle Richtungen (bekundet). Wer so lebt, aus dieser Einheit des Unsagbaren und ganz Konkreten, ist ein Segen für die Mitmenschen und alles, was ihn oder sie umgibt.« (Schlüter Rodés, Kriterien für eine authentische Erfahrung der Wirklichkeit[106])

Die Stärke der Vertreter der »religiösen Zweisprachigkeit« ist ihre Offenheit und ihre kritische Haltung, die Autonomie und Ethik unterstützt. Dass sie keine abgeschlossenen Systeme präsentieren, wird man als Schwäche auslegen, wenn man nach einer »großen Erzählung« sucht. Auch stellt der »transreligiöse Raum«, den sie öffnen, einige Anforderungen: Nicht nur eine gute Kenntnis beider religiösen Traditionen ist gefragt, sondern auch Demut, Kreativität und Freiheit von Angst – denn eine letzte Begründung wird hier nicht geliefert.

ERLEUCHTUNG TRIFFT AUFERSTEHUNG

———◄o►———

Erleuchtung ist Auferstehung – oder nicht?

Weder gäbe es eine Buddha-Lehre ohne Erwachen noch ein Christentum ohne Auferstehung. *Buddha* und *Christus* sind keine Eigennamen, sondern Titel, die sich auf diese Ereignisse beziehen, deren Wirklichkeit in ihrer Wirksamkeit besteht. Menschen, die sich auf Buddha oder Christus beziehen, orientieren ihr Leben an diesen Gestalten, und daraus entstehen Wirklichkeiten: soziale, historische, psychologische, kulturelle Wirklichkeiten, die das Leben der Menschen in Asien und Europa, aber auch in Afrika und in Nord- und Südamerika geformt haben, Geschichten, die zweitausend Jahre und mehr umfassen. Doch weder die Auferstehung Jesu noch das Erwachen des Buddha sind historisch belegbare Ereignisse – obwohl diese beiden Ereignisse Schlüsselgeschichten sind.

Dabei sind Erwachen bzw. Erleuchtung und Auferstehung unvergleichlich – und *wie* über diese Ereignisse berichtet wird, entspricht höchst unterschiedlichen Vorstellungen vom Leben, vom Tod und von der Welt im Ganzen. Auch ist weder das Erwachen des Buddha noch die Auferstehung Christi analog einer mathematischen Formel oder »chemisch rein« darstellbar. Die Geschichten und Theorien, die sich im Verlauf mehrerer Jahrtausende an beide Ereignisse angelagert und sie geformt haben, sind höchst unterschiedlich – so unterschiedlich, wie die Erfahrungen von Nomaden und Viehzüchtern in einer wasserarmen Gegend und jene von sesshaften Bauern, deren Leben durch den Monsun bestimmt wird. Diesen vielfältigen Unterschieden gerecht zu werden, ist hier nicht möglich.

Der kleinste gemeinsame Nenner von Auferstehung und Erleuchtung ist die Überwindung des Todes. Denn der Buddha feiert sein Erwachen als das Ende der Wiedergeburten und damit das Ende des Leidens; und auch die Auferstehung Christi wird als Ende des Leidens, das aus der Sünde folgt, und als Sieg über den Tod gefeiert. Es gibt also eine »Schnittmenge«, doch wenn es darum geht, auszuformulieren, worin genau diese besteht, wird es äußerst schwierig. Denn dann kommt man nicht umhin, sich mit mehr als zweitausend Jahren Religionsgeschichte von Buddhismus und Christentum zu befassen.

In der Begegnung von Zen-Buddhismus und Christentum ist viel über Gott und Erleuchtung, aber wenig über das Verhältnis von Auferstehung und Erleuchtung gesprochen worden. Erst in den letzten Jahren finden sich Bemerkungen und Publikationen dazu – vielleicht auch, weil sowohl die Zen-Lehrer als auch die erste Generation ihrer Schülerinnen und Schüler in die Jahre kommen. Dabei sind die Ansichten der einzelnen Zen-Lehrer des Sanbokyodan einander diametral entgegengesetzt, so als ob sie sich auf unterschiedlichen Kontinenten befänden. Am ausführlichsten beschäftigen sich Pia Gyger, Ama Samy, Willigis Jäger und Gundula Meyer mit der Frage von christlicher Auferstehung und buddhistischem Erwachen.

Auferstehung als Transformation der Materie

Für Pia Gyger sind Auferstehung und Erwachen unvereinbar. Das entspricht ihrer Grundhaltung, die Differenz zwischen Zen-Buddhismus und Christentum zu betonen. »Die Frage, ob nach dem Tod etwas weitergeht und falls ja, wie es weitergeht, beinhaltet wohl den markantesten Unterschied zwischen Buddhismus und Christentum.« (Gyger, Maria – Tochter der Erde, Königin des Alls, S. 59) Doch ist die Zen-Meditation ein Geschenk an die Menschheit, da sich in der christlichen Tradition kein Weg in die Stille des Herzens entwickelt habe, »der sich so wunderbar säkularisieren und für den Menschen des 21. Jahrhunderts bereiten lässt, wie es der Zen-Buddhismus tat.« (S. 146)

Die Auferstehung, so Pia Gyger, bedeutet Transformation der Schöpfung. Denn Gott hat sich selbst entäußert, zitiert sie den paulinischen Hymnus aus dem Brief an die Philipper.[107] Gott begibt sich in eine »Werde-Welt«. Im Akt der Selbstentäußerung und frei gewählten Ohnmacht gibt er seinen Geschöpfen die Freiheit, in scheinbarer Trennung und Autonomie ihr Sein auszugestalten. Dadurch ermöglicht er seinen Geschöpfen den Aufstieg ins neue Licht. Der Kreuzweg ist ein Bild dieses Aufstiegs. Es ist ein Prozess der Erlösung, der immer weitergeht und Hölle und Schattenreiche mit einschließt. (S. 134) Dieser Prozess hat schon begonnen, schreibt Pia Gyger: Nach dem neuen Katechismus der Katholischen Kirche haben die Gläubigen schon jetzt durch den Geist Anteil an der Auferstehung Christi[108].

Wie das Verhältnis von Geist und Leib in der Auferstehung zu verstehen und vorzustellen sei, dazu haben die Theologen seit frühesten Zeiten unterschiedlichste Ansichten entwickelt. Pia Gyger zitiert ausführlich aus dem Werk des deutschen Theologen Guardini (1885–1968), der schreibt: »Mensch aber ist der Geist, sofern er sich im Leibe ausdrückt und auswirkt.« Auferstehung bedeutet für Guardini, dass die »Geistseele« wieder wird, wozu sie durch ihr Wesen bestimmt ist, nämlich Seele eines Leibes. Dies bedeutet für ihn auch, dass »der entseelte Stoff wieder durchgeistete, personenbestimmte Körperlichkeit, das heißt also Menschenleib wird – welcher Leib freilich nicht mehr den Bedingungen von Raum und Zeit unterworfen, sondern, wie Paulus sagt, in einem neuen Zustand, ›geistlich‹, ›pneumatisch‹ ist.« Der Leib werde »als solcher umso intensiver und wertvoller, je tiefere Innerlichkeit, je reicheres Herzensleben, je edlere Geistigkeit sich in ihm auswirkt.« (zitiert nach Gyer, Maria – Tochter der Erde, Königin des Alls, S. 214/215)

Auferstehung ist »Auferstehung des Fleisches«, so sagt es die christliche Tradition. Gyger spricht von der Transformation des Körpers, also von einem materiellen Prozess. Mögliche Belege sieht sie in den Heilungswundern in dem Marienheiligtum von Lourdes. (Gyger, Hört die Stimme des Herzens, S. 156)

Das Dogma von der leiblichen Aufnahme Marias in den Himmel – das jüngste Dogma der römisch-katholischen Kirche, das
1950 von Papst Pius XII. verkündet wurde – ist für Pia Gyger das
Paradigma der Auferstehung. »Die Auferweckung Christi und
Marias zeigen, dass die Materie berufen ist, ins trinitarische
Geheimnis aufgenommen, sozusagen mit dem gestalt- und formlosen Geheimnis vermählt zu werden. In diesem Sinn ist die
ganze Schöpfung seit ihrem Anbeginn auf die letzten Dinge ausgerichtet.« (Gyger, Maria – Tochter der Erde, Königin des Alls,
S. 50/51).

Bestätigt hat sie in dieser Sichtweise die Lektüre des indischen
Philosophen Sri Aurobindo (1872–1950) und seines westlichen
Schülers Satprem (S. 212). Sri Aurobindo hob die Bedeutung der
Materie hervor – im Gegensatz zu anderen Hindu-Traditionen
wie dem Advaita-Vedanta. Der Prozess der »Vergeistigung der
Materie« ist nach seiner Ansicht ein neuer Abschnitt in der Entwicklung des Bewusstseins, der Mitte der 1920er Jahre begonnen
hat. Sri Aurobindo begrüßte aus diesem Grund das Mariendogma
von 1950. Die »Mutter«, Sri Aurobindos langjährige Weggefährtin, ebenso wie Satprem sprachen von einer »Transformation« auf
der Ebene der Zellen, die zu einer Überwindung des Todes führen
könne. Pia Gyger schließt in ihrer Vision »Ein und Alles« daran
an: »Sprich an Meine Gegenwart in Deinen Zellen und befiehl in
meinem Namen ihr Erwachen.« (S. 23) Für Gyger findet Auferstehung nicht in der Zukunft statt, sondern beginnt hier und
jetzt. Die Übung des Zen wird zum Transformationsgeschehen:
Die Achtsamkeit auf den Atem ist ein Weg zur Umwandlung des
Körpers in »Lichtmaterie«. Das Vorbild dabei: die Gottesmutter
Maria. »Kann Maria, die Gebärmutter der Lichtmaterie, uns helfen, den neuen Atem zu finden?« (S. 220)

Licht ist eine zentrale christliche Metapher für Auferstehung.
Das Licht Christi wandele die biologische Evolution aus einem
materiellen in einen Prozess der »Lichtmaterie« um, schreibt
Gyger. »Könnte es sein, dass das bewusste Aufnehmen und Senden von Lumen-Christi (Licht des Auferstandenen, Licht der

neuen Schöpfung) anders wirkt als ›Licht, Liebe, Heil, Friede‹? –
Wird im Osterruf ›Lumen Christi‹ die Kraft der Erneuerung
anders, revolutionärer wirksam als über andere Worte?« (S. 220)

Pia Gyger folgt in ihrer Interpretation der Auferstehung klassischen Ansichten der abendländischen Metaphysik, die Geist und
Körper trennt. Daher ist es nicht verwunderlich, dass sie sagt,
dass dies mit der Zen-Übung nichts zu tun hat: »Wenn Zen-Buddhisten sagen, ›in der Erleuchtung stirbt das Ich und steht im
wahren Selbst auf‹, so hat dies nichts mit der Auferstehung des
Fleisches zu tun.« (S. 53)

Zwar spricht Gyger der buddhistischen Auffassung entsprechend vom Nirvana als dem Ende des Leidens; diese Erfahrung
von Todlosigkeit ist das entscheidende Moment der buddhistischen Tradition. Doch dann kommt sie zu dem überraschenden
Schluss, dass der Buddha von einer Weiterexistenz nach dem Tode ausgehe. Belege dafür gibt sie keine. Diese sind auch nicht zu
finden. Denn Gygers Auffassung vom Buddhismus ist durch
westliche Wiedergeburtslehren geprägt, die ihr nahelegen, dass der
Buddha »Kontakt zu den feinstofflichen Welten« des Samsara, des
Rades der Wiedergeburt, hatte. »Wer hat das Recht zu bestreiten,
dass der große Weise aus dem Osten sich in der grobstofflichen
und feinstofflichen Welt bewegte? Wer kann ihm widersprechen,
wenn er sagt, dass er das Todlose erfahren hat? Andererseits: Wer
kann leugnen, wenn die Freundinnen und Freunde Jesu seine
Auferstehung bezeugen? Nach christlicher Vorstellung wechselt
Jesus aber in seinen Erscheinungen als Auferstandener nicht zwischen der feinstofflichen Welt und unserer hin und her. In seiner
Auferstehung hat begonnen, was in der Geheimen Offenbarung
mit den Worten ›Siehe, ich mache alles neu‹ angedeutet wird.
Maria, die Tochter der Erde, die zur Königin des Himmels wurde,
ist nach dem Dogma die Erste, die in diesem neuen Daseinsraum
lebt. Sie hat als erster Mensch die Auferstehungsmaterie angezogen, mit ihr beginnt die neue Schöpfung.« (S. 65)

Das Leben endet nie –
Über das Ankommen im Jetzt

Dies ist der Titel des Buches, das Willigis Jäger der Frage nach dem Tod widmet. Entstanden ist das Buch als Antwort auf Fragen, die sich der Lektorin Ursula Richard angesichts von Krankheit und Tod ihres Vaters stellten. Dahinter steht die Frage nach der Rechtfertigung Gottes angesichts des Leidens: Warum lässt Gott zu, dass Menschen leiden und sterben? Wo ist Gott, wenn Menschen in Flutkatastrophen oder in Erdbeben zugrundegehen? Die Theodizee-Frage ist in ihrer Dringlichkeit noch nicht alt. Zwar lassen sich in allen Religionen Antworten darauf finden, doch die Frage selbst taucht das erste Mal bei dem Philosophen Leibniz im 17. Jahrhundert auf. Gegen die kritischen Atheisten seiner Zeit vertritt er die Position, dass Gott die bestmögliche aller Welten geschaffen hat – und dann stellt sich eben die Frage, warum es in dieser Welt Leiden, Krankheit und Tod gibt.

Für Willigis Jäger beginnt das Problem mit dem dualistischen Weltbild. »Wir haben uns leider in eine illusorische Welt vernarrt. Unser dualistisches Weltbild hat uns von Gott getrennt.« (Jäger, Das Leben endet nie, S. 22/23) Die Abtrennung des spirituellen, transpersonalen Bereichs kann zu schweren persönlichen Krisen und auch zu Krankheit führen. Krankheit ist demnach in einer persönlichen Fehlentwicklung begründet, nämlich in der Ausgrenzung des »Transpersonalen«. Durch Heilungsrituale und Gebete kann das Transpersonale wieder Teil des Lebens werden. Doch jede Heilung ist zeitlich begrenzt, denn irgendwann sterben alle. Statt Angst vor dem Tod zu haben, die durch die Religionen und ihre Drohbotschaft von einer Abrechnung über das Leben genährt wird (S. 54), sollte man nach einer neuen Einstellung zum Tod suchen.

Statt künstlicher Lebensverlängerung auf der Intensivstation könnte man aus dem Sterben ein Fest machen und aktiv den Tod suchen, wie dies von alten Weisen berichtet wird, schreibt Jäger. Denn Leben und Tod sind nur scheinbare Gegensätze. Sie sind zwei Pole, zwei Aspekte der grundlegenden Lebensdynamik. Die Angst vor dem Tod kann derjenige überwinden, der »sich als dieses Leben selber erfährt, das in allen Strukturen aufblüht und vergeht. Wer sich als dieses Leben erfährt, kann die jeweilige Struktur lassen. Sie kann abfallen wie ein welkes Blatt.« (S. 54) Das individuelle Leben ist dabei für Jäger nur eine Ausformung des Kontinuums, ein »Wimpernschlag des Universums«, wie er an anderer Stelle sagt. Das konkrete Leben eines jeden Einzelnen wird dadurch nivelliert und bedeutungslos. »Es ist nicht unser Leben, das wir leben, sondern das Leben Gottes« (S. 78). »Gott« übernimmt alles, auch die Gebrechen und Unannehmlichkeiten des Alters. »Unsere Gebrechen, der Haarausfall, die dritten Zähne, die Bedürftigkeit und Krankheit – sie sind eine ›Offenbarung Gottes‹.« (S. 64) All dies ist nicht relevant, denn die »Grundkraft der evolutionären Bewegung in dieser Welt, die uns hindrängt zur Vollendung, zu Gott, geleitet uns auch nach dem Tod, wenn wir ihr in diesem Leben Raum gegeben haben.« (Jäger, Wiederkehr der Mystik, S. 42) Der Prozess der Evolution rechtfertigt jede Form des Todes, auch den gewaltsamen und ungerechten Tod, den Tod durch Tsunami oder durch den Holocaust, als Ausdruck Gottes.[109] Dass die Menschen sterben müssen, ist Teil des göttlichen Spiels. »Er/Es spielt sich selbst. Die Spielregeln entwickeln sich immer neu im Fortgang des Spiels. Es gibt keinen Punkt Omega. Es gibt nur das zeitlose Jetzt.« (Jäger, das Leben endet nie, S. 120)

Das konkrete Individuum ist eine Illusion, denn die wahre Identität jedes Wesens ist der »Ozean«. »Es stirbt aber immer nur die menschliche Hülle. Das Leben selbst geht weiter. In welcher Form und Weise, wissen wir nicht. … Wo gingen die Menschen hin, als sie starben? Wo gehen die Wellen hin, wenn sie in den Ozean zurückkehren? Sie kehren zurück in den ›Ozean Gott‹. … Unsere wahre Identität ist das Weltmeer, nicht die Welle. Ob und wie die Welle weiterlebt, wenn sie in den ›Ozean Gott‹ zurückkkehrt, wissen wir nicht. Wir gehen in eine neue Seinsweise, sagt uns die Auferstehung Jesu.« (S. 122/123)

Die Auferstehung sieht Jäger als eine Form von Wiedergeburt: Das Leben geht weiter, in einer anderen Form, unter anderen Umständen. Dieses Bild von einem »Kontinuum des Lebens« führt der evangelische Religionswissenschafter Michael von Brück, der auch Zen-Kurse gibt, in seinem Buch »Ewiges Leben oder Wiedergeburt?« weiter aus. Er meint, dass Auferstehung als ein »Wieder-Fleisch-Annehmen« verstanden werden kann, und unterstützt damit die seit Längerem im Westen populäre Vorstellung. Durch die Religionskritik der Aufklärung war das alte christliche Weltbild mit Himmel, Hölle und Auferstehung unplausibel geworden, und die Menschen hatten es schrittweise durch den Wunsch nach einer Wiedergeburt ersetzt. Aus den materialistischen Jenseitsbildern wurde eine materialistische Diesseitshoffnung, die Michael von Brück aufgreift. In der jüdisch-christlichen und auch in der islamischen Tradition ist Auferstehung jedoch kein Kontinuum, sondern ein »Zeit-Bruch«, etwas völlig Neues und ein Wechsel der Dimension.

Jenseits von Leben-und-Tod

Ama Samy schreibt aus persönlicher Betroffenheit: In den letzten Jahren hat er einige Menschen, die ihm sehr nahe standen, verloren: eine Schülerin, die mutig aus dem engen Kastenverband der tamilischen Brahmanen ausbrach und einen Nicht-Brahmanen heiratete, verstarb in relativ jungen Jahren an Krebs. Eine schwedische Schülerin, die einige Monate im Bodhi-Zendo verbrachte, wurde auf dem Weg von der Busstation zum Zendo von einem jungen Burschen ermordet, der dachte, sie habe viel Geld in der Tasche. Auch der Hund des Zendo starb, zu dem Ama Samy eine enge Beziehung hatte. »Ich bin sehr traurig. Ist Blackie völlig aus dem Bereich der Existenz verschwunden, und ist seine Existenz völlig ausgelöscht?«, fragt Ama Samy sich selbst.

Jede Minute sterben Tausende und werden Tausende geboren. Diesen Umstand interpretieren Buddhismus und Hindu-Traditionen durch die Wiedergeburt, verstanden als Rückkehr in dieses

Leben; im Christentum spricht man landläufig von einem Wei-
terleben im Himmel. Das Leben nach dem Tod wird von beiden
mythologisch als Belohnung oder Bestrafung für die Taten dieses Lebens vorgestellt, als eine Art ausgleichender Gerechtigkeit.
Doch sowohl Reinkarnation als auch Jenseitsvorstellungen ent-
springen selbstbezogenen Wünschen und Bildern, die sich das
Selbst von sich macht, meint Ama Samy. Auch die Vorstellung,
mit etwas zu verschmelzen oder in etwas einzugehen – in den
Ozean der Buddha-Natur oder in ein Energiefeld –, ist nichts
anderes als ein Festhalten an Bildern. »Selbstbewusstsein verschwindet wie der Tau in der Morgensonne. … Es gibt keine zeitliche Wiedergeburt des Selbst, kein individuelles Selbst nach dem
Tod, das die dahingeschiedenen Vorfahren auf den elysischen Feldern trifft. Man muss seiner eigenen Selbst-Auslöschung ins Auge
sehen und ihr begegnen. Das ist die erste Anforderung des Erwachens. Man muss alle Selbstbilder und damit verbundenen Bilder
eines Lebens nach dem Tode gehen lassen.« (Samy, Zen Meditation for life and death, S. 79) Der Buddha bezeichnet die Selbst-
Bilder als »Haus-Bauer«, als Instanzen, die immer und immer
wieder das Haus des Ego bauen und der Motor der Wiedergeburt
sind. Fallen diese »Haus-Bauer« weg, ist das Ende des Leidens
erreicht, zitiert Ama Samy die buddhistische Tradition. Wer erwacht ist, hat Nirvana erreicht – dies ist kein Jenseits, sondern das
Ende von Gier, Hass und Verblendung.

Die naheliegenden Fragen, was denn mit einem vollkommen
Erwachten, einem Buddha, nach dem Tod geschieht, führen nur
in ein Dickicht von unheilsamen Ansichten, Leiden und Fesseln,
nicht jedoch zur Befreiung, legt der Buddha im Palikanon dar. Es
wird erzählt: Als der Wanderer Vacchagotta den Buddha einmal
fragt, wohin ein Voll-Erwachter nach dem Tod gehe, sagte der
Buddha: »Weder existiert ein Tathagatha [ein Titel des Buddha]
nach dem Tod noch existiert ein Tathagatha nicht nach dem
Tod: Nur das ist wahr, alles andere ist falsch.« (Aggivacchagotta
Sutta, MN 72) Damit sind alle Fragen nach dem Verhältnis von
Leib und Seele nach dem Tod aufgehoben, die die europäische

Tradition so intensiv beschäftigt haben. »Ich sterbe nicht« ist auch nicht das Gegenteil von »Ich sterbe«. Die doppelte Verneinung des Weder-noch deutet auf eine andere Dimension: In den Hindu-Traditionen und im Buddhismus wird zwischen einer »weltlichen« (Pali *lokiya*) und einer »überweltlichen« (Pali *lokuttara*) Wahrheit unterschieden. Der Hindu-Heilige und Philosoph Shankara (er lebte wahrscheinlich im 6. Jh. n. Chr.; meistens wird 788–820 angegeben) hat diese Sicht in einen oft zitierten Ausspruch gefasst: »Es gibt nur Gott, der wiedergeboren wird.« Auch wenn diese Formulierung möglicherweise dazu führen kann, sich von sich selbst ein Bild zu machen und damit auf der weltlichen *(lokiya)* Ebene zu bleiben – »ich bin Gott«, »ich bin dies oder jenes«, so ist dieses Zitat doch ein Ausdruck und Hinweis auf die Wirklichkeit des Erwachens, meint Ama Samy. Schärfer drückt es der indische buddhistische Philosoph Nagarjuna aus: »Das Nirvana ist … kein Nichtsein, wie viel weniger ein Sein. Das Schwinden der Vorstellungen von Sein und Nichtsein wird Nirvana genannt.« (Ratnavali, V. 42, in: Frauwallner, Philosophie des Buddhismus, S. 212)

Ama Samy parallelisiert die »überweltliche Wahrheit« *(lokuttara)* mit dem »Ende der Zeit«, von dem die christliche Eschatologie, die »Lehre von den letzten Dingen«, spricht. Gewöhnlich wird behauptet, dass die jüdisch-christliche Vorstellung von der Zeit linear sei – im Unterschied zum zyklischen Zeitverständnis anderer Kulturen. Dies ist ein Missverständnis, meint Ama Samy. Das jüdisch-christliche Zeitverständnis ist nicht linear, sondern nimmt die Zukunft in der Gegenwart schon vorweg. Der »Himmel« ist also kein Zustand in der Zukunft, sondern hier und jetzt. Das sagen auch die klassischen christlichen Formeln: »Christus wird am Ende der Zeit kommen, um die Lebenden und die Toten zu richten. Jedoch sprechen die christlichen Schriften nicht nur davon, dass Christus bereits auferstanden ist, sondern dass die Christen bereits ›auferstanden sind und mit Christus im Himmel thronen.‹« (Samy, Zen Meditation for life and death, S. 81) Auch christliche Kirchenlehrer bringen dies zum Ausdruck. Ama Samy zitiert die heilige Katharina von Siena: »Der ganze Weg zum Himmel ist Himmel« (S. 82)

Auferstehung ist nichts Jenseitiges, das nach dem Tod eintritt. Sie lässt sich als homöomorphes Äquivalent der buddhistischen »Todlosigkeit« verstehen. Alles, was »nach diesem Leben« kommen soll, ist nur Fantasie und Illusion des Ego. »Leben-und-Tod sind Teil des eigenen Lebens; man akzeptiert den eigenen Tod und das Verlöschen in einem Akt der Bejahung. Im Tod ist es Todlosigkeit, die bejaht wird; es sind Leben und Liebe, die bejaht werden. Leben-und-Tod wird in einer transzendenten Bejahung umarmt und losgelassen. Erwache zu dem ›Ich sterbe nicht‹, und dann kannst du frei sterben. Auferstehung ist ein Erwachen zum ewigen Leben, nicht eine Verlängerung oder Fortsetzung dieses zeitlichen, individuellen begrenzten Lebens. (…) Ewigkeit hat keine räumliche Ausdehnung und keine zeitliche Dauer. (…) Ewigkeit transzendiert Zeit und Raum, und trotzdem beruhen alle Zeiten und Räume auf dem Ewigen. Ewigkeit ist weder hier und jetzt noch nirgends und niemals. Wenn du nicht hier und jetzt zur Ewigkeit erwachst, wirst du sie niemals realisieren.« (S. 85)

Darum geht es auch in dem Koan »Tosotsus drei Barrieren« in der Koan-Sammlung Mumonkan (Nr. 47). Da fragt der Zen-Meister den Schüler: »Wenn du deine eigene Natur erkennst, dann bist du zweifelsfrei frei von Leben und Tod. Wie kannst du frei von Leben und Tod sein, wenn deine Augen geschlossen sind? Du weißt, wohin du gehen wirst, wenn du frei von Leben und Tod bist. Wohin gehst du, wenn die vier Elemente zersetzt sind?«

Als Antwort auf diese Koan-Fragen beschreibt Ama Samy den Tod des japanischen Zen-Meister Katagiri Roshi, der in den USA lehrte. Er starb an Krebs; und während seiner letzten Tage beobachteten seine Schüler sehr genau, wie er als Zen-Meister sterben würde. Katagiri merkte dies und schrie laut: »Ich will nicht sterben, ich will nicht sterben.« Dann schaute er seine schockierten Schüler an und sagte: »Ihr beobachtet mich alle, wie ich als Zen-Meister sterben werde! Es spielt keine Rolle, wie ich sterbe; ich werde jedenfalls sterben, und das ist es.« (S. 85)

Fürchtet Euch nicht!

Gundula Meyer, die evangelische Theologin und (beurlaubte) Pastorin, wurde 2001 vom Sanbokyodan zum *shoshike*, also zur unabhängigen Zen-Meisterin, ernannt.[110] Sie vertritt in etwa die inklusivistische Auffassung, dass »reines Zen«, das »Herz aller Religionen« sei.[111] Das »reine Zen« findet sie zum Beispiel in Werken der Dichtkunst, aber auch bei Michael Ende: »Die ›erste Natur‹ erweist sich ... als nicht wählerisch, geschweige denn, dass sie zwischen Mitte und Rand unterscheiden würde.« (Gundula Meyer/Friedmann Harzer, Der Boden, auf dem du stehst, in: Lengsfeld, Peter, Mystik, Spiritualität der Zukunft, S. 376) In dem Buch »Wie Zen mein Christsein verändert hat« hat sie zwei Teishos, zwei Lehrvorträge, publiziert. Sie erzählt: Zen und die Begegnung mit Yamada Koun Roshi halfen ihr, das bedrängende Gottesbild des evangelischen Pastorenhauses, aus dem sie stammte, abzulegen. Nicht ein christlicher Theologe, sondern Yamada Roshi machte sie darauf aufmerksam, dass »es in Gott keine Sünde gibt« – eine für sie sehr befreiende Wahrnehmung.

In ihrer Interpretation des Koan Nr. 55 aus dem Hekiganroku geht es um Tod und Auferstehung, also um die zentralen Momente des Christentums. Die Geschichte erzählt von einem Zen-Mönch, der die »heiligen Gebeine« des verstorbenen Meisters sucht. Dieser hatte ihm noch zu Lebzeiten einmal angesichts eines Toten erklärt: »nicht lebendig, nicht tot«. Diese Zen-Geschichte setzt Meyer in Beziehung zu der Erzählung aus dem Matthäus-Evangelium, in dem die Frauen am Ostermorgen das Grab Jesu aufsuchen, aber Jesus nicht darin finden. Ein Engel kommt ihnen entgegen und sagt, Jesus sei von den Toten auferweckt worden und sie sollen gehen und es seinen Jüngern sagen. Sie eilen fort, und da begegnet ihnen der Auferstandene selbst und sagt: »Fürchtet euch nicht. Geht, vermeldet meinen Brüdern, dass sie weggehen nach Galiläa; und dort – mich werden sie sehen.« (zitiert nach Meyer, In Gott gibt es keine Sünde, in: Seitlinger/Höcht-Stöhr [Hg.], Wie Zen mein Christsein verändert hat, S. 105)

Die geläufigen Bilder von Jesus zeigen den Gekreuzigten. Darstellungen des auferstandenen Christus sind dagegen sehr selten. Statt einer »überholten Theologie«, die »Christus am Kreuz erhöht«, lässt sich aus der Perspektive des Zen eine neue Sicht gewinnen, schreibt Meyer: »Solange die Auferstehung Christi theologisch als ein einmaliges Ereignis in der Geschichte verstanden wurde, von kosmischer Weite und unwiederholbar, so lange konnte der Auferstandene so abgehoben dargestellt werden. Aber Theologie wandelt sich. Wenn man einige Worte des Neuen Testaments mitbedenkt, geht es auch einfacher, menschlicher. Worte, die mir einfallen: ›Ich lebe, und auch ihr sollt leben‹ (Johannes 13,19), ›Ihr werdet noch Größeres vollbringen als ich‹ (Johannes 14,12), ›In ihm wohnt die ganze Fülle der Gottheit leibhaftig, und ihr seid vollkommen in ihm‹ (dem Wesen nach!) (Kolosserbrief 2,9f.), ›Seid ihr aber mit Christus auferstanden, so sucht, was droben ist, wo Christus ist‹ (Kolosserbrief 3,1).« (ebd.)

Auferstehung und Erwachen erscheinen Gundula Meyer als Bilder, die sich überlagern. Die Darstellung eines Buddha in der Geste der Schutzgewährung (der Buddha steht, beide Handflächen sind dem Betrachter zugewandt, wobei die eine Hand nach oben und die andere nach unten zeigt) interpretiert sie als die Darstellung eines Auferstandenen bzw. Erwachten. Sie liest die Haltung als visuelle Umsetzung des biblischen »Fürchtet euch nicht!«, das eine der häufigsten Aussagen im Kontext der Auferstehung ist. Auferstanden ist für sie »ein von allen Fesseln Befreiter, ein aus allen alten Mustern Erwachter.« Galiläa, wo die Jünger den Auferstandenen treffen sollen, entspricht für sie dem »Marktplatz«, dem Alltag, in dem das Erwachen zu verwirklichen ist. Auferstehung sei Erleuchtung, denn »... der Durchbruch in die Welt der Fülle kommt plötzlich und unterwegs. Es ist ein plötzliches Zulassen-Können dieser Wirklichkeit, die schon immer unsere Wirklichkeit ist.« (ebd.)

Fragen, die offenbleiben

Die höchst unterschiedlichen Auffassungen dieser zitierten Zen-Lehrer darüber, wie Erleuchtung und Auferstehung sich zueinander verhalten, machen vor allem eines deutlich: dass viele Fragen, das Verhältnis Zen und Christentum betreffend, noch gar nicht gestellt worden sind. Erleuchtung und Auferstehung als homöomorphe Äquivalente zu konstruieren erscheint als angemessener und vorsichtiger, als entweder die Unvereinbarkeit beider zu behaupten oder eines auf das andere zu reduzieren oder die Frage überhaupt im Ozean des Absoluten zu ertränken.

Versucht man, Erleuchtung und Auferstehung in einem »transreligiösen Raum« miteinander in Beziehung zu setzen, lassen sich einige Resonanzen finden. So ist nach buddhistischer Lehre der Erwachte frei von den Giften der Gier, des Hasses und der Verblendung[112]; der Auferstandene ist frei von der Sklaverei der Sünde. Das Verb des Neuen Testament für »Auferstehung« ist *egeirein*, also »aufwecken, aufstehen«. Dieses Verb wird nicht nur für die Auferstehung Jesu verwendet, sondern auch für die Schwiegermutter des Petrus bei ihrer Heilung (Mt 8, 15), für die Tochter des Jairus (Mt 9,25), für den Gelähmten (Mk 2,12) oder für Maria, die Schwester Marthas (Joh 11,29) gesagt – alle »stehen auf«. Die Theologin Luzia Sutter Rehmann folgert daraus, dass das Geschehen des Auf-er-stehens nicht vom alltäglichen Leben abgetrennt und doch eine Erfahrung der Transzendenz sei[113]. Dazu passt, dass das Verb *egeirein* auch die Bedeutung »aufwecken, aufwachen« hat; ebenso bedeutet *anistemi*, das manchmal verwendet wird, »aufwecken«, aber auch »aufbrechen« und »sich erheben« – in jeder Hinsicht.

Das Wort »Buddha« – zu Deutsch »der Erwachte« – zeigt einen ähnlich grundlegenden, aber nicht identischen Dimensionswechsel an. »Buddha« gehört zur Wurzel *budh-*, »wissen, erkennen, erwachen«. Es ist ein Erwachen zu einer neuen Dimension des Erkennens und Verwirklichens nach dem Wegfallen der Gifte der Gier, des Hasses und der Blindheit.

Die Zen-Übung für einen Buddhisten hat befreiende Kraft – das Ziel ist, das Ende der Wiedergeburten zu erreichen und das Bodhisattva-Gelübde, »alle Wesen zu retten«, einzulösen. Für Christen ist dies anders: Wer getauft ist, der ist theologisch gesprochen, bereits erlöst. Denn die Taufe ist die Teilnahme an Tod und Auferstehung Jesu. Kann also Zazen, das Mudra des Erwachens, auch das Mudra des Auferstehens sein? Kann Zen-Übung genuine christliche spirituelle Praxis sein?

Die Frage ist: Woran entscheidet sich, was christlich ist und was nicht? Darauf gibt es viele verschiedene Antworten. Nimmt man die Evangelien her, findet man in der Gerichtsrede des Matthäus ein Kriterium: Es ist der Dienst an den Geringsten, der die Nachfolge Jesu charakterisiert. »Was ihr dem geringsten meiner Brüder getan habt, das habt ihr mir getan«, heißt es in Matthäus 25. Dieses Kriterium gilt auch für Christen, die den Weg des Zen gehen. Doch weil Religionen – Buddhismus und Christentum in diesem Fall – wie Banyan-Bäume sind, vielfältige Symbolsysteme, entstehen durch diese Antwort mehr Fragen, als hier auch nur formuliert werden können.

Die brasilianische Befreiungstheologin Ivone Gebara spricht von einer *ethischen Transzendenz,* die die jüdisch-christliche Erfahrung prägt: »Diese Erfahrung lässt uns Solidarität, Mitleid und Liebe spüren gegenüber jenen, die anders sind als wir, gegenüber unseren Nächsten, die gescheitert sind. Es ist eine Erfahrung tiefer Freude und des großmütigen und liebevollen Handelns mitten im Leben« – und es ist zugleich eine Erfahrung von Schönheit, die für das Mysterium Gottes öffnet. Erwacht sein, auferstanden sein – lebendig tot/tot lebendig – realisiert sich christlich als ein Aufstehen gegen Zerstörung, Freiheitsberaubung, Konsumwahn, Menschenverachtung, Sklaverei, Krieg; Aufstehen für Leben, Identität, Freude, Lachen, Zärtlichkeit, Teilen und Sinnerfüllung. (Gebara, The Face of Transcendence, in: Schüssler Fiorenza, E. [Hg.], Searching the Scriptures, S. 180 bzw. 183/4) Das schließt den Einsatz des eigenen Lebens mit ein – leibhaftig Sterben und Auferstehen.

Postskriptum 1

Vor einiger Zeit zeigte mir der brasilianische Befreiungstheologe
Paulo Suess ein Zeitungsfoto von einem Mordfall. Auf dem Bild
sah ich eine ältere Ordensfrau ausgestreckt am Boden liegen, die
Bibel gerade ihrer Hand entfallen. Warum, das verstand ich,
nachdem Paulo Suess mir den Hergang der Tat erzählt hatte.
Sister Dorothy Stang, zum Zeitpunkt der Ermordung 73 Jahre
alt, lebte seit Anfang der 1970er Jahre im brasilianischen Ama-
zonasgebiet in der Diözese Xingù mit Indios und Landlosen und
setzte sich für sie und ihre Rechte ein. Vor Kurzem erst hatte
Sister Dorothy deswegen eine Auszeichnung erhalten. Doch es
gab schon seit einiger Zeit Todesdrohungen gegen sie, wie gegen
viele in Lateinamerika, die sich für Gerechtigkeit einsetzen. Am
24. Februar 2005, einem Samstag, war sie von einem Seminar
über nachhaltige Landwirtschaft auf dem Weg nach Hause. Plötzlich standen zwei von Großgrundbesitzern gedungene Pistoleros
vor ihr, bedrohten sie und warfen ihr vor, in ihrer Tasche Pistolen
zu transportieren. Sister Dorothy zog das Neue Testament aus
der Tasche und begann, die Bergpredigt vorzulesen: »Selig sind
die Armen, denn sie werden das Himmelreich erlangen.« Daraufhin schossen die Pistoleros sie nieder. Einer der Mitarbeiter von
Sister Dorothy hatte sich aus Angst in einem Baum versteckt und
erzählte später, was geschehen war. Weil die Geschichte im Ausland sehr viel Staub aufwirbelte, wurden die Pistoleros schließlich gefasst und verurteilt, ihre Hintermänner kamen jedoch davon.

Es gibt viele Geschichten von Menschen, denen das »Fürchtet
euch nicht« des Auferstandenen Kraft gibt. Gar nicht so wenige
sterben als Märtyrer für die Rechte der Armen, der »Geringsten«.
Der gebürtige Österreicher Erwin Kräutler, Bischof im Amazo-
nasgebiet, dessen Mitarbeiterin Sister Dorothy war, wird immer
wieder bedroht und wurde vor einigen Jahren Opfer eines
anscheinend inszenierten Autounfalls, den er aber überlebte. Er
erzählte, dass er sich oft fürchtet, etwa, wenn er in der Nacht

Hunde bellen hört. Trotzdem tritt er immer noch für die Indigenen und die landlosen Bauern ein.

Eingeprägt hat sich mir auch ein Gottesdienst der Landarbeiter in dem brasilianischen Wallfahrtsort Bom Jesus de Lapa im Jahr 2000. Nach der Predigt wurden die Bilder der Märtyrer nach vorne getragen, vielleicht zwanzig oder dreißig, Bauern, Rechtsanwälte, Frauen, Männer. Das älteste Bild war mit 1972 datiert. Oder auch die Geschichte des österreichischen Priesters Günther Zgubic, der als Gefängnisseelsorger in dem berüchtigten Gefängnis Carandirú in São Paulo arbeitet. Immer wieder kommt es dort zu Gefängnisrevolten, die blutig niedergeschlagen werden. Unter anderem gibt es Zellen, in denen 100 Menschen auf 70 Quadratmetern zusammengepfercht sind. Als Günther Zgubic eines Tages diese Zellen aufsuchte, sah er, dass die Wärter die Insassen mit schweren Eisenstangen zusammengeschlagen hatten. Er verbrachte eine schlaflose Nacht – wenn er Anzeige erstattete, musste er damit rechnen, Opfer eines Auftragsmordes zu werden. Erstattete er keine Anzeige, erfüllte er seinen Auftrag als Christ und seine Pflicht als Mensch nicht. In dieser Entscheidungssituation gab es nichts und niemanden, der ihm helfen konnte – weder Gott noch Christus boten Halt, alles war verschwunden. Am Morgen des nächstens Tages erstattete er Anzeige gegen die Justizbeamten. Sein Glaube hatte durch die Erfahrung dieser Nacht neue Tiefe gewonnen, erzählte er.

All diese Begegnungen haben meine Sicht auf das Verhältnis Zen-Buddhismus und Christentum verändert und neue Fragen entstehen lassen.

Postskriptum 2

In einem Interview über den Tod sagte der japanische Philosoph Shizuteru Ueda:[114]

»Wenn der Tod bei einem Sterbenden vollendet ist, dann wartet jedes Mal jene ungeheure Stille. – Wohin gehen die Verstorbenen im Tod? Der Zen-Buddhismus fragt uns direkt, wohin, ohne uns darauf eine Antwort zu geben. Stattdessen überlässt der Zen-Buddhismus allen jene Freiheit, den Tod zu träumen. Zum Beispiel sagt ein Meister: ›Ja, ich werde eine Kuh beim Nachbarn, um dort zu arbeiten‹. Oder ein anderer Meister sagt: ›Bitte mit meiner Asche das Feld düngen‹. Ein anderer sagt: ›Ich sterbe nie‹.

Zum Beispiel eine Tasse Tee trinken, das ist schon einen großen Tod sterben und zugleich aus dem Tod leben. Nicht nur eine Tasse Tee trinken, auch Ausatmen ist Sterben, und Einatmen ist Leben. Diese Art des einfachsten Vollzugs wird immer größer und weiter, bis das ganze Leben von dem Leben aus dem Tod umgriffen wird. Ich möchte ein modernes japanisches Gedicht zitieren. ›Im Gefühl, dass der Tag nahe ist, an dem ich irgendwohin zurückkomme, sind mir die Dinge der Welt näher und intimer.‹«

ANHANG

——————◄o►——————

Anmerkungen

Vorwort

[1] Eine vollständige Liste aller Lehrer des Sanbokyodan findet sich auf www.sanbo-zen.org

[2] Baatz, Ursula, Zen und christliche Spiritualität. Eine Zwischenbilanz, in: Baier, Karl (Hg.), Handbuch Spiritualität, S. 304–329

[3] Einen Einblick in seine Sicht des Zens gibt: Obermayer, Karl, Zurück zur reinen Quelle. Zen-Einsichten und Kalligraphien

[4] So wird etwa David Loy, der zu den kreativen und kritischen Denkern aus dem Sanbokyodan gehört, nicht eigens dargestellt. Vgl. zu seinen Publikationen: http://home.arcor.de/mb.schiekel/loybib.htm
Aus ähnlichen Gründen kommen auch die Zen-Lehrer Reinhard Neudecker, Jesuit und Professor für Rabbinische Theologie, sowie Peter Lengsfeld, Professor für Ökumenische Theologie, und Migaku Sato, Professor für Neues Testament, nur kurz zu Wort, ebenso die Pastorin und Zen-Meisterin Gundula Meyer.

Einführung

[5] Der Religionswissenschaftler Ninian Smart spricht von sieben Dimensionen einer Religion:

1. Es gibt Rituale und Liturgien, die von religiösen Experten vollzogen werden.

2. Menschen machen persönliche, oft mit starken Emotionen verbundene Erfahrungen, die sie mit dem jeweiligen religiösen Kontext verbinden.

3. Es gibt Erzählungen und Mythen über heilsrelevante Gestalten.

4. Es existiert philosophische bzw. theologische Literatur, in der diese Religion reflektiert wird, und außerdem systematische Darlegungen der Lehre.

5. Es gibt ein für die Institutionen dieser Tradition verbindliches Recht, etwa ein Kirchen- oder Ordensrecht, und es gibt eine Ethik bzw. Moral, deren Befolgung für die Erlangung des Heilszieles dieser Religion wichtig ist.

6. Dazu kommen soziale und institutionelle Dimensionen, d. h. Hierarchien, Autoritätszuschreibungen usw. Im Zen sind das z. B. die »Transmissionslinien«, im Christentum die »apostolische Sukzession« u. ä.

7. Diese vorwiegend immateriellen Dimensionen schlagen sich in Bildern, Tempelanlagen, Skulpturen, Musikstücken und anderen Kunstwerken materiell nieder.

Vgl. Smart, Ninian: The World's Religions, Cambridge 1989

6 Dieses und die folgenden Zitate stammen aus dem Palikanon: M = Mahjjima Nikaya; SN = Samyutta Nikaya; AN = Anuttara Nikaya; Dh = Dhammapada.

7 Nach Weber, Claudia, Der Buddha nach der Lehre der Theravada, in: Schmidt-Leukel, Perry (Hg.), Wer ist der Buddha?, S. 37

8 Diese und die folgenden Bibelstellen werden in der Übersetzung der »Bibel in gerechter Sprache« zitiert. Der Eigenname Gottes J-H-W-H wird seit biblischen Zeiten nicht ausgesprochen, sondern vielfach umschrieben, um die Heiligkeit des Gottesnamens zu wahren. Daher umschreibt die »Bibel in gerechter Sprache« den Gottesnamen auf manchmal ungewohnte Weise.

9 Theissen, Gerd/Merz, Annette, Der historische Jesus. Ein Lehrbuch, 3. Aufl., S. 352

10 Schottroff, Luise, Die Gleichnisse Jesu, S. 55–69

11 Vgl. zur Umschreibung des Gottesnamens Fußnote 8

12 Auf Sanskrit: Milinda

13 nachzulesen in: Malek, Roman (Hg.), The Chinese Face of Jesus Christ, Bd. 1

14 In: Die Legenda Aurea des Jacobus Voragine. Übersetzt von Richard Benz, Kempten, 1955, S. 943–958

15 Auf Deutsch: Franz Xaver

16 Schurhammer, Georg, Die Disputationen des P. Cosme de Torre mit den Buddhisten in Yamaguchi im Jahre 1551, Tokyo 1929

17 Dumoulin, Heinrich, Geschichte des Zen-Buddhismus Bd II, S. 212–216

18 Schopenhauer, Arthur, Parerga und Paralipomena II, § 184

19 Über den Willen in der Natur, S. 128; Vgl dazu Glasenapp, Helmuth von, Das Indienbild deutscher Denker, S. 68–102

20 Zotz, Volker, Auf den glücklichen Inseln. Deutsche Kultur und Buddhismus

21 Ratzinger, Josef Kardinal, Glaube Wahrheit Toleranz. Das Christentum und die Weltreligionen, S. 186 ff.

[22] Eine gut kommentierte Dokumentation findet sich in: Fürlinger, Ernst (Hg.), Der Dialog muss weitergehen. Ausgewählte vatikanische Dokumente zum interreligiösen Dialog,, S. 327–412

[23] Ratzinger, a. a. O., S. 86

Christentum trifft Zen-Buddhismus

[24] Enomiya-Lassalle, Katholische Mission, Jg. 1935, S. 210

[25] Lassalle, Tagebucheintrag vom 7. April 1959

[26] Yamada Koun, Gateless Gate, 1979 u. ö., S. XVIII

[27] Yamada Koun, Über das Christentum, die Welt und die Zukunft, in: Stachel, G., Übung der Kontemplation, S. 169

[28] Aus dem Vortrag von Yamada Koun »ZaZen und Christentum« von 1975

[29] Yamada Koun in: Stachel, Munen Muso, S. 113

[30] In Memoriam Koun Yamada, a. a. O., S. 117

[31] Ketelaar, J., Of Heretics and Martyrs in Meiji Japan. Buddhism and its persecution, S. 186–191

[32] Feenberg, A., Modernity in the Philosophy of Nishida, in: Heisig, J. W. & Maraldo, J. C. (Hrsg.): Rude Awakenings. Zen, the Kyoto School & the Question of Nationalism, S. 163

[33] Suzuki, D. T., Die große Befreiung, 6. Aufl., 1972, S. 55. Die erste deutsche Übersetzung erschien 1939 in Leipzig.

[34] Ebd., S. 59

[35] *Domine, converte cor meum ad Te introrsum. Ibi silente creaturarum strepitu, cessante importuarum cogitationum tumultu, ego Tecum commorer, tecum laeter, Te amiem, Te venerer et audiam Vocem Tuam … Fac ut umquam obliviscar praesentiae Tuae in me. Lux mea, et dulcedo animaae meae amor meus. Ut umquam oblivisci Tui sed ut semper coram oculis meis converseris.*

[36] Zu dem Abschnitt über Pater Lassalle vgl. auch: Baier, Karl, Meditation und Moderne, S. 871–898

[37] Dinzelbacher, Peter, Mittelalterliche Frauenmystik

[38] Erklärung über die Haltung der Kirche zu den nichtchristlichen Religionen *Nostra Aetate* in: Fürlinger, Ernst (Hg.), Der Dialog muss weitergehen, S. 32–48

[39] Siehe Fürlinger (Hg.), a. a. O.

[40] Lassalle, Tagebucheintrag vom 1. Juni 1956

[41] Lassalle, Tagebucheintrag vom 1. Juni 1956

[42] Lassalle, Zen – Weg zur Erleuchtung, S. 20

[43] Nach der englischen Übersetzung von Kazuaki Tanahashi, in: Moon in Dewdrop. Writings of Zen Master Dogen, S. 69

[44] Ebd. S. 95

[45] Lassalle, Tagebucheintrag vom 3. Dezember 1957

[46] Lassalle, Tagebucheintrag vom 27. Dezember 1957

[47] Eine Ausnahme ist die christliche Jugendbewegung, die sich um den Theologen Romano Guardini auf Burg Rothenfels sammelte.

[48] Lassalle, Das Herz des Japaners, unveröffentlichtes Manuskript aus dem Nachlass, ca. 1970

[49] Ebd.

[50] Lassalle, Ergänzungen zu meinem Kensho Report an Roshi Yamada, 1985/6

[51] Yamada Koun in: Stachel, Munen Muso, S. 121

[52] Lassalle, Tagebucheintrag vom 30. Januar 1978

[53] Siehe dazu www.sanbo-zen.org

[54] Habito, Ruben, In Memoriam – Yamada Koun Roshi, in: Buddhist-Christian Studies 10 (1990), S. 231–237

[55] Habito, R., Total Liberation, Zen Spirituality and the Social Dimension (1986), in: Habito, R & MacInnes, E: The Zen Experience in a Philippine Context, S. 190/191

[56] Herausgegeben von Michael Seitlinger und Jutta Höcht-Stöhr

[57] »Schreiben an die Bischöfe der katholischen Kirche über einige Aspekte der christlichen Meditation, 15. Oktober 1989, in: Fürlinger, Ernst, Der Dialog muss weiter gehen, S. 449–469

[58] Fr. Paul Philipert, OP, An Open Letter to American Religious Concerning Cardinal Ratzinger's Instruction On Aspects Of Christian Meditation, DIM Bulletin 38, Mai 1990

[59] Fr. Bede Griffith, Monk's Response to Document on Christian Prayer from the Congregation Doctrine of Faith, DIM Bulletin 38, Mai 1990.

[60] Vgl. dazu Fürlinger, Der Dialog muss weitergehen, S. 450–453

[61] www. monasticdialog.com

[62] Büssing, A., Am anderen Ufer des Meeres bzw. Der Tau am Morgen ist weiser als wir.

[63] Neudecker, Reinhard, The Voice of God on Mount Sinai. Rabbinic Commentaries on Ex 20:1 in: Light of Sufi and Zen-Buddhist Texts

[64] Ein gemeinnütziger Verein, der Vorträge und Seminare organisiert

[65] Vgl. Seite 49 zum Netzwerk engagierter Buddhisten

[66] Vgl. Victoria, B., Zen, Nationalismus und Krieg

Die Eternalisten

[67] Katharina Ceming untersucht in ihrem Buch »Einheit im Nichts« Buddhismus, Hindu-Traditionen und Christentum und nimmt im Wesentlichen dieselben homöomorphen Äquivalente wahr, die bereits Lassalle aufgefallen waren.

[68] Dazu im Internet: www.sanbo-zen.org/communication-d.html und www.willigisjaeger.de/texte/zenlinie.html

[69] Die »Ochsenbilder«, eine altchinesische Geschichte, stellen die typischen Stationen auf dem spirituellen Weg eines Zen-Übenden dar.

[70] Gründer des Sojiji, eines der beiden großen Klöster der Soto-Zen-Tradition.

[71] Vgl. S. 107

[72] Stappel, Bernhard, Das kontemplative Gebet der Via Integralis, in: katharina aktuell, Mai 2008, S. 9/10

[73] Tanahashi, Kazuaki, Moon in a Dewdrop

[74] Siehe auch: Das Wunderbare ist möglich, 25 Jahre Zen-Kontemplation im Bistum Essen, 1972–1997, www.zen-kontemplation.de

[75] Siehe dazu die Anmerkung in Fußnote 69

[76] In der Zeitschrift »Christ in der Gegenwart« setzten sich im Jahr 2000 Theologen in einer ganzen Serie von kontroversen Artikeln mit Willigis Jäger auseinander.

[77] Die Kyoto-Schule ist eine zu Beginn des 20. Jahrhunderts in Kyoto entstandene, einflussreiche Philosophen-Schule, die Zen-Buddhismus und westliches Denken zu vereinbaren suchte.

[78] Dieses 1972 erstmals erschienene Buch, das sowohl auf Englisch als auch in der deutschen Übersetzung immer wieder neu aufgelegt wurde, übte einen enormen und bis heute wenig erforschten Einfluss auf die Wahrnehmung des Zen im Westen aus.

[79] Selbst christliche Prädestinationslehren vertreten keinen Determinismus und geben der Freiheit des Menschen einen gewissen Raum.

[80] Victoria, B., Zen, Nationalismus und Krieg, Kap. 11, S. 254–268; vgl. dazu z. B. die Pressestimmen auf www.lassalle-institut.org

Zen, Politik und Heiler: Die philippinische Erfahrung

[81] Ausgabe vom 25. Oktober 1998, S. 6 – nach Punzalan, The Zen Way towards Self-Realization and Social Transformation, S.247

[82] Battung, Rosario: Cherish and nurture the life-breath and celebrate our cosmic interwovenness: ecological, feminist and indigenous Filipino and Asian ethics and spirituality, in: Gyallay-Pap, Peter and Ruth Bottomley (Hrsg.): Towards an Environmental Ethic in South East Asia, S.114–122

Gleichheit in Verschiedenheit: Religiöse Zweisprachigkeit

83 Mu heißt »Nichts« bzw. ist eine Verneinung

84 Die Zitate aus den Werken Ruben Habitos folgen dem englischen Original.

85 www.mkzc.org

86 »Theologie der Religionen« ist ein vor allem in den USA neu entstandenes Gebiet theologischer Forschung.

87 Das Tetralemma – 1. Etwas ist, 2. Etwas ist nicht, 3. Etwas ist sowohl als auch nicht, 4. Etwas ist weder noch ist es nicht – gehört zu den meistdiskutierten logischen Argumenten des Buddhismus. Nagarjuna bemerkt z. B., man solle weder »leer« *(shunya)* noch »nicht leer« noch »beides zugleich« und auch nicht »weder leer noch nicht leer« sagen. Wenn in buddhistischen Texten trotzdem von »leer« und »Leerheit« die Rede ist, dann als Ausdruck zum Zweck der Verständigung. Vgl. Mulamadhyamakakarika 22.11

88 Die ökologische Krise kann als ein Ergebnis dieser Verdrängung gesehen werden; vgl. dazu z.B. Böhme/Böhme, Das Andere der Vernunft

89 Diese Interpretation der Trinität lässt sich auf die Struktur der mahayanabuddhistischen Lehre vom Dreifachen Körper *(trikaya)* des Buddha übertragen. Habito sieht den *dharmakaya* als »unbekannte Quelle«, den *sambhogakaya* als »Atem Gottes« und den *nirmanakaya* als »das Manifeste«, als Inkarnation.

90 Vgl. Keiji Nishitani, Was ist Religion?

91 Dazu: Spiritual Practice in a Global Sangha, in: www.mkzc.org/globalsangha.htm

92 Die »Null« ist eine Entdeckung indischer Mathematiker, ca. aus dem 2. Jh. v. Chr.

93 Übersetzung von Gunther Stachel und Mariano Delgado, Schweizer Kirchenzeitung 21/2005, »Auch wenn es Nacht ist …«

94 Zu finden unter www.zendobetania.com

95 Schlüter Rodés, Ana Maria, Biografías de maestros Zen; La verdadero vacío – La maravilla de las cosas, Comentarios de Kiun-An a los poemas chinos Shinjinmei, Sandokai, Hokyosammai

96 Vgl dazu Baier, Karl, Meditation und Moderne

97 Aus einem Interview von Luis V. Abad Marquéz mit Schlüter Rodés in der Zeitschrift »Iglesia Viva« vom Oktober 2007

98 Baatz, Ursula, Entrevista con Ana Maria Schlüter, Pasos 100, Invierno 2007, S. 9–15, S. 13

99 Schlüter Rodés, Religious Bilingualism? Rede im Parlament der Weltreligionen in Barcelona 2004, in: Voies de l'orient, N. 96/2005, S. 23–33

[100] Zitiert nach dem englischen Original

[101] www.bodhizendo.org

[102] Vgl. zu kenosis S. 131 und S. 166

[103] »Kumulative Tradition« nennt der Religionswissenschafter Wilfried Cantwell Smith den Komplex von Symbolen, Codes, Glaubenssätzen und Autoritätsstrukturen, der mit dem Begriff »Religion« bezeichnet wird.

[104] »Zwischen« ist ein Ausdruck, den Martin Buber für die Beziehung zwischen Ich und Du gebraucht.

[105] Im Vorwort zur spanischen Ausgabe von Gross, Rita, Buddhism after Patriarchy

[106] In: Geist und Leben – Zeitschrift für christliche Spiritualität, Heft 3, München 2006

Erleuchtung trifft Auferstehung

[107] Vgl. S. 131, 166 und 190

[108] Welt-Katechismus der Römisch-Katholischen Kirche, S. 275, Absatz 966

[109] So äußerte sich Willigis Jäger bei einer Podiumsdiskussion in Wien zum Thema »Brauchen wir einen anderen Gott« im November 2008. Veranstaltet wurde die Diskussion vom Österreichischen Kulturkongress und auf dem Podium diskutierten u. a Bruder David Steindl-Rast OSB und Univ. Prof. Dr. Susanne Heine (ev theol Fakultät der Universität Wien) mit.

[110] In: Lengsfeld, Peter (Hg.), Mystik – Spiritualität der Zukunft (Festschrift zum 80. Geburtstag von Willigis Jäger)

[111] Siehe das Kapitel »Zen, das Herz aller Religionen«, S. 66–73

[112] Allerdings gibt es unterschiedliche Auffassungen des Erwachens im Theravada und Mahayana-Buddhismus. Der Theravada-Buddhismus betont das Erlöschen des Einflusses *(asrava)* der »drei Gifte«; der Mahayana-Buddhismus betont die Einsicht *(prajna)* (Siehe dazu Buswell/Gimello: Paths to liberation, Einleitung S. 1–36).

[113] Siehe in: Wenn die Toten sich ausruhen vom Totsein. Eine widerständige Spiritualität, in: Sutter-Rehmann, Luzia/Bieberstein, Sabine/Metternich, Ulrike, Sich dem Leben in die Arme werfen. Auferstehungserfahrungen, S. 74–89

[114] In: Baatz, Ursula, Sterben zu Lebzeiten, in der Ö1-Reihe TAO – Religionen der Welt vom 5. 11. 1993 im Radioprogramm des ORF

Glossar

Anguttara Nikaya Pali, wörtl.: »angereihte Sammlung«; ein Bestandteil des buddhistischen Kanons

Ango jap., wörtl.: »In Frieden verweilen«; dreimonatige Periode intensiver Übung in einem Zen-Kloster

Arhat Skrt. (Pali: *Arahat*); ein Heiliger, der die höchste Stufe der Erkenntnis erreicht hat

Ch'an chin. für Zen

Chitta Skrt. (Pali: *Citta*); Herz-Geist

Dharma Skrt. (Pali: *Dhamma*), wörtl.: »tragen, halten«; die Lehre des Buddha

Duhkha Skrt. (Pali: *Dukkha*); Leiden, Leidhaftigkeit

Gassho jap., wörtl.: »zusammengelegte Handflächen«; Geste des Grußes im Zen

Genjo-Koan jap., etwa »Erleuchtung erscheint im Alltag«; Schrift des japanischen Zen-Meisters Dogen Zenji

Hara jap., wörtl.: »Unterleib, Bauch«; im Zen ist damit die (geistige) Mitte des Menschen gemeint

Inklusivismus eine Haltung, die zwar andere Religionen und Weltanschauungen gelten lässt, sie aber als Teilbereich der eigenen Weltanschauung auffasst. Diese gilt als absolute und daher überlegene Sichtweise.

Jainismus eine indische Religion, die wahrscheinlich um einiges älter als der Buddhismus ist und deren Mönche und Nonnen ein sehr asketisches Leben führen

Karma Skrt., wörtl.: »Handlung«; die aus Handlungen und deren ethischer Qualität resultierenden Folgen

Kensho jap., wörtl.: »Wesensschau«; Ausdruck des Zen für die Erfahrung der Erwachens

Koan jap., wörtl. »öffentlicher Aushang«; eine paradoxe Formulierung oder Geschichte im Zen, die über logisches, begriffliches Verstehen hinausgeht.

Kontemplation   die mittelalterliche christliche spirituelle Tradition unterscheidet zwischen *meditatio*, d. h. dem Gebet in Form intensiver Lektüre und Nachsinnens über einen Bibeltext, und der *contemplatio*. Letztere ist ebenfalls eine Gebetshaltung, die aber nicht mehr beim Nachdenken bleibt, sondern über Begriffe und Denken hinausführt.

Mahayana   Skrt., wörtl.: »Großes Fahrzeug«; Weiterentwicklung des Buddhismus des Palikanons ab ca.1.Jh. v. Chr., eine der beiden großen Schulrichtungen des Buddhismus

Mumonkan   jap.; wörtl.: »torlose Schranke«; eine der beiden wichtigsten Koan-Sammlungen der Zen-Literatur

Negative Theologie   eine traditionelle christliche Theologie, die davon ausgeht, dass alles, was Menschen über Gott sagen, aus Menschensicht formuliert und daher angesichts der Wirklichkeit Gottes nicht zutreffend ist. Daher kann Meister Eckhart in Übereinstimmung mit Thomas von Aquin sagen: Gott ist nicht gut.

Neuscholastik   ein Sammelbegriff für die innerhalb der katholischen Kirche im Rückgriff auf die mittelalterliche Scholastik von der Mitte des 19. Jahrhunderts bis zur Gegenwart entwickelten philosophisch-theologischen Lehren

Nirvana   Skrt. (Pali: *Nibbana*), wörtl.: »Verlöschen«; das vollkommene Versiegen der Ursachen des Leidens, nämlich Gier, Hass und Blindheit

Palikanon   die früheste Sammlung buddhistischer Texte

Rinzai-Zen   neben der Soto-Schule die bedeutendste Schule des Zen; hier wird vor allem die Koan-Praxis betont

Samsara   Skrt., wörtl.: »Wanderung«, der Kreislauf von Geburt, Tod und Wiedergeburt, aus dem nur das Erwachen befreit

Sanbokyodan   1954 von Yasutani Haku'un Roshi gegründete japanische Zen-buddhistische Gemeinschaft; das Wort bedeutet »Vereinigung der drei Schätze«, womit Buddha, Dharma und Sangha gemeint sind.

Sangha   Skrt., wörtl.: »Menge, Schar«; die buddhistische Gemeinde

Satori   jap., Begriff aus dem Zen für die Erfahrung des Erwachens

Sesshin   jap., wörtl.: »Sammeln des Herz-Geistes«; mehrere aufeinanderfolgende Tage besonders intensiver, strenger Übung der Meditation im Zen

Sila   Skrt., wörtl.: »natürliche Sittlichkeit«; die fünf Grundregeln dafür sind: Absehen vom Töten, vom Stehlen, vom Lügen, von unrechter Sexualität und vom Sich-Berauschen.

Soto-Zen   neben der Rinzai-Schule die bedeutendste Schule des Zen; in der 1. Hälfte des 13. Jh. wurde die Soto-Schule durch den japanischen Meister Dogen Zenji von China nach Japan übertragen. Hier liegt die Betonung auf der Praxis von Shikantaza, d. h. dem Verweilen ohne jegliches Objekt der Konzentration wie etwa dem Atem oder einem Koan.

Shunyata Skrt. (Pali: *Sunyata*), wörtl.: »Leere, Leerheit«; zentraler Begriff des Buddhismus

Sutra Skrt. (Pali: *Sutta*), wörtl.: »Leitfaden«; Lehrrede des Buddha

Teisho jap., wörtl.: »Darbringung der Rezitation, Darlegung«; Vortrag beim Sesshin durch den Zen-Meister

Theravada Pali, wörtl.: »Lehre des Ordensältesten«, buddhistische Tradition, die sich vom Palikanon ableitet

Varna Skrt., wörtl.: »Farbe, Kaste«; die vier gesellschaftlichen Gruppen – Priester, Krieger, Händler und als unterste Bauern und Handwerker – im indischen Kastensystem

Yogachara Skrt., wörtl.: »das Ausüben des Yoga«, eine Richtung des Mahayana-Buddhismus wird auch als »Geist allein«-Schule bezeichnet und geht davon aus, dass das Bewusstsein die Grundlage und einzige Realität ist.

Zazen jap., wörtl.: »Sitzen in Versunkenheit«, grundlegende Meditationsübung im Ch'an/Zen

Zen jap., eine Abkürzung des Wortes *Zenna*, der jap. Lesart des chin. *Ch'-an-na* (abgek. Ch'an), das wiederum die Übertragung des Sanskrit-Wortes *Dhyana* für »Meditation, Sammlung« ist. Der Zen-Buddhismus ist eine Richtung des Mahayana-Buddhismus, die um das 7. Jh. in China entstand

Literatur

Arokiasamy, Arul Maria: *Leere und Fülle – Zen aus Indien in christlicher Praxis*, Kösel Verlag, München 1991
Ders.: *Warum Bodhidharma in den Westen kam*, Ch. Falk-Verlag, Seeon 1995

Baatz, Ursula: *Buddhismus*, Diederichs Verlag, München 2002
Dies.: *H. M. Enomiya-Lassalle – Ein Leben zwischen den Welten*, Benziger Verlag, Zürich 1998
Dies.: *H. M. Enomiya-Lassalle – Jesuit und Zenmeister*, Herder Verlag, Freiburg 2004
Baier, Karl (Hg.), *Handbuch Spiritualität. Zugänge. Traditionen. Interreligiöse Prozesse*, Wissenschaftliche Buchgesellschaft, Darmstadt 2006
Ders.: *Meditation und Moderne*, 2 Bde., Königshausen und Neumann, Würzburg 2009
Battung, Rosario (Hg.): *Theologie des Kampfes – Christliche Nachfolgepraxis in den Philippinen*, edition liberacion, Münster 1989
Bibel in gerechter Sprache, herausgegeben von Ulrike Bail, Frank Crüsemann, Marlene Crüsemann u. a., Gütersloher Verlagshaus, München 2006
Böhme, Gernot, und Hartmut Böhme: *Das Andere der Vernunft*, Suhrkamp Verlag, Frankfurt am Main 2007
Brantschen, Niklaus: *Auf dem Weg des Zen – Als Christ Buddhist*, Kösel Verlag, München 2002
Ders.: *Vom Vorteil, gut zu sein*, Kösel Verlag, München 2005
Brück, Michael von: *Ewiges Leben oder Wiedergeburt*, Herder Verlag, Freiburg 2007
Brück, Michael von, und Whalen Lai (Hg.): *Christentum und Buddhismus*, C. H. Beck Verlag, München 1997
Büssing, Arndt: *Am anderen Ufer des Meeres*, Theseus Verlag, Stuttgart 2003
Ders.: *Der Tau am Morgen ist weiser als wir*, Theseus Verlag, Stuttgart 2003
Buswell, Robert, und Robert Gimello: *Paths to liberation – The Marga and its transformations in buddhist thought*, University of Hawai'i Press, Honolulu 1992

Ceming, Katharina: *Einheit im Nichts: Die mystische Theologie des Christentums, des Hinduismus und Buddhismus im Vergleich,* Edition Verstehen, Augsburg 2004

Cobb, John, *Beyond Dialogue. Towards a Mutual Transformation of Christianity and Buddhism,* Wipf & Stock Publishers, Philadelphia 1982

Dinzelbacher, Peter: *Mittelalterliche Frauenmystik,* Schöningh Verlag, Paderborn 1993

Dürckheim, Karlfried Graf: *Der Alltag als Übung,* Hans Huber Verlag, Bern 1987

Dumoulin, Heinrich: *Geschichte des Zen-Buddhismus. Band II: Japan.* Francke-Verlag, Bern 1986

Ders.: *Hara – Die Erdmitte des Menschen,* O.W. Barth Verlag, Frankfurt am Main 2005

Enomiya-Lassalle, Hugo M.: *Zen – Weg zur Erleuchtung,* Herder Verlag, Freiburg 1997

Frauwallner, Erich: *Die Philosophie des Buddhismus,* Akademie Verlag, Berlin 1969

Fromm, Erich, Richard de Martino und Daisetz T. Suzuki: *Zen-Buddhismus und Psychonanalyse,* Suhrkamp Verlag, Frankfurt am Main 2007

Fürlinger, Ernst, (Hg.): *Der Dialog muss weitergehen. Ausgewählte vatikanische Dokumente zum interreligiösen Dialog,* Herder Verlag, Freiburg 2009

Gianto, Augustinus (Hg.): *Biblical and Oriental Essays in Memory of William L. Moran,* Biblica et Orientalia 48, Rom 2005

Glasenapp, Helmuth von: *Das Indienbild deutscher Denker,* Koehler Verlag, Stuttgart 1960

Gross, Rita: Buddhism after Patriarchy, New York 1993

Gyallay-Pap, Peter, und Ruth Bottomley (Hg.): *Towards An Environmental Ethic in Southeast Asia,* The Buddhist Institute, Phnom Penh, Kambodscha, 1998

Gyger, Pia: *Hört die Stimme des Herzens – Werdet Priesterinnen und Priester der kosmischen Wandlung,* Kösel Verlag, München 2006

Dieselb.: *Maria, Tochter der Erde – Königin des Alls,* Kösel Verlag, München 2005

Dieselb.: *Mensch verbinde Erde und Himmel,* Rex Verlag, Luzern – Stuttgart 1999

Habito, Ruben: *Barmherzigkeit aus der Stille. Zen und soziales Engagement,* Kösel Verlag, München 1990 (auf Engl.: *Total Liberation,* Orbis Books, Maryknoll NY, USA 1989)

Ders.: *Experiencing Buddhism – Ways of Wisdom and Compassion,* Orbis Books, Maryknoll, NY, USA 2005

Ders.: *Healing Breath – Zen for Christians and Buddhists in a Wounded World,* Wisdom Publications, Sommerville, MA, USA 2006

Ders.: *Zen leben – Christ bleiben,* O. W. Barth Verlag, Frankfurt am Main 2006 (auf Engl.: *Living Zen – loving God*; dies ist die überarbeitete und erweiterte Fassung von Total Liberation)

Ders. und Elaine McInnes: *The Zen Experience in a Philippine Context,* Pima Press, Angeles City 1990

Heisig, J. W. & Maraldo, J. C. (Hg.): *Rude Awakenings. Zen, the Kyoto School & the Question of Nationalism,* University of Hawai'fi Press, Honolulu 1994

Jäger, Willigis: *Anders von Gott reden,* via nova Verlag, Petersberg 2007

Ders.: *Aufbruch in ein neues Land,* Herder Verlag, Freiburg 2006

Ders.: *Du und die Weltmission,* Zentrale der Päpstlichen Missionswerke Österreichs, Wien 1965

Ders. (Hg.): *Gehet hin in alle Welt – Gottesdienste und Predigten zum Thema Mission,* Styria Verlag, Wien 1975

Ders.: *Kontemplation. Gott begegnen – heute,* Herder Verlag, Freiburg 2002

Ders.: *Das Leben endet nie – Über das Ankommen im Jetzt,* Theseus Verlag, Stuttgart 2005

Ders.: *Die Welle ist das Meer,* Herder Verlag, Freiburg 2007

Ders.: *Westöstliche Weisheit,* Theseus Verlag, Stuttgart 2007

Ders.: *Wiederkehr der Mystik – Das Ewige im Jetzt erfahren,* Herder Verlag, Freiburg 2004

Ketelaar, James Edward: *Of Heretics and Martyrs in Meiji Japan. Buddhism and its persecution,* Princeton University Press, Princeton 1990

Kopp, Johannes: *Schneeflocken fallen in die Sonne,* Plöger Verlag, Annweiler 2002

Ders.: *Die Weltfriedenskirche als Symbol. Zum Gedenken an P. Enomiya Lassalle,* Büro Leben aus der Mitte, Mülheim 2007

Ders.: *Das Wunderbare ist möglich. 25 Jahre Zen-Kontemplation im Bistum Essen,* Büro Leben aus der Mitte, Mülheim 1997

Kornfield, Jack: *Frag den Buddha und geh den Weg des Herzens,* Ullstein, Berlin 2004

Die Legenda Aurea des Jacobus Voragine. (Aus dem Lateinischen übersetzt von Richard Benz), Wissenschaftliche Buchgesellschaft, Darmstadt 2000

Lehrreden des Buddha: *Dhammapada,* übersetzt von Nyanatiloka, 3. Auflage, Jhana Verlag, Oy-Mittelberg 2007

Die Lehrreden des Buddha aus der Angereihten Sammlung (Anguttara-Nikaya), aus dem Pali übersetzt von Nyanatiloka, überarbeitet und herausgegeben von Nyanaponika, Band 1–5, 5. Auflage, Aurum Verlag, Braunschweig 1993

Die Lehrreden des Buddha aus der Gruppierten Sammlung (Samyutta Nikaya), übersetzt von Wilhelm Geiger und Nyanaponika, Band 1–3, teil. rev. Neuausgabe, Institut für Buddhistische Existenz, Wolfenbüttel 1990

Die Lehrreden des Buddha aus der Mittleren Sammlung (Majjhima Nikaya), 3 Bände, übersetzt aus dem Englischen und Pali von Kay Zumwinkel, Jhana Verlag, Oy-Mittelberg 2001

Lengsfeld, Peter (Hg.): *Mystik – Spiritualität der Zukunft,* Herder Verlag, Freiburg 2005

McInnes, Elaine, *Teaching Zen to Christians,* Zen Center for Oriental Spirituality in the Philippines, Manila 1993

Malek, Roman (Hg.): *The Chinese Face of Jesus Christ,* Monumenta Serica, Monograph Series L/1, Steyler Verlagsbuchhandlung, St. Augustin 2001

Neudecker, Reinhard: *The Voice of God on Mount Sinai. Rabbinic Commentaries on Ex 20:1 in Light of Sufi and Zen-Buddhist Texts,* Editice Pontificio Istituto Biblico, Rom 2002

Nishitani, Keiji, *Was ist Religion?* Insel Verlag, Frankfurt am Main 1982

Obermayer, Karl, *Zurück zur reinen Quelle. Zen-Einsichten und Kalligraphien,* Theseus Verlag, Stuttgart 2004

Panikkar, Raimon, *The intrareligious dialogue,* Paulist Press, New York 1978 u. ö.

Pineda, Maria Teresa, *This very mind, the Zendo,* Zen Center for Oriental Spirituality in the Philippines, Marikina City 1996

Punzalan, Sonia Z.: *The Zen Way towards Self-Realization and Social Transformation: An Approach to the Science of Mystery,* Asian Social Institute, Manila 1999

Die Meißelschrift vom Glauben an den Geist. Das geistige Vermächtnis des dritten Patriarchen des Zen in China (aus dem Chinesischen und Japanischen übersetzt von Ursula Jarand), O. W. Barth Verlag, Frankfurt am Main 1991

Ratzinger, Josef Kardinal, *Glaube Wahrheit Toleranz. Das Christentum und die Weltreligionen*, Herder Verlag, Freiburg 2003

Samy, Ama: *Zen – Erwachen zum ursprünglichen Gesicht*, Theseus Verlag, Stuttgart 2002 (auf Engl.: Arokiasamy, Arul Maria: *Zen – Awakening to your original face*, Chennai 2005)

Ders.: *Zen Meditation for life and death, Christians and therapists*, IJA Publications, Bangalore 2006

Schlüter Rodés, Ana Maria: *La Guia del Caminante*, Fundación Zendo Betania, Brihuega 2006

Dieselb.: *La Luz del Alma*, Fundación Zendo Betania, Brihuega 2004

Dieselb.: *La Palabra desde el Silencio*, Fundación Zendo Betania, Brihuega 2006

Dieselb.: *La verdadera vacio – la maravilla de las cosas*, Fundación Zendo Betania, Brihuega 2008

Schmidt-Leukel, Perry (Hg): *Wer ist der Buddha?*, Diederichs, München 1998

Schopenhauer, Arthur: *Parerga und Paralipomena Bd. II*, Suhrkamp Verlag, Frankfurt am Main 2006

Schottroff, Luise, *Die Gleichnisse Jesu*, Gütersloher Verlagshaus, München 2005

Schüssler Fiorenza, Elisabeth (Hg.): *Searching the Scriptures,* Bd. 1, The Crossroad Publishing Company, New York 1993

Schurhammer, Georg, *Die Disputationen des P. Cosme de Torre mit den Buddhisten in Yamaguchi im Jahre 1551*, Tokyo 1929

Seitlinger, Michael, und Jutta Höcht-Stöhr (Hg.): *Wie Zen mein Christsein verändert – Erfahrungen von Zen-Lehrern*, Herder Verlag, Freiburg 2004

Sekida, Katsuki: *Zen-Training*, Herder Verlag, Freiburg 2007

Smart, Ninian: *The World's Religions – Old traditions and modern transformations,* Cambridge University Press, Cambridge 1989

Stachel, Günter (Hg.): *Munen Muso – Ungegenständliche Meditation* (eine Festschrift für Pater Hugo M. Enomiya-Lassalle SJ zum 80. Geburtstag), Matthias Grünewald Verlag, Mainz 1986

Ders. (Hg.) *Übung der Kontemplation, Christen gehen den Zen-Weg*, Matthias Grünewald Verlag, Mainz 1988

Sutter-Rehmann, Luzia, Sabine Bieberstein und Ulrike Metternich: *Sich dem*

Leben in die Arme werfen. Auferstehungserfahrungen, Gütersloher Verlagshaus, München 2002

Suzuki, Daisetz T.: *Die große Befreiung – Einführung in den Zen-Buddhismus.* O.W. Barth, Frankfurt am Main 2005

Suzuki, Daisetz T.: *Zen und die Kultur Japans.* O.W. Barth, Frankfurt am Main 2000

Tanahashi, Kazuaki: *Moon in a Dewdrop – Writings of Zen-Master Dogen*, North Point Press, San Francisco 1985

Theissen, Gerd, und Annette Merz: *Der historische Jesus. Ein Lehrbuch*, Vandenhoeck & Ruprecht, Göttingen 2001

Tilmann, Klemens: *Die Führung zur Meditation*, Benzinger Verlag, Zürich 1972

Victoria, Brian: *Zen, Nationalismus und Krieg – Eine unheimliche Allianz*, Theseus Verlag, Stuttgart 1999

Yamada, Koun, *Gateless Gate*, Zen Center of Los Angeles, Los Angeles 1979

Zotz, Volker: *Auf den glückseligen Inseln. Deutsche Kultur und Buddhismus*, Theseus Verlag, Stuttgart 2001

Wir danken für die Abdruckrechte aus folgenden Werken:

Bibel in gerechter Sprache, herausgegeben von: Ulrike Bail, Frank Crüsemann, Marlene Crüsemann, Erhard Domay, Jürgen Ebach, Claudia Janssen, Hanne Köhler, Helga Kuhlmann, Martin Leutzsch und Luise Schottroff, Gütersloher Verlagshaus, München 2006

Pia Gyger, Maria – Tochter der Erde, Königin des Alls, Kösel Verlag, München 2005

Dank

Für Hinweise, kritische Anmerkungen und Fragen danke ich Ana Maria Schlüter Rodés, Antje Boigens, Katharina Cerming, Barbara Rauchwarter, Karl Baier, Ernst Fürlinger und Reinhard Koch. Ohne Ursula Richard, die langjährige Lektorin des Theseus Verlags, wäre das Buch nicht entstanden. Sie hat das Projekt auch begleitet. Susanne Klein vom Theseus Verlag hat mich bei der Fertigstellung des Manuskripts vielfach unterstützt.

Harald Tichy danke ich für klärende Gespräche. Brigitte Voykowitsch hat mich durch ihre Einwände und kritische Lektüre des Manuskripts auf viele Fragen aufmerksam gemacht, die ich sonst übersehen hätte.

Über die Autorin

Dr. Ursula Baatz übte über viele Jahre hinweg Zen bei Hugo M. Enomiya-Lassalle und später bei anderen Lehrern. Sie verbrachte zu Studienzwecken längere Zeit in Japan, Indien, Brasilien und den USA. Seit 1984 hat sie zahlreiche Lehraufträge an der Universität Wien (Religionsphilosophie, Religionswissenschaft, Ethik, Wirtschafts- und Sozialgeschichte). Sie ist Mitherausgeberin von »polylog – zeitschrift für interkulturelles philosophieren« und arbeitet als Redakteurin beim ORF (Religion und Wissenschaft). Ursula Baatz verfasste unter anderem zwei Biografien über Hugo M. Enomiya-Lassalle und eine Einführung in den Buddhismus.